纸上耕耘　润泽心田

Scottish Mandarin

The Life and Times of Sir Reginald Johnston

来自苏格兰的帝师

庄士敦爵士的生平与时代（1874—1938）

〔英〕史奥娜·艾尔利　著　马向红　译

威海市档案馆　校

中国出版集团　东方出版中心

图书在版编目（CIP）数据

来自苏格兰的帝师：庄士敦爵士的生平与时代：
1874—1938 /（英）史奥娜·艾尔利著；马向红译.
上海：东方出版中心，2024. 11. -- ISBN 978 - 7 - 5473
- 2559 - 9

Ⅰ. K835.61=51

中国国家版本馆 CIP 数据核字第 202449PA40 号

Scottish Mandarin: The Life and Times of Sir Reginald Johnston
© 2012 香港大学出版社
版权所有。未经香港大学出版社书面许可，不得以任何（电子或机械）方式，
包括影印、录制或通过信息存储或检索系统，复制或转载本书任何部分。
本书简体中文版由香港大学出版社授权东方出版中心出版发行。

上海市版权局著作权合同登记　图字：09–2024–0757号

来自苏格兰的帝师：庄士敦爵士的生平与时代（1874—1938）

著　　者　〔英〕史奥娜·艾尔利
译　　者　马向红
策划/责编　戴欣倍
装帧设计　钟　颖

出 版 人　陈义望
出版发行　东方出版中心
地　　址　上海市仙霞路345号
邮政编码　200336
电　　话　021-62417400
印 刷 者　上海盛通时代印刷有限公司

开　　本　710mm×1000mm　1/16
印　　张　19.75
字　　数　270千字
版　　次　2024年11月第1版
印　　次　2024年11月第1次印刷
定　　价　88.00元

目 录

译者序

本书讲述了中国末代皇帝溥仪的英文老师庄士敦爵士的一生。作者史奥娜·艾尔利女士引导我们沿着庄士敦的足迹，探寻他的人生历程——寻求冒险、独处与被认可，虽然如愿以偿，但是其中不乏失落与波折。

庄士敦在中国生活了32年，其中有一半的时间是在威海卫度过的。因缘际会，我们在本书的英文版出版之前就接触到该书的英文手稿，其作者史奥娜早已是我们的老朋友。然而天妒英才，翻译本书时，史奥娜女士已于2023年11月因病去世，永远离开了我们，愿她在天之灵安息！

往事历历在目。

史奥娜夫妇与威海市档案馆结缘始于1999年。那年，威海市档案馆查档小组第二次赴英查取英租威海卫档案。1898—1930年，英国强租威海卫32年（刘公岛再被英国海军续租10年）。英方撤离时将这部分档案悉数带走，这段历史的记载遂成空白。

我第一次见到史奥娜是在2004年的春天，随档案馆前任馆长张建国先生前往英国查档期间，至今仍然记得那是一个水仙花开满爱丁堡河畔的季节。史奥娜的丈夫迈克·吉尔先生是苏格兰乔治·沃森学院的一名美术老师兼骆任廷收藏品保管员，当时正忙于整理这批藏品，准备送往苏格兰国家博物馆存放，方便更多读者利用。那天，我们选了其中部分威海卫资料进行复制，办完相关手续后已是傍晚时分，迈克邀请我们到他家吃晚饭，史奥娜和儿子也在家中等候我们。他们的家位于北拉纳克郡乡间，距离爱丁堡60公里，是一栋有着百年历史的二层小楼，数亩地的开阔院落里种满了各种自己培育的树木。迈克银发美髯、温和友

1

善，史奥娜幽默风趣、开朗健谈，儿子本·吉尔年轻帅气，一家人热情友好地接待了我们；我们还用从威海带的擀杖包了水饺，宾主尽欢，其乐融融。

2005年史奥娜夫妇第一次回访威海，走在威海车流如梭的大街上，史奥娜不由感叹西方关于中国的报道实在滞后，来之前她还以为中国满大街都是自行车呢。此次来威海是专程考察历史遗址的，虽然史奥娜之前从未到过威海，但对威海的历史相当熟悉，用她的话说，是"到过七八十年前的威海"。坐在庄士敦当年的官署前，史奥娜流露出莫名的激动与感伤，她感觉庄士敦的魂灵在围绕着她，向她诉说着什么。漫步在市区的栖霞老街，她力陈应保留这片沧桑的老街，让后人能够触摸到当年普通人的生活。当听说越来越多的游客纷至沓来时，她幽默地做了一个捂在怀中的动作说："威海是威海人的天堂，游客不能太多了！"考察间隙，山东大学威海分校邀请她就英租威海卫这段历史为该校师生做一次专题演讲，史奥娜不无担心地问：学生会不会向她扔西红柿、扔臭鸡蛋？邀请方听后笑了，当今中国人虽不忘国耻，但也有求真求实的豁达与自信！那晚的演讲很成功，师生们经常被她幽默机智的话语逗得哈哈大笑，双方多有互动。

2006年，史奥娜夫妇第二次来威海参加"晚清时期英国在华租借地历史文化国际学术研讨会"，会上她的发言主题是"庄士敦与中国人"，主要讲述我们应该如何像庄士敦那样在最不可能的合作关系上架起合作的桥梁。也正是在那次会议上，当时的香港亚洲文会主席廖乐柏先生建议出版本书的英文版。

2012年，本书的英文版由香港大学出版社出版。本书的简版英文版（内容约为现在的三分之一）早在2001年已由苏格兰国立博物馆出版有限公司出版。当年威海市档案馆在第一时间拿到简版《庄士敦》时，就有了将其译成中文在中国内地发行的想法。后来在张建国馆长的安排下，我有幸翻译了那本书，并最终于2009年由山东画报出版社出版，书名定为《回望庄士敦》。时至今日，在威海市档案馆各位领导与同事的支持下，我又完成了《来自苏格兰的帝师》的翻译工作。如果说它的简版是一本关于历史人物的通俗读物，那么这部完整版就是一部真正意义上的学术著作，其详细的注释既便于读者查证，又为整部作品打下了坚实的史料基础。[①]

冬去春来，星移斗转，不知史奥娜家的花树是否依旧？笔走至此，史奥娜的容貌宛若眼前，从未远走！翻开这本书，一页一页地读下去，时空在这一刻产生了奇妙的交错……

马向红

2024 年 3 月于威海

---

① 译者注：本书中出现的中国人名和地名总体上是用汉语拼音来表示的，但也有例外。

鸣　谢

重现庄士敦的一生是一项漫长而又艰苦的工作。这项工作让我从爱丁堡郊区来到中国的西部边陲，中间不乏一些迷人的弯路。我曾登过中国的几座圣山，曾坐在威海布满岩石的海岸边，在昔日庄士敦畅游过的温泉中沐浴，自始至终这都是一段最棒的体验。

这项工作开始时是一片空白：没有家庭记录，也没有庄士敦的档案记载。手中唯一的线索是他写给骆任廷（James Stewart Lockhart）①的信件和骆任廷爵士长女玛丽（Mary）的回忆——我在玛丽去世数月前记录下了她的回忆。尽管前景堪忧，我还是开始一点点拼缀出庄士敦的人生。一路走来，我得到了许多朋友的帮助，他们无私地向我提供各自的时间与知识，对此我深表感激。

第一位是已故的诺曼·麦克唐纳德（Norman Macdonald），苏格兰最古老的律师协会成员之一，他带我穿过错综复杂的苏格兰法律体系，引荐我进入爱丁堡严格的律师社交圈。没有他的帮助，我将永远无法理清复杂的扣押程序，也不可能意外发现罗伯逊（Robertson）档案。财产扣押卷宗解开了庄士敦家族的秘密，罗伯逊档案则揭示了更多宝贵信息。罗伯逊律师事务所多年来一直为庄士敦服务，是非常重要的信息来源，特别是其前任职员霍尔（Hall）先生，他了解庄士敦，提供了许多与之相关的线索。我感谢该事务所的安德鲁·杨先生（Andrew Young）向我开放庄士敦家族档案。

---

① 译者注：骆任廷的中文音译名全称为：詹姆斯·斯图尔特·骆克哈特。其在香港任职期间曾使用中文名骆克、骆壁、骆檄，后在威海卫期间常用中文名骆任廷。为便于读者阅读，本书统一使用"骆任廷"。

牛津玛格德琳学院（Magdalen College）是我访问的下一站。非常感谢该学院档案管理员科托斯夫人（J.B.Cottis）及院长的善意，他们介绍我认识了托马斯·洛夫迪（Thomas Loveday）的女儿萨拉·玛卡姆（Sarah Markham），她清楚地记得庄士敦，并慷慨地允许我研究她父亲的文卷。在她的记忆中，庄士敦是宴会客人中最温文尔雅的，这帮我勾勒出他的性格特征。她还把我介绍给塞西尔·克莱门迪（Cecil Clementi）爵士的女儿迪奥妮·克莱门迪（Dione Clementi）夫人，以及伊芙林·巴蒂（Evelyn Battye）夫人——其母亲是庄士敦的第一位真爱。我永远感激这三位贵妇人的帮助与支持，感谢她们允许我利用她们的家族档案。

玛丽·斯图尔特·骆克哈特将骆任廷文卷和照片捐赠给了爱丁堡的乔治·沃森学院，这批文档现分别存放在苏格兰国家图书馆和苏格兰国家肖像馆。对于研究当时英国治下的香港和威海卫，这是一批非常重要的档案。萨利·哈罗尔（Sally Harrower）负责管理苏格兰国家图书馆中存放的骆任廷文卷，与她相处总是令人愉快。苏格兰国家肖像馆的骆任廷照片集先后由萨拉·史蒂文森（Sara Stevenson）和邓肯·福布斯（Duncan Forbes）来管理。谢谢他们为这些珍贵的文卷和照片提供了这么好的居所。他们可能想象不到，一直以来他们对本书的帮助有多大！

谢谢斯图尔特协会、威海市档案馆、伦敦国家档案馆在我研究他们的收藏品时对我的帮助，以及适时允许我利用他们的文献出版。

访问中国期间，我试图追寻庄士敦的部分足迹。在威海，这很容易。威海市档案馆同仁尽其所能带我参观了威海甚至威海之外一切与之相关的地方。在那里举行的一次精彩会议上，他们介绍我认识了一位曾经参加过1930年威海卫交还仪式的绅士。遗憾的是，那时他只有5岁，只记得士兵穿着苏格兰褶裥短裙。威海市档案馆的前任馆长张建国不仅是我的同行，还是我的好友。他的助手张军勇是一位历史学者，每次我访问之时，他都示以最大的善意。没有翻译马向红的帮忙，我不会有难忘的威海至曲阜之行。这些友好且乐于助人的人展现了威海人的风采，同他们在一起工作是一种荣耀。

西安秦始皇兵马俑博物馆的数任馆长令我在西安及其周边的旅程格外愉快。他们安排我参观了该省部分边远景观，感谢他们的一切帮助。我的朋友韩东红陪我在西安，以及沿丝绸之路的部分路段踏访庄士敦的足迹。她的热情让我在临潼有宾至如归的感觉。上海之旅尤其使我难忘，感谢浦江饭店（Astor House Hotel）经理与员工们的友善，尊我为贵宾。

在我研究庄士敦一生的许多年间，其他一些人也加入进来。感谢艾琳·贝尔女士（Irene Bell）和迈克尔·德·哈维兰先生（Michael de Havilland）为我提供了宝贵的信息。澳大利亚的吉恩·卓别林（Jean Chaplin）为我指明了查找庄士敦姐姐康斯坦斯（Constance）及其两任丈夫和女儿的方向。遗憾的是，尽管我们努力为之，在20世纪80年代，庄士敦家族后裔的踪迹还是杳无音讯。同样，我对斯帕肖特（Sparshott）女士在1940年之后的踪迹追寻也无果而终。新南威尔士州奥尔伯里的罗德·兰开夏（Rod Lancashire）魔幻般地找到迄今为止不为人知的《仙后》剧本[①]时，甚至提出再重写一次。陈玉心（Carol Tan）凡是遇到有关庄士敦的信息，都会不厌其烦地发给我。孔珍妮（Jeni Hung）和她的儿子孔垂旭（James Kong）让我洞悉伟大的孔氏家族今日生活及其礼仪的精彩之处。香港历史博物馆的奥斯蒙德·陈（Osmond Chan）对我了解香港和威海方面的帮助很大。英租威海卫时期首位欧洲商人的孙子邓肯·克拉克（Duncan Clark）慷慨地与我分享他的家族照片与记忆。谢谢以上所有人！

我的手稿能够变成书，在很大程度上归功于两个人：廖乐柏（Robert Nield）——自从读到书稿便一直支持我，谢谢他的坚定与相助；我的编辑克里斯托弗·曼恩（Christopher Munn）。让书稿变成铅字的痛苦过程充满真正的乐趣。这改变了一切！

尼古拉·伍德（Nicola Woods）和菲奥娜·查莫斯（Fiona Chalmers）让我在国内外的工作变得方便起来。我的家人——迈克

---

① 译者注：庄士敦学生时代创作的一个剧本。

（Mike）、本（Ben）及母亲贝蒂（Betty）——早已习惯了我信誓旦旦的陈词滥调，即绝不再写第二本书，然而当我连续数周消失在异地进行研究时，他们同样毫无怨言。我希望他们认为这一切值得！

史奥娜·艾尔利
2011年于苏格兰

第一章

可见之路（1874—1898）

1919年，一位13岁的少年在北京中心地带一座有围墙的宫殿里过着奢侈的生活。他的家叫紫禁城，少年溥仪像皇帝一样居住在那里，尽管当时的中国已经是一个共和国。紫禁城是世界上独一无二的一座微型城池。高高的围墙近30英尺（1英尺=0.304 8米），占地178英亩（1英亩≈4 047平方米）。围墙内有20座宫殿，安置着皇帝及宫廷人员，总共近9 000间房，还有院落，足够容纳20 000人居住。每栋建筑都雕饰着金碧辉煌的图案，甚至连走廊都涂满油彩。

在这栋非凡的建筑里，年轻的皇帝远离正常人的生活。这是一个奇特的世界，居住在里面的几乎清一色的男性，而且一半是太监。这些太监关注着他的一举一动，满足着他的每一项需求。如果想要食物，只需说一声，丰盛的筵席就会摆在他的面前。如果想施行责罚，随手便可拖过一个太监进行鞭打。他自己的母亲难得被允许来紫禁城看望他。没有玩耍的伙伴，也不能到坚固的高墙外冒险，这道高墙把他同外界隔开。相反，溥仪每天要面对大量繁文缛节。数世纪以来，这些礼仪已经成为皇室生活的一部分。即便没有一个帝国需要管理，他也要坐在龙椅上，穿着得体的龙袍礼服，宣读诏书，向朝廷传达他的旨意。数世纪前，这些诏书决定着这个国家的命运，但现在，溥仪只是宣读近期对宫廷官员的又一轮礼物赏赐或向朝廷友人授予荣誉封号。

尽管溥仪对这道高墙外的世界没有任何权力或影响，但在高墙内却被尊为"天子"来膜拜。他的一举一动都成为一项仪式活动，甚至连他从一个房间到另一个房间都不例外——乘坐着华盖龙椅，后面跟着一群仆从。皇帝一直乘轿子出行，直到长大后能对此类事情作出自己的决定，才步行出门。皇帝不会收拾任何东西，对于自己不再需要的物件或衣服，只会随意地丢弃，仆人负责捡起。皇帝甚至不会像普通人那样如厕，无论在什么地方，只要需要，便会有一名太监手捧便壶恭候。

1911年清朝被推翻，君主制处境狼狈。不过，1912年颁布《优待条例》时，共和派认为没有理由推翻整个帝国构架。因此《优待条例》规定：溥仪被剥夺一切实际权力，但保留尊号、宫廷和他在紫禁城内的生活方式。皇帝继续生活在北京并保留所有皇家服饰，这令许多君主制主义者幻想着有一天会实现王朝复辟，溥仪及其继任者会继续统治中国三百年。有些人渺茫地希望回到前共和国状态；另一些人则期望建立一个君主立宪制国家。徐世昌是其中一位现代主义者，1918年被选为民国总统，他将带来溥仪生命中的一次重大变化。

数百年来，中国皇帝一直接受传统教育。他们学习经史、诗歌与书法。溥仪从中国帝师那里学到的第一件事情就是写汉字。书法是文人学者非常重视的一门艺术，许多清朝皇帝以擅长书法而闻名。溥仪在能够进行真正的读写之前，先要习字。他的老师是当时中国最为杰出的几位学者，但他们的博学大都浪费在这位年轻的学生身上。他们向他传授中国的经典文章，但并不向他讲述外面的世界；他们教他诗歌，但不传授算术。其用意虽善，但对于一名男子而言却显保守了。

徐总统认为这位少年皇帝应该接受更广泛的教育，以更好地适应20世纪之需求。他希望这个男孩学习英语，了解政府和现代世界史。他甚至希望溥仪了解其他国家的君主制，如英国的君主与政府协同合作，其动机并非毫无私心。1918年，中华民国处于极其危险的境地，因为帝国复辟确有可能。在这种情况下，徐世昌相信与其让皇帝仍然有名无实地生活在一个超现实的环境中，不如让他接受君主立宪制方面的教育。徐总统就此同他的密友进行讨论，无疑任何打破传统的举动都不会受到宫廷保守分子的欢迎。新帝师的提名在现代主义者这个封闭的小圈内悄悄进行。接着他对一位中意的候选人进行了私下接洽，但对方拒绝了该职位。这项使命遂落在一位英国殖民官员的头上，他就是庄士敦。

单单任命一位洋帝师的想法就够宫廷保守分子厌烦的了，更别提付诸现实了。选择庄士敦任帝师乍看之下颇令人惊讶，其实庄士敦虽然是一位中年未婚的苏格兰人，但他有几项特质和技能值得称道。在中国香港和内地生活了20年，他认识许多现代主义者和皇族成员；能讲流利的中国方言；了解中国且有学识——这体现在他出版了四本相关书籍。他人生的其他方面则不那么鼓舞人心，尽管在英国殖民部工作了20年，但仕途方面几无进展。1919年春天在接受帝师职位之际，他不过是山东省威海卫英国租借地这块弹丸之地的一名小吏。从乡村威海卫的一名小吏来到金碧辉煌的紫禁城成为皇家官员，这是一个巨大的挑战，但此类不合常规之变动却成为庄士敦人生的典型特征。原本可以预见的中产阶级之路出现如此难料的曲折。他的一生是非凡的一生，担任中国末代皇帝的老师只是这个非同寻常的故事中的一小部分。

他的人生之初并非在中国，而是在苏格兰，在19世纪末的爱丁堡。阶级意识极为强烈的苏格兰城市里，莫宁赛德（Morningside）街区因其彻头彻尾的中产阶级的自命不凡，早已成为爱丁堡的幽默笑柄。即便今天，在爱丁堡市民的心目中，莫宁赛德仍然是这样一群女士（她们头戴礼帽，一口纯正的郊区口音）的聚居地。维多利亚时期，爱丁堡市民开始从灰蒙蒙的市中心迁居到城郊绿地，中产阶级尤其钟爱莫宁赛德这块绿地。时至今日，这里仍然是坚固的维多利亚式公寓和壮观的排屋和谐混杂，自19世纪以来几乎没有任何改变。热闹的店铺和高高的公寓楼林立在主街两侧。离开喧闹的主街，便是幽静的林荫小巷，这里高高的石头院墙后是居民隐秘的生活。紧邻主街的迦南巷，坐落着哥什·班克（Goshen Bank）住宅，这是一栋维多利亚早期房屋，正面朴实无华，气派的院墙内有半英亩（约2 023平方米）大小的花园。哥什·班克住宅建于1820年，如同镶嵌在城市中的一栋小型乡间别墅。这是一份令人艳羡的产业，足够宽敞，可供一家人舒适地生活。1870年，莫宁赛德迎来了它的顶峰时期，这栋房子引起了爱丁堡一位年轻律师的注意——律师名叫罗伯特·约翰斯顿（Robert Johnston），他为自己和未婚妻买下了这栋房子。

罗伯特·约翰斯顿是一位成功的刑事律师的儿子。他曾渴望成为一名作家[1]，但最终接受命运安排，作为一名律师在父亲的爱丁堡事务所里受训。学徒期结束后，他加入约翰·理查森（John Richardson）的律师事务所，1874年成为苏格兰最古老的律师协会（W. S.）[2]成员之一。1876年约翰·理查森去世后，他成为该事务所（现已更名为理查森·约翰斯顿事务所）的唯一合伙人。罗伯特显然是一位非常典型的爱丁堡律师，从数百名爱丁堡律师中脱颖而出。他的私生活似乎遵循同样可以预见的轨迹：在购买哥什·班克住宅一年后，他娶了一位爱尔兰牧师的女儿——年轻的伊莎贝拉·欧文（Isabella Irving）小姐。

伊莎贝拉出生于1855年，比丈夫年轻15岁。结婚时，她年仅17岁，来自科克郡的多诺莫尔小村庄，对这个世界知之甚少；她的丈夫32岁，已经建立起稳固的事业基础。1866年其父去世后他继承了父亲的遗产，此时他无疑认为自己有足够的财力让新婚妻子过上某种舒适的生活。

罗伯特和伊莎贝拉立刻组建起一个新家庭。还有几天即是结婚一周年之际，他们的女儿康斯坦在哥什·班克住宅内出生。第二个孩子出生时，大女儿仅仅17个月[3]。如同康斯坦出生时一样，儿子出生时罗伯特也在一旁照料。1874年10月31日上午11点，雷金纳德·弗莱明·约翰斯顿（Reginald Fleming Johnston）（后取中文名庄士敦）来到这个世界。像姐姐一样，庄士敦也出生在哥什·班克住宅。这次生育依然顺利，没有给伊莎贝拉带来任何麻烦。两年后，她的第三个孩子也是最后一个孩子查理斯·爱德华（Charles Edward）出生。

莫宁赛德的家庭生活是愉快的中产阶级生活。罗伯特成为保守党俱乐部一名积极的会员，并直接参与当地圣公会教堂事务。1883年，他成为该教堂的会计兼秘书，并且十年来都是教堂委员会最重要的成员之一。庄士敦成为在该教堂受洗的第二个孩子；这三个孩子都定期去教堂做礼拜。受洗时，雷金纳德的教名后又新添了一个名字——约翰

（John），这个名字在其一生中偶然会用到。

罗伯特·约翰斯顿的社交生活是其职业生涯的一面镜子。他和伊莎贝拉都喜欢社交活动。他们的朋友除了来自法律界外，还有罗伯特在教会和政界认识的相关人士。或许他们在爱丁堡认识的最亲密的朋友是罗伯逊家族，罗伯逊也是一位律师。他的儿子尤安（Euan）继续保持着这种友谊。尤安和庄士敦是孩提时的伙伴，两人的交往一直持续到庄士敦去世。

约翰斯顿家族的大部分娱乐都在家中进行。与其职业身份相称，罗伯特确保伊莎贝拉在家中得到很好的帮助。除了孩子们的几位家庭教师和保姆外，她还雇用了几位仆人帮她料理家务，因此她有时间扮演一位完美的女主人[4]。如同在城中居住一样，约翰斯顿一家过着奢侈的生活。罗伯特性格开朗、友善，喜欢同朋友们一起吃吃喝喝。伊莎贝拉同样喜欢交际，花费了大量的时间、精力和金钱来收拾房子，家中填满了昂贵的家具和高品位的画作。无论是穿戴用品还是食物，她总是去精品店选择高品质的购买。[5]

在孩子教育方面，罗伯特同样舍得投资。三个孩子都非常聪明：康斯坦擅长英语和表演，庄士敦擅长历史和写作，查理斯擅长音乐。在孩子们进入私立学校之前，罗伯特聘请家庭教师来培养他们基本的读写能力。还不到十岁，庄士敦便被送往兰开夏郡的一所预备学校斯特拉斯莫尔学校（Strathmore School）读书。虽然这所学校通常为想进入英格兰的公立学校的人做备选，但罗伯特决定送他的儿子到莫宁赛德的一所中学就读，从家中到学校只有几分钟的步行路程。这所学校名为福肯豪尔（Falconhall）中学，几年前建立在一所宽敞的庄园里，场地很大。不同于一般的苏格兰学校，该校专门为公共部门和军队输送人才，进入这些领域要经过严格的选拔考试。罗伯特为儿子选择这所学校，表明他希望庄士敦日后从事公共事务，但他没有送爱好音乐的查理斯去这所学校。

1888年，庄士敦进入福肯豪尔时，他对历史的爱好并没有减弱。受苏格兰族长英雄故事的熏陶，庄士敦的偶像是道格拉斯勋爵，这位生活在14世纪的族长酋领曾为苏格兰的自由而战。[6]他会写一些关于此类男子汉的故事，把自己的幻想融入历史现实中。《伟大的维克托和邓斯坦之历史》是他创作的故事之一，主角就是卑鄙的查理斯国王的首席大臣道格拉斯勋爵，查理斯国王在位时间长得惊人——公元前182年至公元691年。这个故事一定是在他年少时期创作的，展现了一个男孩对血腥的典型热爱：

赖格德·查理斯（Laggad Charles）是我们见过的最邪恶的落后分子之一，他31岁开始统治，统治后做的第一件事就是烧掉所有他不喜欢的人。当道格拉斯勋爵对这种残忍行为表示抗议时，赖格德·查理斯答曰："呵呵，我的勇士，你不想尝尝被烧的滋味吗？让我们来试一下吧。"于是他下令几位军官把他捆绑起来扔到火上，赖格德围着火堆快乐地跳起舞来，看着詹姆斯勋爵被焚烧。[7]

这个故事写得非常有趣。即便作为一个成年人，庄士敦也从未丧失独出心裁虚构新世界的创造力。虽然写作是他最喜欢的娱乐方式，但他也爱好音乐，尽管他缺少弟弟查理斯那样的天赋。无论如何，福肯豪尔意在将其培养成为一名皇家行政人员而非音乐家。有趣的是，罗伯特对儿子的期望中竟然不包括法律事业。

福肯豪尔注重学科建设，一切围绕严格的公共考试体系设计。庄士敦很快将目光投向印度文职部门。作为庞大的英帝国的首要部门，印度文职部门吸引了优秀青年学子的目光。他后来写道，在校期间刻苦学习，"雄心勃勃，认为没有我办不到的事"[8]。尽管愿景美好，但福肯豪尔似乎没有给他留下多少印象。例如，当庄士敦申请报考爱丁堡大学时，他甚至没有提到自己的在校考勤。这种令人惊讶的遗漏或许归于他这几年的不开心。成年后，他重访过许多学生时代的旧地，却一句也未提及爱丁堡的学校教育，只是回忆到在斯特拉斯莫尔时兰开夏乡间的美丽。[9]他在爱丁堡的生活总是被遮掩起来，从他后来发给朋友们的信件中可以清楚，在家中居住期间是他最不快乐的时期。当然，福肯豪尔就说明了这一点。事实上，这家人就居住在学校旁，所以庄士敦不可能住校。

约翰斯顿家的孩子们物质生活很富足，并且罗伯特和伊莎贝拉鼓励他们发展自己的兴趣爱好。参加教堂唱诗班更促进了家人对音乐的喜爱。康斯坦，家人都叫她娜尼（Noney），在写作方面受到鼓励。通过访问苏格兰地区的氏族遗址，庄士敦的历史兴趣更浓厚了。[10]那么，为什么庄士敦在家中还会如此悲催？只要我们略看一眼涉及该家族的任何一份文档，就会知道不仅庄士敦而且连泰迪（查理斯的常用名）都发现难以同家人相处。娜尼是一个随和的孩子，性格最像父母，并且始终同他们哥俩保持密切联系。泰迪和庄士敦则更敏感一些，同父母相处起来困难得多。儿子不喜欢他们的父亲，庄士敦称父亲完全无视孩子们的存在[11]。子女进入青春期后，罗伯特同儿子及妻子之间的争吵已经司空见惯。

伊莎贝拉花起钱来令人难以忍受。庄士敦悲伤地写道："她只知道把钱用于奢侈的生活，购买一些无用的东西。"[12]随着时间的流逝，她毫无节制的花销把家庭财政状况日益推向窘境，家庭生活亦随之日趋紧张与不幸。罗伯特通过财产投机来筹钱，并且借酒消愁，在莫宁赛德当地酒商那里花费数百英镑。[13]从表面上看，约翰斯顿一家的生活逐渐开始从外界谋利。除了最亲近的朋友，恐怕无人知晓这家人在新一轮社交活动和令人称道的政治与教会事务下隐藏的穷困与焦虑。家庭生活的悲惨最终影响到了三个孩子的成年生活。特别是庄士敦从未从父母放纵生活的阴影中解脱出来，他决定远离"由醉鬼和挥霍者组成的混乱家庭"[14]。

约翰斯顿家的孩子们似乎并不太了解父亲的事务，但业务压力肯定增加了他和家人之间的距离。庄士敦通过虚构历史、幻想人物来寻找慰藉，摆脱家庭不幸。他创造了一系列虚幻人物，这些"人物"在其以后的日子里时时为他解闷、为他消愁。从"laggads"中他创造了一个被称为"笨拙人"的族群，酗酒的邓巴顿伯爵是其首席要员。庄士敦后来前往中国时，"伯爵"随其同行并在珠穆朗玛峰安家。与庄士敦冷漠的父亲不同，伯爵是一位和善的酒鬼，是一行人中的生命与灵魂。他的笔下还有一个名叫"库克"的女孩，总是随身携带"一个女帽盒和一把绿伞"，并因与"所有已婚和未婚男子进行鬼混"而声名狼藉。[15]库克跟她遇到的每一位男子打情骂俏，但似乎并没有奢侈挥霍的习惯，所以其原型可能不是庄士敦的母亲。"霍普达格"是他创造的另一位虚无缥缈的人物，性格模糊不定，专门对那种未知的黑暗勾当负责。这些奇怪的人物形象自庄士敦少年时代起，就进入他的内心世界，尽管他们"只存在于我的幻想中"；成年以后，他同自己的朋友及朋友的孩子们来分享这些"人物"。[16]他会在信件中提及它们，尽管熟人大多欣赏他的幽默，但有人发现他有时有点太过了。一位在香港同庄士敦一起生活过四个月的同事写道，"他关于'库克'和'霍普达格'的愚蠢话题激怒了我"，以至于该同事最后不得不搬离宿舍，躲开庄士敦。[17]

在庄士敦满脑子充满幻想的时候，他的弟弟和姐姐也通过各自的方式来应对家庭生活。娜尼像她母亲一样随心所欲。开朗、喜欢交际的她成为一名女演员，甚至连庄士敦的大学朋友都认为"她是一位非常可人的姑娘"[18]。查理斯投身于音乐，年仅16岁便创作了他的第一首全谱——为一部儿童三幕歌剧配乐，剧本则是由风趣而又才华横溢的哥哥创作的。1892年11月，兄弟俩发表了《仙后》，以迎接节日的到来。[19]不晓得这部歌剧是否被正式演出过，但或许来自当地教堂的某些孩子曾经表演过。

这是一部欢快的小歌剧，需要八名乐手和一个由仙女和精灵组成的分声部合唱团来完成。背景是，每年的这个夜晚，仙女们齐聚在一片树林中为女王加冕。歌剧内容主要针对维多利亚听众：人类威胁要破坏仙女们的聚会，被驱逐出仙境的一名妖怪控制了世间的孩子们，成年观众被带回到他们的童年时代。仙后在开场白中唱道：

> 忘记吧，今夜童年已经远去，
> 忘记吧，漫长的岁月已经逝去，
> 永不再回。
> 你会说，尽管我们没有魔术毯，
> 尽管女巫正在消亡，
> 尽管月亮上的男子已被放逐，
> 可今天，仙女仍在！[20]

庄士敦创作的剧本幸存下来并散发着魅力，但遗憾的是查理斯的音乐早已丢失，不过如能忠实反映哥哥的诗行，其配乐也一定趣味横生。

1892年在福肯豪尔完成四年学业后，庄士敦才17岁，参加印度文职考试还太年轻，因此他决定报考爱丁堡大学。很快他在文学院脱颖而出，第一学年其作文就在英文系获奖。他学习英语和历史，是英文系的优等生，但真正拔尖的是历史。1893年，他的一篇历史作文赢得了久负盛名的"院长奖（Lord Rector's Prize）"，奖金25畿尼（英国的旧金币，约值1英镑）。一年后他再次夺冠，荣获"格雷文学奖（Gray Essay Prize）"。

就在庄士敦结束爱丁堡大学学业前夕，一家人由哥什·班克（仍然拥有这套房子的产权）迁到市中心——爱丁堡西部的格罗夫纳街居住。早些时候，罗伯特即买下了这栋宽大的房产。这次搬迁后，他把家和办公室都安置在这栋建筑内。尽管它是壮观的维多利亚式排屋的一部分，但是相对莫宁赛德的家来说，这是一栋笨重、幽暗的房子。里面装饰着伊莎贝拉的种种奢侈品，属当今流行的时尚品味。房间里有土耳其和布鲁塞尔地毯、深色红木家具、苏格兰前卫艺术家绘制的大量风景画。[21]

庄士敦憎恨这个地方。此次搬家后，他与父母的关系严重恶化，以至于他和泰迪实在无法继续待在家中。泰迪希望有一天永远离开这个家。只要有可能，庄士敦就和世家朋友们待在一起，或者住在苏格兰西南边境邓弗里斯郡的亲戚家中。罗伯逊家族在市郊有一栋房子，庄士敦有时会待在那里，他曾经写信给朋友说："我又一次从家中逃到这里。"[22]另外一些时候，他会访问爱丁堡附近赫米斯顿村的老朋友麦凯尔维（McKelvie），视之为"大哥哥"，在那里"逃离格罗夫纳街的压抑"[23]。有时，他会到更远处旅行："我登上了斯卡维格湖斯凯岛的高峰，拜祭了艾奥纳的君主坟墓，品尝过侏罗岛的沙丁鱼，在攀爬格伦科的奥西恩洞穴时差点毙命。"[24]唯有这些时候，他能享受到真正的乐趣。唯有这些地方，他能忘记父亲酗酒的冷漠和母亲无尽无休的狂热购物，进行自己喜欢的一些娱乐活动：狩猎、射击和徒步。

无论大学学业多么成功，似乎都不足以抚平家庭给他带来的心灵创伤。1894年，在爱丁堡大学仅仅度过了两年时光，庄士敦便放弃了在苏格兰的学业，来到牛津玛格德琳学院学习现代历史。不过，他在爱丁堡的时光并没有虚度，为此他赢得了玛格德琳奖学金。当然了，最重要的是牛津远离家乡，所以这次转学估计没有什么遗憾。

作为牛津大学最美丽的学院，玛格德琳没有让庄士敦失望。他很快被它的魅力俘获。他不仅在这里找到了学术灵感，还结交了一群毕生保持友谊的朋友。1894年10月16日，他来到玛格德琳学院，住在新厦——一栋华美的乔治亚式公寓，建于1733年，意大利建筑风格。新厦位于学院回廊的后部，前面是一片宽阔的草坪，后面是学院的鹿园。这幢建筑及其周围环境都很气派，与他先前熟悉的爱丁堡市中心的煤烟和尘垢形成鲜明对比。庄士敦住在该公寓楼的西翼六楼，与庄士敦同一天搬进宿舍的还有另外四名同学：弗朗西斯·阿米蒂奇（Francis Armitage）、克莱门迪、珀西·戴尔（Percy Dale）和托马斯·洛夫迪。另外还有一位学长乔治·兰伯特（George Lambert），他比其余五位舍友早两年来到玛格德琳。以后的岁月里，兰伯特一直与其他人保持联系，而这几位新人几乎一见面就成了好朋友，并且一直作为挚友交往。

这是一个智慧的群体。庄士敦因竞赛成绩优秀而获得奖学金，令学院领导印象深刻，其余五人中只有戴尔没有获得奖学金。抵达玛格德琳后，庄士敦似乎在方方面面都刻意同以前的生活保持距离。比如，在家乡大家叫他"雷金纳德"或"雷吉"，但现在他要求玛格德琳的朋友们称他"约翰"，并且终生如此。其他一些试图抹去过去印迹的尝试则没有那么成功，如第一学期末，所有室友都认为他"自私、脾气不好、沉默寡言"，这一度令他成为"一名难以相处的室友"。[25]

庄士敦虽然比其他四位新同学年长一岁，却不是他们的头领。这似乎是一个相当民主、自立的群体，他们共同在华美的新厦里生活了两年。每天清早，一位仆人会把每个房间的浴缸放满水，然后为他们送上早餐；午餐也在房间里进行；晚餐则在学院大厅，就餐者身着礼服。闲暇时，大家骑车到周边村庄去旅行，或者按照传统习惯喝个一醉方休来庆祝大大小小的学术成就[26]。庄士敦继续痴迷于音乐。学院小教堂是一个令人特别喜爱的地方；他在那里参加学院唱诗班，"我非常热爱庄严的教堂音乐"。在这座美丽的小教堂里，唱诗班的歌声在耳边响起，他仿佛进入了一个和平安宁的世界，这一切"似乎同家庭的不幸形成生动鲜明的对比"[27]。他还写诗，部分诗歌后来得到发表。

当心情轻松，脾气转好且爱交际时，庄士敦应该是机智而又迷人的。[28]不久以后，舍友们就知道了他在少年时期创造的幻想人物，了解了库克以及她的坏名声，还有闲不住的沃金肖（Walkinshaw）夫人——"一位非常了不起的女性"[29]，无论庄士敦去向何方，后者都会跟随着他。他后来曾经记录下这样不光彩的一幕，"日本警察将她驱逐出日本。对此我并不感到奇怪，很遗憾她完全是罪有应得。她在小滨的行为甚至连艺妓院的歌妓都感到惊诧，何况她们并非大惊小怪之人"[30]。不可思议的邓巴顿伯爵继续他那荒唐的酗酒行为，并且占据着"笨拙族群上议院议长"[31]的职位。这些轻松欢快的人物形象常常能让庄士敦晦暗的心情明朗起来。实际上，许多时候他把更多的时间放在诗歌、音乐和小说人物方面，而非学业上。

庄士敦在他的生命中第一次有了一个安稳的"家"，有了一圈支持他的朋友给予他"持续的友善与宽容"[32]，让他远离家庭不幸，身心放松。他在古典音乐方面的兴趣焕发起他对牛津音乐会的热情并沉溺其中。他还定期到教堂去聆听玛格德琳唱诗班的精彩演唱。音乐之外，他还写诗。很快，学业成为次要内容。弟弟泰迪也仍旧保有音乐激情。1896年，他和娜尼去玛格德琳看望庄士敦，泰迪骄傲地宣布自己的一首曲目《夏季挽歌》发表了。然而，尽管生活充满了音乐，好朋友近在身旁，庄士敦还是不快乐。长此以往，朋友们的耐心便受到严峻的考验，想让庄士敦从绝望中解脱出来看来是不可能的。当他们从新厦搬到玛格德琳桥对面的考利寄宿公寓后，洛夫迪和阿米蒂奇发现他们有时难以控制自己不被庄士敦的坏脾气激怒，但值得赞扬的是，他们没有因此而毁掉这份友谊。

在玛格德琳的第二年年末，庄士敦参加了印度文职机构的选拔考试。每年8月份都会在伦敦举行一场考试，以便为印度文职机构、国内文职机构和远东见习生制度选拔人才。多年来，参加这场考试一直是他的目标。在牛津的两年将他最终打磨成一位绅士。具有讽刺意味的是，无须学位也可以进入英国殖民部。在19世纪90年代，选拔考试是进入殖民部的唯一途径，因此竞争非常激烈。高分考生会在伦敦或印度拥有称心如意的职位，是英帝国未来领袖的储备人才。此外，还有前往海峡殖民地、马来亚联邦、锡兰和中国香港的东方见习生。所有这些职位都收入不菲，工作稳定，在国内外有升迁机会。这些令人艳羡的职位，每个空缺都有多达7位候选人。

虽然没有在玛格德琳真正用功读过书，但庄士敦通过了所有大学考试，似乎毫无惧意地参加了选拔考试。那年夏天，他告别大学朋友，答应保持联系，却无意重返大学。然而令他想不到的是，一个月后，他发现自己"无望地耕耘着"一张又一张的试卷，仅通过了英语语言和写作，还有英国历史。[33] 其他科目的考试很惨淡；他在牛津研习的现代历史甚至也遭到惨败。颇令人惊讶的是，庄士敦对此次失败没有多少不安，而是很快从最初的震惊中恢复过来。这或许源于玛格德琳学院院长在那个夏季向他保证：如果考试失败，他可以重回学校。母亲也坚持认为他应该拿到学位，甚至他的父亲"虽然几乎像平常一样冷漠，但似乎也愿意他回来"[34]。所以庄士敦最后一年又回到玛格德琳，再次同考利公寓的舍友们一起生活。在这里，他又恢复了古怪、喜怒无常的生活方式，自他抵达牛津这已经成了他的标志。

他经常写"各类令我烦恼的事情"，尽管很少说明究竟是哪些事。他可能陷入了完全缺乏自信的状态，一度非常难过地抱怨：他的好朋友克莱门迪"遇到此类事情时，总是士气高昂，很有智慧"[35]。显然，有时他表现机智、富有魅力，有时又深感艰难与失望。他继续在非学术活动方面投入更多时间。他非常诚实，1898年获得二等学位时坦承"这份荣誉远远超出我的付出；恐怕没有人会比我付出更少"。他不断经历成功与失败，这在其评论中显而易见，结果证明"我是多么轻松地拿到了第一"。不过，他的导师重读了他的论文后"发现尽管有许多显然易见的聪明之处，但也存在大量不相关的事物和他们不理解的奇怪想法"[36]。

1898年的夏天，庄士敦本应该为那年8月份的又一轮选拔赛做准备，但他回到了格罗夫纳街令人压抑的家庭环境中。在他离家期间，那里的情形没有得到任何改善。至1897年，娜尼已经离开家乡迁往澳大利亚，与一位同乡演员结婚。[37]1898年，查理斯也离开了家乡，他"最终放弃在家居住的奢望，在一片糟糕的争吵声中永远离开了家"，迁到在爱丁堡租来的寄宿屋中。[38]

返回家乡后庄士敦写道："我正返回爱丁堡，目的地是该死的格罗夫纳街。"到家后他的感觉一点也没改变，"家中糟糕极了，根本无法进行真正的工作"[39]。在爱丁堡，尽可能多地参加音乐会是他释放家庭压力的唯一方式。家庭生活压得他喘不过气来，以至于他写道："在家中的日子糟糕透了，根本没有心思进行学习。"[40]尽管如此，庄士敦仍决心好好参加考试，以便远走高飞。他现在将近24岁——已超过报考印度文职部门的年龄要求——但克莱门迪家族同中国香港方面熟识，推荐他前往该地区，特别是"一些激动人心的事情令当今中国饶有趣味"[41]。因此他把希望寄托在考个好成绩，从而获得一个香港见习生的职位或者在伦敦的国内行政部门任职。

考试规定相对直截了当。没有必考卷，考生可以随心所欲尽可能多地选择考试科目——从数学到伦理学、语言和法律等等。庄士敦选择了八门课程，包括英语、法语、历史、政治和哲学。尽管他的考试成绩有好有坏，法语、政治和哲学不合格，但他通过了其他科目的考试并且英国史获得第二名的好成绩。总而言之，他的成绩比去年提高了50%，自信可以获得某个职位。

一个多月后，他知道自己获得了东方被殖民统治地区的某个职位。1898年，600多名考生参加考试，但只有98个职位空缺，其中65个在印度，大多数成绩拔尖者被分配到印度。庄士敦总排名第68位，可以进入有6个职位空缺的国内行政部门，但至早1899年的春天才能去伦敦报到，这意味着他需要回爱丁堡的家中再等待六个月——而这正是他想避免的事情。"如果选择等待，或许在接下来的六个月里我可以得到一个职位，但我不想这样做，所以义无反顾地选择了东方。"[42]因此是他个人选择了东方见习生一职，并把香港列为首选。

9月底，他通过了体检和殖民部的面试程序。在权力中心白厅，他发现职员们匆匆处理着成堆的文件，管理着一个帝国。这一切没有给他留下太深的印象。通过这次拜访及面试，他认为"我现在对唐宁街的官场和官僚习气有些了解，不愿深究"[43]。遗憾的是，他从未修正自己对殖民部的厌倦看法，这不利于他的仕途。

又焦虑地度过了数周时间，庄士敦终于接到录取通知书，成为一名香港见习生。他是如此渴望离开爱丁堡，以至于写信给殖民部大臣请求三天后启程前往香港。按照惯例，殖民部给他三周时间进行准备。在如此短的时间里，庄士敦需要打包他的所有行李。他把所有的书籍和文卷都带到了东方，没有给爱丁堡留下一丁点东西。[44]爱丁堡的学友在该市最大的巴尔莫拉饭店（Balmoral）为他钱行，未能赴宴者，包括玛格德琳的朋友们，发来了告别信。甚至连他的父亲都很伤感，在告别宴上做了一番发言，"这是我从父亲口中听过的最动听的语言，但我的离去令他悲伤，难过之情溢于言表"[45]。他有些吃惊地发现父母实际上非常希望能够陪他前往伦敦为他送行。这或许是他们最后一次看到自己的儿子。

1898年11月17日庄士敦乘船前往香港，12月25日抵达那里。他是那年被派往香港的两名见习生之一，另一位来自伦敦，名叫约瑟夫·肯普（Joseph Kemp），是所有东方见习生中的最高考分获得者，其第一志愿选择加入香港行政部门。漫长的海上旅程中，庄士敦组织音乐活动来消遣，似乎很少和他的见习生同伴在一起。事实上，他们从未真正成为朋友，尽管他俩在香港一起度过了将近六年的时光。这或许因为肯普比庄士敦大得多且缺乏玛格德琳朋友们那种魅力。海上旅行还让庄士敦有机会学习汉语并对未来进行思考。抵达香港后，他明白自己将正式开始汉语学习，政府因此为他提供了书本、教师和住所。他的年薪是1 500港元，可以保证他过上舒适的生活，那个年代一个普通家庭的年度开支不过如此。

克莱门迪家族已经告诉庄士敦1898年的中国内地和香港发生了一些事件——对于该地区来说，这的确是一个重要年份。关于这个国家的其他情况，他需要从书刊或报纸上了解，因为殖民部没有提供这方面的任何书面信息。自19世纪30年代起，大部分西方列强，后来日本也加入进来，开始争夺各自在中国的立足之地。采矿权和铁路修筑权给他们带来收入和影响力，商埠对外开放，这些城镇位于海边或江畔，是西方在中国的贸易中心。[46]外国政府在这些地区享有特权，其中大部分地区都有英国派驻的代表。西方政府利用中国的贫弱，在中国划分各自的势力范围。

1898年，列强瓜分中国的狂潮达到顶峰。这一年，欧洲列强和日本为争夺中国的领土和商业霸权进行了激烈的斗争。贫弱衰退的清朝政府无力阻止列强进一步强取豪夺。1894年，中日交战，北洋海军全军覆没；1895年，签订战后条约，战胜方日本凭此割占辽东半岛。然而，其他列强不希望看到日本在华势力增强而自己却未获得相应的特权。他们视中国为一块可以分而食之的大蛋糕，究竟可以分多少视各国的国际地位而定。英国凭借其强大的海军和巨大的商业利益，长期以来一直享有最大在华利益。对英国来说，最重要的事情就是保留其最大利益份额。另一方面，俄国从来就不希望看到日本在华北的势力增加。德国希望至少与俄国平分秋色，法国又希望与德国持平。中国则一次次被列强瓜分，处于无助境地。

甲午战争后，辽东半岛被割让给日本，这破坏了国际均势。于是俄、德、法三国要求日本将此领土还给中国，代之以获得战争赔款。当时的中国实际上已经处于穷困的境地，但那不是一个问题，因为俄、德、法已经慷慨地同意借钱给中国，帮它还清日本的战争赔款。当然，他们借此得到了更多的商业与领土特权。与此同时，英国也插入进来，要求获得一块中国领土。1898年的短短四个月里，华北地区的两块领土分别被俄、德两国据为己有，华南的一块领土则落入法国之口。外国侵犯中国领土之甚可见一斑。这些"势力范围"通过一系列单边强租被划分出去，中国一无所获，外国列强则获得商业优势和领土利益。不过，租借毕竟是有期限的，这给中国以希望，即有一天失去的领土会再次归属中国。

英国在1898年插手索要之前，几乎没怎么参与上述对华谈判，而任由俄、德、法三国群起争夺。1842年，香港被迫殖民统治。现在英国想拓展这块统治区以保护它在香港的权益，新界因此被租借给英国，租期99年。为与俄国抗衡，英国也要求租借华北地区的威海卫，租期与俄占旅顺之期相同。威海卫和新界都不大，两者共约350平方英里（1平方英里≈2.59平方公里）。英国相信，拥有新界即拥有了香港的未来。同时，它也希望，获得威海卫即获得了一个将来可与直布罗陀或新加坡相媲美的深水港。

被列强群起瓜分实为中国之大耻，历史无出其右者。此时，许多观察家担心，这种不择手段的强取豪夺可能会导致中华帝国分崩离析。面对种种侵犯，清王朝除了坐而观之，别无他法。但许多地方的农民准备对入侵的外国人进行直接反抗。山东省的农民先起而抗之，特别是针对传教士和租界采取的行动。这种对外国宗教和商业入侵的仇恨之火，很快蔓延到中国的其他地区，在义和团1900年围攻北京使馆（国外权力在华中心）期间达到高潮。这的确是中国令人关注的一段历史。

第二章

来自中国的召唤（1898—1903）

　　1898年圣诞节那一天，庄士敦抵达香港。香港当时是英帝国的一个权力中心。50年前英国占领香港时，香港还是一个荒岛；到19世纪末已经成为一处繁忙的商业中心，是英帝国贸易的主要支柱之一。50年后的香港岛到处是气派的欧式石造建筑，从最初一个显然不适于女性居住的原始港口发展成为时尚之都，一派欣欣向荣之气象。19世纪90年代的香港为海外不列颠人提供了一切可能的设施：社交俱乐部、剧社、高级赛马场、精品店铺、教堂和显赫的居所。当然了，在那里生活的华人远远多于欧洲人。欧洲侨民或许有数千人，而华人多达数十万人。不同种族有不同的生活圈子。最富有的欧洲人居住在山顶，可以俯瞰整个香港岛；华人则不得在此安家，只能居住在山腰、山脚地段或者对面大陆上——英国人在那里也占据了一块带状陆地。社会隔离同住所隔离一样是生活的一部分。华人和非华人在工作时间以外基本上互不联系。

　　香港或许有英国城市繁华的表象，但事实上也仅仅是表象而已。英国商人和官员无视天气的炎热与潮湿，像在家乡一样穿着深色西装、系着漂亮的领结去上班。19世纪末在香港的欧洲女性同样服饰鲜明，不顾气候变迁，整天穿着紧身胸衣和厚厚的长裙外出活动。这些正式的欧洲服饰同中国人喜爱的凉爽、飘逸的长衫形成鲜明对比，更衬托出两个民族之间的差异。在其他方面，香港也呈现出两面性。如：该地虽然有现代卫生系统，但每年都有瘟疫来袭。它有带着阳台、通风良好的石头房子，也有拥挤不堪的贫民窟。这里天气炎热、潮湿，气味难闻，在此居住的欧洲人从未认为香港是微缩版的英格兰，尽管看起来像。

庄士敦抵达香港时，代理辅政司索考姆·史密斯（Sercombe Smith）前去迎接他，开车把他接到家中共享圣诞大餐。圣诞节那天抵达香港对他来说是个好兆头，在正式工作开始前，他先休息数日以消除旅途疲劳，然后四处转一转，很快就投身于五光十色的香港社会中。抵达香港仅仅两天，庄士敦就成为该地最早的俱乐部——香港俱乐部的一员，受到其他会员的热情接待，直到开始他的汉语学习。

一踏上香港，庄士敦的心情似乎就轻松起来。炎热和尘垢丝毫没有影响到他，他认为"香港会比马来半岛的气候更好，时光更美"[1]。庄士敦对这个新地方充满了热情，此刻的激动似乎将之前所有的沮丧与绝望一扫而空，至少暂时如此。他给朋友们发去的第一封信就对这里的食物品质赞美有加。他一眼就喜欢上了香港，并将它同苏格兰高地进行比较，称之为"一个微型苏格兰"[2]。中国香港的景色那时的确同苏格兰的某些地区非常相似。连绵起伏的低矮山丘长满小树与灌木，从香港一直延伸到九龙半岛，苏格兰人来到这里会有一种似曾相识的感觉。当然，香港有一样东西在苏格兰是绝对找不到的，那就是"暖雨"。

许多苏格兰人来这里追名逐利。那时在苏格兰前途渺茫，而香港则机会多多。该地的成功商人中不乏苏格兰人；这些年来苏格兰团体已经得到充分发展，建起了自己的圣·安德鲁协会。因此来自庄士敦这种阶层的人士在这里不难找到背景相似、志同道合的朋友。

当时在中国内地酝酿数月的风潮已扩展到华南地区，引起香港相当大的恐慌。然而，尽管1899年初局势动荡，香港政府仍然认为，将该地的新入职见习生派往广州学习汉语是安全的。

如果说当时的香港又热又脏，那么广州有过之而无不及。尽管那里有外国人，但都在特定区域内，周围全都是华人。虽然庄士敦在香港已经嗅到中国的气息，但还是没有想到广州会这样拥挤与嘈杂。离开苏格兰仅仅三个月，他便被塞进一个完全陌生的异域环境中——但他喜欢这里。

他的新宿舍设在衙门里——英国领事的官邸里，另外几名见习生也一起住在这里。领事更喜欢住在欧洲租界而非衙门，因为他为自己在广州城内的安全担忧——衙门不在租界内。或许这是对的，毕竟1899年中国国内的排外情绪不断高涨。初来乍到，庄士敦认为广州是"中国最排外的一座城市，沙面（欧洲租界）的人们认为我们是一群傻瓜，竟然生活在市中心的这座衙门里。如果发生暴乱，我们就完蛋了"[3]。然而，对于这几位见习生的安危，官方没有做任何表示，尽管他们自身深感不安，已采取预防措施，设法买到左轮手枪并在房后花园里定期进行射击训练。

衙门很宽敞，里面除了一个漂亮的花园外，还有一个鹿园。几名厨师、苦力、男仆和一名园丁负责照料几位见习生的日常起居，满足他们的一切需求。在广州生活了三个月后，庄士敦开始给玛格德琳的朋友洛夫迪写信，信中对自己的新生活充满了激情。甚至连凶险的疟疾也只能暂时击倒他的身体，而不能摧毁他的意志。显然，他对自己的事业选择毫不后悔：

中国和中国人都值得高度关注，这不仅因为中国目前摇摇欲坠的局势。汉语很难，汉字尤其难写，但我认为这种困难还是被过分夸大了。目前，我已经能够同周围的人轻松交流……我只是按照自己喜欢的方式想学就学。这座衙门里住着我们四位见习生（两位任职马来州，我和另一位任职香港）。我们每人有一位中国先生。我的先生每天上午10点来，午饭前离开；下午2点再来（如果下午我想学习的话），3点半左右离开。我的时间完全由我自己掌控，可以随时休假，但唯一的要求是必须通过在香港举行的定期考试（大约三次）。必修时间非常少……生活是一件非常奢侈的事情。每天早上7点，我的男仆会把茶和烤面包送到床旁；早餐很丰盛，有三四道菜，9点进行；午餐很棒……；晚7点半开始晚餐。这一切令玛格德琳餐厅相形见绌。我们每天喝葡萄酒，有时是痛饮。生活如此之好，我正在攒钱……旅居中国的英国人显然过着一种刺激快乐的生活，其中包括酒和女人。[4]

在他发给玛格德琳朋友的家信中自然会有一些年轻人的吹嘘，目的是想给别人留下深刻印象。即便如此，也不可否认，同许多在这座城市学习的见习生一样，庄士敦的广州生活有着无穷乐趣。

尽管中国的局势不稳，广州多有骚乱发生，见习生们还是充分利用眼前的社交机会。英国租界向新官员敞开大门；聪明的中国商人很清楚，有一天这些见习生会成为他们的上司，所以对他们非常热情。庄士敦曾经在这样一位商人的陪同下逛过一条"花船"——流动妓院的委婉说法，那是一个不同寻常的夜晚。毫不奇怪，这次经历吸引了他，尽管他后来坚称自己不曾被那夜照料自己的妓女迷惑。甚至连乐师都是妓女，"那晚有时会有两个女孩同时坐在我的膝上"。晚餐是中式的，有好几道菜，庄士敦第一次使用筷子。乐师们停止调情后，开始为宴会奏乐。以后的岁月里，庄士敦学会欣赏中国音乐那独特的抑扬顿挫之韵律。那夜，他对这种音乐还颇感"迷惑"，其魅力就让他当场决定自此培养"这种爱好"。餐后，当中国客人退而吸食鸦片时，庄士敦尝试弹奏这些中国乐器，这引起"女子们的一阵阵惊叹"。欢乐之夜临近尾声，他对中国人的看法也明朗起来："我同萍水相逢的华人能够快乐相处，我喜欢他们。"[5]他的中国情结由此开始。

正常情况下，庄士敦需要在广州学习两年的粤语，然后成为一名合格的见习生，前往香港政府工作。为此，他需要参加一系列的考试来证明自己的汉语熟练程度。在伦敦举行的选拔性考试确保了殖民部招聘的职员具有很强的学习能力，同时也希望这些见习生能够证明自己具有相应的行政管理能力，由此确保了香港吸收一批能够在更高层次上同华人打交道的官员。殖民部没有失望：许多香港见习生日后登上了行政高位。

在最后一次考试中，他们需要同不会英语的人进行对话，对政府文件进行英汉互译，以证明自己的实务汉语水平。临近考试前，他们会被带回香港进行兼职工作，尽管结业前很难获得一个管理岗位。自那之后，见习生通常会在一系列相对较小的职位上一步步学习香港的行政管理机制。不过，庄士敦却没有这么幸运，在广州进行短暂的学习后，他就返回香港开始一名殖民官员的职业生涯。

所有受英国殖民统治的运行模式都很相似，只是视其大小及政治与商业的重要性而有所差异。各统治区的首脑是总督，即政府派驻海外的代表。总督通常是职业公务员，在殖民部系统一步步获得晋升。香港是享有盛名的地区之一，通常要有很高地位的人才能担任它的总督。总督任职一般满六年才能调迁或退休。偶尔，他们也会从本地政府中选拔，但这很少见。总而言之，一名总督上任前不一定熟知所要就任的地区。

香港政府有两个固定的资深职位可以为新总督提供大量有关该地的信息：总登记官和辅政司。前者的职权范围涵盖华人事务，但并非仅限于此；后者负责欧洲事务，通常充任总督的"左膀右臂"。秘书、管理人员和地方法官名列其后。在这个金字塔般行政体系的底端是见习生。按照现代标准，它在19世纪的行政管理团队是很小的，几乎不超过12人。这些官员的工作压力很大，只要一两个人生病或缺席，管理就极易陷入困境。

1898年，一名新总督莅任香港。温文尔雅的卜力爵士（Sir Henry Blake）是在筹备接收新界期间抵达香港的。新界于那年6月份被租借，租借条约是1898年中国与外国签订的系列条约之一。新界的租借使英国在香港岛对面的中国内地又占据了一块约350平方英里（约906平方公里）的土地。虽然香港因其漂亮的建筑与铺砌的街道而自夸，但新界却是典型的中国乡村风貌，小村庄由纵横交错的土路相连。尽管与香港岛相比不啻天壤之别，但租借新界是出于防御目的而非商业考虑，所以英国乐于接受它。英政府相信，夺取九龙半岛的这块腹地，会让香港更易于防守。无论如何，香港太过局促，租借这块额外土地可以用来安置迅猛增长的人口。

至1899年，该地租借事宜顺利进行，尽管英国军队在此遭到武装袭击。[6]辅政司骆任廷监管租借地的大部分管理事宜并为其组建政府。从地理、经济考察，到人口普查和管理决策，一切都要从零开始。骆任廷前往新界实际意味着香港没有一位辅政司，而传统上辅政司是一个关键人物。作为一名新任总督，卜力显然非常需要他的辅政司来提供信息与建议；骆任廷在新界的延期驻留令总督生活不再轻松。更有甚者，骆任廷还兼任总登记官。几年前，为节约开支，这两个高级职位合二为一。因此，卜力在没有重要帮手的协助下，掌管着除新界以外整个香港的运行。骆任廷是该地区工作年限最长的官员之一，20多年前作为一名见习生自苏格兰抵达香港。现在，他远离政府中心，使原本人手不足的香港行政机关更加不堪重负。[7]

领地扩展和人手短缺的双重压力让总督决定把新任见习生从广州召回。1899年夏天，刚刚接受了7个月的语言培训，庄士敦便被召回香港顶替休假官员。幸运的是，他的第一份工作不需要熟练掌握汉语。他被任命为代理委员会文书①，这是一个非常初级的职位，通常是合格见习生的第一个职位。

两个委员会协助香港总督的工作。文书的职责就是参加各种会议并做会议记录。行政会由政府高级官员组成，是总督的第一顾问团；立法会则好争辩，由官守议员和非官守议员组成，非官守议员来自更广泛的社会阶层，凭其显赫地位被选任，所以立法会包括香港的专业人员、资深贸易人士和华人社区成员。在总督需要了解本地各群体的观点时，一个充满辩论的委员会通常是非常有用的。因此，作为两会文书参加这些会议是庄士敦直接了解政府工作机制的绝佳机会，尽管他的大部分时间用于书写日程、进行会议记录。他发现行政会议尤其有趣，"因为该地的所有机密事宜都在这里讨论"[8]。当然了，他喜欢自己的行政工作并以其勤奋给卜力总督留下了深刻印象。

不过，他曾离开委员会数周，被派往新界进行勘测和土地登记，这些工作必须在新界真正成为香港的一部分之前完成。每一寸土地都要进行测绘，政府需要准确掌握每块土地的主人。新界的人口主要由农民组成。有些家族在同一个村庄中已经生活了数百年，随着家族人口的扩

---

① 译者注：即办事员。

增，家族土地不断细分，越来越小。香港是一个繁荣的地区，地价很高。新界基本上是农田和乡野，没有什么商业价值。不过，从新界被租借给英国的那一刻起，土地投机活动就开始了。人人都意识到农田的价格在未来的日子里会大幅上涨，所以地权方面的争吵突然喧嚣起来。许多农民开始伪造证件来证明自己拥有土地的所有权，由于持有伪证件的一些人，的确一直耕种着他们声称祖祖辈辈拥有的那块土地，这就使问题进一步复杂化。这团乱麻需要花费数年时间才能理清，仅1899年就耗费了行政人员的大量时间。

两个月来，庄士敦在极其炎热潮湿的环境中毫无怨言地工作着。有时，他需要协助政府测量员对新获得的区域进行测绘。有时，他坐在稀疏的竹影下费力解读写有土地权的纸片，不仅要弄清纸片上提到的究竟是哪块土地，还要辨明该土地权的真伪。这是一项艰苦的工作，非常考验他的汉语能力。然而值得称赞的是，庄士敦以顽强的毅力坚持着这项工作，尽管他感到自己的上司骆任廷使唤下属就像使唤"奴隶"一样[9]。

除父母之外，庄士敦对别人一贯少有微词。但在新界的这两个月，晚上宿营在外，条件异常艰苦，似乎人也变得刻薄起来。比如，他对辅政司和总督颇有微词。他有些傲慢地评价卜力是一个"好家伙"，"对我非常和气……但他颇为精疲力竭，容易做愚蠢的事情"[10]。他对骆任廷更加吹毛求疵，尽管承认骆好交际且因新界工作在殖民部受到尊敬，但他以一名年轻见习生的偏见，认为辅政司"本人没有什么重要贡献，是下属的工作成就了他"，仅仅是"非常幸运……让他获得目前的显赫地位"，因为"他没有管理才干或其他任何才能"[11]。哪怕卜力或骆任廷只了解一点点庄士敦对他们的看法，或许庄士敦曲折的一生就会不同。他们会毫不犹豫地把这位自负的年轻下属扔出香港。不过，这也许仅仅是年轻的庄士敦在自吹自擂。和同代人相比，他似乎感觉自己需要在他们眼里显得重要。无论原因如何，幸亏庄士敦很快发现自己对这两人的最初判断是极其错误的，所以不久这两位经验丰富的殖民官员和他们年轻的学徒成了朋友。

短短数周，庄士敦就给他的上司留下了如此深刻的印象，以至于第一次重大人员危机来临时，卜力和骆任廷毫不犹豫地把工作交给庄士敦：

> 骆克打电话给我，要求我带着行李包裹和男仆返回香港。到了那里，我发现辅政司助理巴克尔（Buckle）……已经离职，正准备离开……由我"代理"其职……我的见习生工资立刻翻番，恐怕我的成功会惹恼其他二位比我资深的见习生。……我发现是总督本人选择我担任代理一职。[12]

如果没有庄士敦来接替该职位，巴克尔的因病离职将会引起严重危机。辅政司助理是一份劳神费力的工作，甚至连庄士敦都不得不承认"我的工作很辛苦"[13]。他在东方生活还不到一年，便突然接到这样一份置身管理层的工作。为会议起草文件，准备法令，对来自殖民部的文件进行阅读、消化、执行并传达到相关官员手中。这种职位通常仅提供给拥有一两年工作经验的合格见习生。庄士敦的朋友塞西尔·克莱门迪实事求是地评论说："这是对见习生的一次破格任命。"[14]

庄士敦在这份艰辛的岗位上努力工作，其才干和热情令卜力和骆任廷印象深刻。他在任职期间"给总督留下了极为良好的印象"，卜力非常喜欢这位年轻人，那年夏天几次邀请他到家中赴宴。[15]骆任廷对庄士敦来者不拒的工作态度同样印象深刻，没有人怀疑庄士敦能否胜任这份新工作，尽管他还没有通过见习生结业考试。对庄士敦而言，他自然为这次晋升而高兴，喜欢新职位带来的权力与地位。

这项工作使庄士敦处于骆任廷的直接领导下，两人自然也就熟识起来。庄士敦敬慕骆任廷的行政管理才能，以及他对该地事务的掌控能力；骆任廷则见证了庄士敦勇挑重担的能力，并开始欣赏他的诙谐幽默与才干。在许多方面，他一定从庄士敦身上看到了自己年轻时的影子。他开始鼓励庄士敦拓宽自己的视野，一如他20年前一样。骆任廷是一位有声望的亲华人士，他鼓励庄士敦在汉语学习方面不仅要学习语言，还要学习历史、哲学等其他领域，因为要想在中国获得真正成功，就必须了解它的社会文化，而不仅仅是语言。尽管年龄有差异，但对中国文化的共同爱好与分享使他们很快发展成挚友，并终其余生。

庄士敦同卜力的友谊，特别是同骆任廷的友谊是经得起推敲的。从一开始，只要他认为正确，便敢于反对上司。同他们相处的日子里，他一贯温文尔雅、富有魅力，从没有卑躬屈膝方面的记录。这位见习生没有被他们的权力或能力吓倒，更可能的是，他似乎宁愿视其为年长后的自己。尽管这种态度可能不会讨得许多官员的喜欢，毕竟这是一个等级社会，但这也提升了庄士敦在总督和辅政司心中的地位。

庄士敦履行新职仅仅数月，巴克尔的身体即获康复并在那年年底重返旧岗。然而，庄士敦给大家留下的印象太好了，以至于卜力决定不再把他派回广州，而是任命为"新界政府三人执政之一"[16]。尽管该地区由香港管理，但在土地登记、人口普查和测绘方面仍然有大量的工作要做，庄士敦之前在这方面有一点经验。他目前仍在学习汉语，毕竟还没有通过大部分见习考试，但骆任廷相信他能够胜任这份工作，遂建议卜力将他派回大埔工作。这些人都是老练的官员，不会把此类工作托付给一位见习生，除非确信其人及其粤语能够胜任这份工作。他们对庄士敦能力的认可对后者一定是极大的促进。

庄士敦现在对自己同上司的关系颇为自信，确认上司喜欢他，相信他的能力。但这种自信让他看起来有些自夸，许多同龄人并不以为然。尽管他在香港取得了无可置疑的成功，但在1899年和1900年发给朋友们的信中，庄士敦仍然感到有必要对自己的成绩加以吹嘘，以便登上晋升的阶梯。他一度在给洛夫迪的信中写道"骆克离开期间，我和总督之间便没有了中间人"，暗示他经常直接对总督负责。[17]理论上，这种陈述或许正确，但实际上却相当错误。这令人纳闷为什么庄士敦如此没有安全感，总是这样去维护自己的名誉，毕竟他的工作非常出色。

1899年，庄士敦不仅才干得到认可，还迎来了一个"喜讯"——舍友克莱门迪将前来香港工作。[18]克莱门迪在参加8月份的选拔考试前就写信告诉庄士敦，他正考虑申请香港职位。他的家人促成了这个决定。他们不仅相信该地会为两位年轻人提供机会，而且还意识到聪明活泼的克莱门迪有可能会在香港这样一个提倡自由精神的地方发出光芒。在其他地区，特别是印度，其等级制度如此森严，像克莱门迪这样的人不可能长期生存。他的家人提出这样的建议恰如其分：克莱门迪的父亲一直在次大陆担任军法署署长，他的叔叔塞西尔·克莱门迪-史密斯曾是香港官员，后于1899年^①成为一名殖民地区总督。

庄士敦立即将这一消息告诉骆任廷，"我们宿舍的事情激起他极大的兴趣，自那之后他几次对我谈起这件事"¹⁹。成绩出来了，克莱门迪以总分第四胜出。通常，取得如此高分的考生会优先选择印度或国内文职机构。听到克莱门迪的成绩后，庄士敦向骆任廷汇报，后者的"下巴都惊掉了"²⁰。骆任廷自然盼望像克莱门迪这样的才子来香港工作，并且清楚他的家族关系对该地无害。1899年年底，克莱门迪抵达香港时受到热烈欢迎。

最初，庄士敦和克莱门迪难得见一次面。克莱门迪开始在广州学习汉语时，庄士敦正在新界进行全职工作。但是至1900年初夏，发端于1898年的义和团运动已经牢牢拴住了中国内地。那年7月香港政府最终不得不从广州撤回所有见习生。²¹克莱门迪立即搬进庄士敦在九龙的住处。

友谊的温暖依然还在，但克莱门迪已经全然忘记了庄士敦的忧郁情绪和怪诞方式。不过同庄士敦仅仅相处了四个月，他便"决定无论如何也要自己租一套房子单住……庄士敦是不可能离开这里的，他还保留着在牛津时的所有缺点……很难相处：无法同他进行一次严肃的谈话"²²。尽管如此，克莱门迪还是非常喜欢庄士敦，不想因为突然离开而伤害他。毕竟，庄士敦在第一时间为克莱门迪提供了住处；因为主人的习惯而离开——尽管是恼人的习惯——似乎很无礼。克莱门迪想自己打出一片天地来，他像疯子般工作，决心在最短的时间内通过见习生考试。他在成长，庄士敦在许多方面也需要提高。后者进一步晋升为卜力总督的

---

① 译者注：此处可能是作者误写。塞西尔·克莱门迪-史密斯1887—1893年担任海峡殖民地总督。

私人秘书时，脸面总算得以保全。[23]这份工作需要搬进总督府居住。克莱门迪同样也很快获得晋升，接替朋友的职位担任代理辅政司助理兼委员会文书。数月后因人手匮乏，克莱门迪又一次被调任，1901年的庄士敦只得身兼三职：港督私人秘书、代理辅政司助理和委员会文书。尽管重担在身，庄士敦仍然因克莱门迪的批评而伤心。他全身心投入到工作中，在那一年通过了全部见习生考试。

庄士敦搬进总督府，让克莱门迪有机会原谅并忘记他那恼人的习性：两人继续保持着长期友谊。工作令两人忙碌并投身到各自的研究中。庄士敦喜欢在总督身边工作，不仅同卜力而且同他的妻子也熟识起来。总督府是香港的社交中心；在那里生活与工作为庄士敦带来新的社会地位。卜力是一位平易近人的上司。作为他的私人秘书，庄士敦主要负责组织安排总督的官方生活。庄士敦记录着卜力的每日事务，并经常处理他的私人函件和密件。

同卜力家人一起生活很温馨。他特别喜欢卜力夫人，卜力夫人似乎也是一个怪人。后来，当卜力担任锡兰总督时，庄士敦曾去拜访并愉快地写道："很难短时间内脱身，因为至少两三个月前卜力夫人就对我的离开念头流露出反对之意！"拜访期间，他同这家人相处得很开心，并很高兴看到卜力夫人依旧"对佛教心怀向往，我已经放弃基督教并会尽自己的最大努力研习佛教"。庄士敦还令人颇为费解地补充道："但她仍然相信邓恩夫人治愈了她的猫。这只猫现已死去。"[24]在这个有点另类的家庭里，庄士敦显然宾至如归。

1902年7月，庄士敦的父亲罗伯特突然死于肺炎。庄士敦那年应该休假，卜力总督对此事深表同情，并保证可以为他返回苏格兰处理父亲的遗产安排必要的时间。然而，庄士敦竟然决定不回家，而是休假去旅行——从云南省经东京（越南北部一地区的旧称）和缅甸的掸邦到曼谷。直到1903年，他才返回香港。[25]庄士敦逃避到中国荒凉的边境地区时，父亲的葬礼正与其显赫身份相匹配的隆重仪式举行。在爱丁堡的圣玛利亚教堂完成葬礼仪式后，父亲被安葬在沃里斯顿墓园的家族坟茔中，那是新城附近一处较好的维多利亚式大墓地。爱丁堡的当地《苏格兰人报》用动人的语言描述了"已故弗莱明·约翰斯顿先生"的一生，他的"许多朋友……因其突然离世而显然变得更穷"[26]。他的家人也注意到了这句话的讽刺意味。罗伯特的许多亲朋好友的确因为他的离世而更加穷困，真相在数周后大白于天下：他从来都不是像外表看起来那样是一位令人尊敬的爱丁堡律师。罗伯特·约翰斯顿去世时负债累累，他的妻子作为唯一继承人和执行者，只好宣布死去的丈夫破产。[27]罗伯特·约翰斯顿遗留给家人的烂摊子实在太烂了，花了四年时间被扣押的遗产才得以解决，这就可以理解士敦为什么不想参与其中。破产是一个巨大的社会污点，一旦传到香港，他的官员生涯可能会就此终止。

尽管爱丁堡是一个大城市，但其社交圈的消息却很灵通。罗伯特·约翰斯顿去世数周后，其家人的困境人人皆知。亨利·希尔斯（Henry Shiells）着眼于该遗产的司法因素："约翰斯顿先生从一开始似乎就没有搞清楚……他个人的钱与客户资金之间的区别"。[28]他死时拥有一笔小资产，估价近29 000英镑。这是一笔天文数字，要知道当时周薪能达到5英镑即为丰厚了。罗伯特在这座城市建起了一个小小的地产王国，用这笔收益送一个儿子去牛津读书，送另一个儿子学习音乐。遗憾的是，他用客户的钱去购买这些房地产；另外，许多其他债务他也没有兑现。

不仅是罗伯特的客户遭受财务损失，下列债权人也无一幸免，如酒商、煤商、肉商、五金商、男装裁缝、文具商、眼镜商、面包师和洗衣工。这一切与他挥霍无度的妻子有很大关系。罗伯特的赊欠账单无孔不入，即便把他的所有资产全部变卖，也仅能偿还十分之一债务，也就是说，每位债权人1英镑的放贷只能收回1先令11便士。

伊莎贝拉和她的孩子们将在大庭广众之下蒙受耻辱。她被迫搬离自己的家，眼看着自己的绘画、书籍和家用银器等珍藏品被公开拍卖。家庭财产在拍卖前先由当地新闻媒体进行宣传报道，这更增加了她和孩子们的羞耻感。售卖的家具包括"带有雕刻花纹的橡木餐具柜、餐桌……红木书橱、布罗德伍德钢琴、核桃木写字桌……钟表、铜器、德累斯顿细瓷器、床和床品、脸盆架、锣……巴格代拉弹球桌"[29]。一天之后，

《苏格兰人报》刊发了拍卖消息，题为《罗伯特·弗莱明·约翰斯顿艺术品陈列室》，其中包括当代知名艺术家如萨姆·博夫（Sam Bough）、威廉·费蒂斯·道格拉斯爵士（Sir William Fettes Douglas）、霍雷肖·麦卡洛克（Horatio McCulloch）和E. A.霍内尔（E. A. Hornell）的画作。尽管这是巨大的耻辱，但是伊莎贝拉在拍卖现场却能保持超然于外，真是不可思议。这也在某种程度上，说明了她是一个怎样的女人，以及她对金钱的态度。尽管非常清楚针对丈夫个人事务即将产生的法律诉讼，她仍然设法花3畿尼（高于当时的普通周薪）买了一顶帽子，准备出席葬礼时戴。[30]看来，罗伯特之所以沦落破产境地，她应当承担同样的责任。

庄士敦决定藏匿于中国而不去面对父亲遗产的耻辱，或许可以让人理解。当然了，这份耻辱深深伤害了他，他发誓"除非父亲的债务全部还清，否则再也不会踏上苏格兰的土地"[31]。愤怒与深深的羞耻让他自此哪怕在最亲近的朋友面前也从未提及自己的父母和家人。事实上，在以后的岁月里，大部分认识他的人，包括他的远亲，都以为他是家中唯一的孩子。[32]1902年，他在爱丁堡的童年时光被抛掷脑后，从此再也不愿公开提及。十余年后，他才重返不列颠；许多年来，他视自己为一名被故土驱逐的异乡人。[33]甚至连克莱门迪也没被告知，尽管作为庄士敦的密友，他已经意识到有些地方出了问题，并且向洛夫迪吐露了他的忧虑——老朋友情绪多变、举止日益古怪。[34]

尽管对自己的家人感到厌恨，但庄士敦并没有完全抛弃他们。娜尼有第二任丈夫帮助她，泰迪找到了一份好工作，庄士敦选择供养伊莎贝拉。他像家中其他成员一样非常清楚母亲的理财能力。即便如此，他还是通过家庭律师寄给母亲350英镑来帮助她在租来的公寓中安置一个家。这是他的全部存款，是他抵达香港后一点一点积攒起来的。他在经济上做出了极大的牺牲，没有给自己留下任何积蓄以备不时之需。这也不是他寄给她的最后一笔款子。伊莎贝拉虽然再也不能自视为有钱人了，但温饱是没有问题的。不过，她从未吸取教训，继续挥霍着并不属于自己的资产直至去世。

然而，庄士敦的事业并没有受到父亲不端行为的影响（尽管如果事情传到香港，情况可能会大不同），泰迪却为此丢了工作。1899年，泰迪已经搬到北贝里克郡的一个小镇，那是距离爱丁堡不远的一个避暑海滨胜地。他在那里的圣公会大教堂——圣·巴尔德雷德教堂担任风琴手和唱诗班指挥。该教堂创建于1862年，其会众由乡绅和实业家组成，是一群富裕、快乐的人。泰迪在这里很受欢迎，工作也颇有成绩，教区委员会认为他既有天分又勤勉。但是当其父之事传开后，他被迫离开了自己的岗位。像圣·巴尔德雷德这样令人尊敬的教会是不会允许他们的唱诗班指挥来自破产家庭的。[35]正如庄士敦一样，家庭带来的巨大耻辱令泰迪难以承受，于是他永远离开了苏格兰，远走美国并隐匿在纽约。他在那里教授音乐直至1912年病情恶化才不得不退休，尽管此后他又在百老汇担任乐手许多年。[36]

　　在查理斯被迫离开圣·巴尔德雷德时，庄士敦正穿越中国西部地区，然后从越南到老挝，在那里乘独木舟沿南乌河顺流而下。[37]一位不具名的见习生加入他的旅程中，但他在后期的旅行记录中从来不提这个人，似乎宁愿忘记他的存在。他们顺利抵达中越边界后做出了一个大胆决定——解雇他们的译员。当"这个译员带着15箱行李突然返回"时，香港才有人知道这个情况；同时还有一张庄士敦写给克莱门迪的便条，大致内容是"由于延误，他将把自己的所有行李都打发掉，包括食物和毯子，只携带一些必需品继续前行"。克莱门迪对此感到担心，因为庄士敦"佐证了他的古怪名声"，但他不知道庄士敦为什么这样做。[38]

　　尽管克莱门迪坚信"这样的行动非常鲁莽，即便庄士敦没有大碍地完成这次旅行，生活必需品方面的匮乏也会让这次假期之旅难得欢娱"，但是庄士敦仍旧我行我素。[39]这对他来说不是一次假期之旅，而是借以抹去父亲之死所带来的巨大震惊。这是一次思考与疗伤之旅，其中得到温和善良的老挝人的许多帮助。抵达首都琅勃拉邦后，他乘木筏沿湄公河而下前往曼谷。

　　卸下重负后，他在越南和老挝旅行，其间仅有两名苦力随行——然而这两人也在一次独木舟航行中抛弃了他。他们的弃离给了他一次教训，使他更加切肤之痛地感受到自己家人那贪婪的本性。后来，他略带骄傲地谈起自己是如何抛弃所有行李，只随身携带手提肩背之物的。这种旅行方式显然对他产生了巨大影响。他写道："直到那时，我才第一次发现，一个文明人由于众多物质拖累而给自己带来了多大的不便；没有这一切，他可能做得相当好。"[40]庄士敦不可能完全避开或忘掉家人的不幸，但这次旅行帮助他治愈了部分创伤，并成为他生命中至关重要的一刻。温和的老挝–掸族人向他展示佛教是如何成为与生活抗争的一种方式。似乎正是在这一时期，他开始接受佛教哲学。终其余生他一直都在研究佛教教义，不过更多的是作为一种求知而非宗教信仰在研究。但是，1903年当他的家庭在他面前崩塌时，可能正是佛教令他保持神志清醒。

1903年1月，庄士敦结束旅行，重新回到代理辅政司助理的岗位上。他的总督私人秘书的任期已经结束，所以从总督官邸搬到香港九龙岸边停泊的一艘游船上。他给这艘游船起名"库克"，给他的一艘划艇起名"霍普达格"，都是根据童年时期创作的心爱人物来命名的。另一艘划艇被略有不敬地称为"贝塔·玛利亚·玛格达莱纳"，以纪念他的老学院。尽管骆任廷现在已经离开了香港，但是庄士敦仍然有许多好朋友，其中有见习生、同事和克莱门迪，这段时间他们一起住在游艇上。尽管社交生活逍遥自在，但庄士敦还是极不快乐。父亲留下来的耻辱像一把利剑悬在心头，庄士敦无时无刻不在担心香港方面会获悉这一切。当得知弟弟的遭遇后，他一定非常担心同样的命运会降临到自己头上。

庄士敦喜好交际。了解他的人都回忆说，与他相处令人愉快；很少有女性不被他的魅力所吸引。适中的身材、金黄的头发和蓝色的眼睛，使他颇具风采，而他的机智最令人难忘。然而他也迫切需要花时间来经营自己的事情。1902年的旅行让他体验到这样一种生活的益处；同时也激起他进一步探索中国的欲望，以期更多了解这个国家的民众与风俗。香港不仅不能在这方面为他提供任何机会，而且还多了几分暴露家庭真相的危险，毕竟这里的苏格兰人比较多。1903年返回香港时，庄士敦很清楚，如果他想获得内心的安宁，就必须离开香港。一年后，这一愿望得以实现。

38

第三章

南华务司（1904—1906）

　　庄士敦离开香港后，下一个目的地是威海卫。威海卫是英国向中国租借的一块新领地，同新界一样也是英国在1898年向中国租借的。英帝国的这个遥远前哨位于山东，租借它的主要目的是作为一处海军基地来使用。该地有一个隐蔽的深水港，对英国海军来说是一处优良基地。在英国统治的前四年，这里由军方管理。1901年，英政府认为威海卫不再具有重要的战略价值，遂将其转交给文职部门。骆任廷显然是合适人选，他曾监管新界接收事宜，有从零开始创建一整套行政管理体系的绝好经验。另外，他有丰富的行政管理经验，普通话和粤语都很流利，而且最重要的是他与香港华商关系密切，英国政府希望这些人的生意经可以使威海卫变成第二个香港。

　　骆任廷热情地接受了这个新职位，1902年春举家迁往威海卫。他感到自己已经完成了在香港的工作，并且清楚地意识到在威海卫担任一段时间的行政长官，会对他日后胜任港督一职很有帮助。威海卫的行政机关非常小，仅有一名副手来协助行政长官的工作。他很了解庄士敦想离开香港，并且卜力总督将于1903年秋离港赴任锡兰总督的消息令庄士敦更加郁闷。在骆任廷眼里，庄士敦不仅是一名头脑聪明的优秀官员，而且是一位易于相处的同僚。不过，殖民部却选择了比庄士敦多两年资历的见习生罗伯特·沃尔特（Robert Walter）来威海卫担任行政长官的副手。沃尔特和骆任廷之间虽然建立起友好的工作关系，但从未成为真正亲密的伙伴。骆任廷仍然希望有一天把庄士敦带到这里。机会来了，

1903年沃尔特"因紧急的私事"，将于次年休假回英国。骆任廷立刻写信给殖民部请求派庄士敦来接替沃尔特。[1]那时，庄士敦已被视为一名高级官员，在香港难以找到他的替补人员，不过骆任廷自有办法。1904年4月21日，庄士敦受命暂时填补沃尔特的空缺。两周后，他抵达威海卫，在政府官邸受到热烈欢迎。[2]

骆任廷是如此急切地希望庄士敦能来威海卫，尽管此时的庄士敦会讲流利的粤语，但只会讲一点点北京官话。如果一名官员需要依靠译员来开展日常工作，那么这对小小的威海卫政府来说是一项沉重的负担。大概骆任廷对庄士敦的语言能力有充分的信心，相信他会很快熟悉官话，听懂当地方言。庄士敦的确没有让他失望。

最初，庄士敦是因沃尔特休假而被借调到威海卫的。不过，在他抵达威海卫前，沃尔特本人被临时调派到天津，所以庄士敦刚刚抵达威海卫时，便接到通知至少要在这里工作一年。沃尔特则前往天津移民局，负责监管运输劳工到南非特兰士瓦尔的金矿工作。庄士敦一直到1906年初才离开威海卫。[3]

骆任廷热情欢迎庄士敦的到来。四个月前，骆任廷的妻子伊迪丝（Edith）带着两个女儿返回英国，送大女儿玛丽（Mary）去那里的寄宿学校读书。他的儿子查尔斯（Charles）已经成为一名海军见习生，在英格兰服役。两年后，骆任廷才能与家人再次相见，因此庄士敦在这一时期的陪伴尤其重要。这次调任对庄士敦来说同样意义非凡，来到中国这个安静的角落，家庭丑闻被揭露的可能性很小。所以借调期间，身处乡野环境，他感到身心放松，与上司关系融洽。卸掉社会压力后带来的变化几乎立刻在他身上显现出来。沮丧的情绪不复再来，骆任廷的深厚友谊让他安心度过快乐时光。

友谊在威海卫至关重要。与繁忙的香港不同，威海卫只有一小群欧洲人。夏季，对于想逃离香港闷热潮湿气候的英国人来说，威海卫是一处令人向往的度假胜地。它也是英国远东舰队①的夏季基地。因此，这

---

① 译者注：因其英文名为"China Squadron"，所以有时也译为中国舰队。

几个月访客特别多。不过，在寒冷的冬季，威海卫则成为与世隔绝之地。海军会待在南方更温暖的水域；访客寥寥无几，只有一小撮欧洲人自我解闷、自得其乐。

庄士敦抵达威海卫时一定注意到了它同香港的相异之处。该地没有电灯和电话，也没有真正的道路可言。卫生条件差，每天早晨从各家各户收集粪便，这些粪便用于肥田。只有一家旅馆和一所学校，没有一个可供绅士们夜间聚饮的高档俱乐部，完全不像香港那般熙熙攘攘。不过，它确有优于香港之处。气候舒适，夏季不似香港那样闷热、潮湿。尽管缺乏现代医疗条件，但疾病相对较少。当地大约有150 000名中国人，主要是安分守己的农民和渔民，犯罪率低。

站在爱德华港的岸边，目光会聚焦在拥有深水港的刘公岛上。在那里，海军拥有一个娱乐场和一个高尔夫球场。爱德华港本身是一处小小的租界，本租借地的大多数欧洲居民都住在那里。政府官邸和公署亦坐落在那里，前者是一栋稳重的邦格楼建筑。海岸线上的一处小码头供夏季每天来往于爱德华港和刘公岛的汽艇停泊。该码头也是南来北往近海轮船的停靠点：西至烟台，南到上海，北往大连。威海卫大陆边缘环绕着数十千米长的平缓海岸线，海湾和沙滩点缀其间。低矮的山丘从这里绵延到山东省内陆地区。

那时的威海卫缺少真正迷人的风景。为伐木取薪，这里的居民——大大小小300个左右村庄的村民——早已把当地树木砍伐一空。庄士敦抵达威海卫时，这里只有零零星星的柞树和荒山上的野草，矮丘之间的平地上田地分明，纵横交错的河流确保干旱少有发生，到处都是乡间土路，与香港形成鲜明对比。

庄士敦搬进爱德华港一处租来的房屋内，这里位于码头区，可以俯瞰大海。码头距离政府官邸很近，所以住在这里他无论上班还是访友都很方便。但在初来的几个月里，庄士敦难有机会同行政长官小聚。当时日俄两国正在中国北方地区交战，英国海军在该地区的力量得到加强，因此骆任廷那一年大多数时间都用来接待一批批的海军来客。当然，庄士敦除了要掌握生疏的汉语方言外，还有自己的工作要做。

威海卫的行政管理很简单。政府首脑是行政长官，拥有很大的自主管理权，不像香港总督那样受两会（行政会和立法会）制约。虽然新法律需要经过伦敦方面的批准才能实施，但日常管理却完全由骆任廷及其助手操控。政府工作主要由行政长官、两名官员和一名见习生来分担，他们的手下是华人雇员和一小队巡捕。威海卫是一个小而安宁的地方，一旦骆任廷建立起行政体系，便鲜有创新工作要做。

1904年的春天，庄士敦需要好好庆贺一番。一是他离开香港来到一处非常适合自己的环境中工作；二是他的新书出版了。但不知何因，新书化名出版，或许因为它是一册诗歌而非殖民部偏好的学术著作。该书有一个不太常见的书名《东哥特族狄奥多里克的末日及其他诗章》（ *The Last Days of Theodoric the Ostrogoth and Other Verses* ），并且大多数诗歌都是他在玛格德琳期间创作的。庄士敦"一想到玛格德琳院长或许还有其他教师，在读希腊奴隶插曲和《在学院小教堂里》第三节时的懊恼悔恨之情，便心生一种刁钻刻薄之快意"[4]。他们是否读过这本书抑或读后是否懊悔，这一切皆无所知，若说玛格德琳学院为这些诗歌感到骄傲则令人怀疑。或许庄士敦信笔拈来的便是一首真正的诗：

亲爱的，我说过诗人是生而为之而非后天造就，
大自然没有塑我为诗人，
请勿以诗之尺度来衡量这些字行！ [5]

诗集发表后没有多长时间，他就接到了自己的第一次官方使命。他在码头边的这栋房子里仅仅待了三个月，骆任廷便派给他一项外出任务。1903年，骆任廷首次前往济南拜访山东巡抚。在济南欢度数日后，骆任廷接着前往曲阜朝圣。山东曲阜是孔子出生的地方，在那里他见到了孔子的直系后裔衍圣公。拜会期间，他许诺返回威海卫后会给衍圣公送一幅英王爱德华七世的肖像。但事情不像想象的那样顺利，为这幅肖像他用了将近一年的时间进行准备，直到1904年夏，这幅光芒万丈的大照片才抵达威海卫。但这次等待是值得的：照片装帧在带有雕刻花纹的华

美镀金相框内，用一个同样带有雕刻花纹的华美盒子盛装着，盒子上印有皇家字母组合图案。庄士敦的任务就是护送它到曲阜。

若想到达曲阜，庄士敦需要经过非租界地区，这须征得山东巡抚的同意，后者遂委派了一名小吏罗忠明陪庄士敦同行。骆任廷希望借庄士敦出访之机达到一个更重要的目的。行政长官渴望振兴威海卫薄弱的经济，希望把威海卫建设成为南非契约华工的一处出发港，让成千上万名劳工从山东省出发前往南非金矿工作。于是他指示庄士敦在前往曲阜的途中到访济南，在威海卫移民苦力方面寻求巡抚的支持。如果庄士敦能够成功劝说中国当局指定本租借地为移民港，那么本政府的收入会得到有力提升，因为每位劳工在离开威海卫时都会消费。[6]

启程了，为了与华美的肖像照相匹配，庄士敦一身华服：头戴高帽，身穿大礼服。在中国乡村地区，这身打扮一定特别醒目，并且不合时宜。庄士敦于8月15日离开威海卫，怀揣着行政长官写给巡抚的一封信，爱德华七世的照片单独放在一顶带篷的坐轿上。第一段前往济南的旅程相对轻松。经过一夜时间，乘汽艇沿海岸来到德国统治下的青岛。在那里登上火车，经过14个小时抵达济南。这条胶济铁路由德国修建，在那年春天刚刚开通。庄士敦在以后的报告中写道："火车速度不快，沿途众多停靠站点令旅程有些单调乏味。"事实的确如此，260英里（1英里≈1.6公里）的路程，火车每小时还跑不到19英里[7]，但这已经是最好的出行方式了。

沿路的中国官员已经接到指示为庄士敦提供一切方便。当他途经第一座城市胶县时，"一位中国县令在站台上等候我乘坐的列车抵达，他身穿礼服，在一群仆从的陪同下，为我们带来了香槟和茶点……"[8]抵达济南时，这种欢迎更加热情。在那里，"四个轿夫抬着一顶绿轿"把他送到住处。这些住所"在一幢宽敞的建筑内，里面有一组欧式装修的公寓"[9]，巡抚把所有欧洲客人都安置在这里。面对这种高规格的接待，无论他还是骆任廷都相信威海卫移民计划应该会畅通无阻。

庄士敦的确对此深信不疑，在他离开12天后打电报给威海卫：8月25日同巡抚见面，巡抚颇愿意移民计划向前推进，与他一起同行的罗先生被任命为此项计划的中方督查。[10]通过第一次会面，大部分细节显然确定下来。他意识到巡抚和骆任廷之间存在着"良好的私谊"，并且显然相信这非常有助于缔结一份全面协议。[11]他在电报中甚至写道：罗忠明是前任中国驻伦敦公使之侄，中方督查的责任是确保所有劳工在登船点受到公平对待。此外，已经与罗同行三天的庄士敦观察到，他几乎不讲一句英语，"和颜悦色但能力不强"。不过，在庄士敦起草并发出这份电报时，巡抚也开始反思自己做出的决定并且有了不同的想法。烟台当时是主要的劳工输出港。它是一个条约港，因此中方对该地远比对威海卫拥有更大的兴趣与影响。作为一处登船港而言，英国租借地的确有许多有利条件，但在中方眼里，这恰恰是最大的不利条件。除了从每位离境华工身上征收一笔小额关税外，所有与苦力移民活动相关的丰厚收入都与中国无缘，而由英方征收。这一简单的经济事实阻止了威海卫的宏伟计划。

巡抚召回庄士敦，指出中英之间签订的协议把登船点限制在条约港。因此，在英国驻北京公使就此事直接同外务部进行交涉前，他无法继续推进威海卫计划。[12]庄士敦在动身赶往曲阜前，向上司汇报了这次会面情况，除此别无他法。此时，衍圣公正在曲阜等候他。

虽然迄今为止旅程令人颇为愉悦，但接下来的路途则不那么舒服。天气干旱时，山东的道路一片沙尘；但当雨季到来时，又到处是泥流。庄士敦抱怨道："此外，路面坑坑洼洼、时断时续，哪怕英国乡间最结实的马车在这里也会很快扭曲变形，碎成一堆木柴。"[13]从济南到曲阜120英里的路程整整艰难跋涉了4天之久，所以他有充足的机会观察沿途风景：

大部分地区地势平坦，尽管有时会有几座山突兀在路旁挡住视野，但通常道路两边是一望无际的田野，间或点缀着大大小小的村庄隐藏在古老的小树林后。土地很松软，道路没有进行碎石铺面。这造成一个奇特景象，有些地方的道路经过许多世纪的轧压，已经发生深陷，远低于周边地面和道路所穿越的村庄地面。[14]

暴雨和暴雨过后在低洼路段形成的积水，让马背上的旅程不再惬意。唯一的慰藉是地方县令按照巡抚指示每日提供的殷勤招待："我们停留的每一个客栈……都进行了认真清扫、精心布置……客栈大门外和院子里都悬挂着猩红色的帷幔。"与此同时，庄士敦发现每一处落脚点，都有"一群人翘首盼望一睹'洋怪物'的模样"[15]。庄士敦似乎颇享受这种意料之外的"恶名"，也非常喜欢这些客栈提供的美味中餐。

　　经过四天的雨中跋涉，庄士敦终于在9月初抵达曲阜，可以松一口气了。这座古老的城市本身就是一道令人难忘的风景。坐落在平原上，数英里之外就能看到城墙："与大多数中国城市不同，它实际隐藏在城门之内，因此远看很壮观，特别是城墙完整，保存很好。"[16]庄士敦派头十足地抵达了。临近曲阜时，他甩开随行人员，只带着两名骑兵进入城门。在那里迎接他的有另外两位骑马者和衍圣公的许多侍从，这些侍从"身穿虎皮纹制服，是我在中国见过的最漂亮的服饰之一"[17]。

　　庄士敦原以为可以直接前往衍圣公的府邸赠送肖像，但在中国一切

1904年，庄士敦一行出发去曲阜拜见衍圣公（经乔治·沃森学院和苏格兰国家肖像馆骆任廷收藏许可）

都远非如此简单。衍圣公已经决定："该肖像应当先在卫队护送下穿越城市大街，以便让居民们一睹风采，最后再送达府邸，安放在众多珍宝中"。[18]这一安排又花费了两天时间。其间，庄士敦作为衍圣公的客人，在孔庙附近的一座客栈里愉快度过。

一年前作为首位到曲阜拜访衍圣公的欧洲人，骆任廷一定向庄士敦描述过抵达曲阜后的情形。尽管如此，首次见到气势宏大的孔庙仍然令人震撼。孔子出生于公元前6世纪，他创立的"德治与礼治体系基本上取代了中国的宗教"[19]。儒教教义强调家庭的重要性，以长为尊和德治的美善。据说孔子在曲阜出生、成长。自那以后，其直系后裔一直定居于此，看护着他的出生地，岁时奉祀。1904年，庄士敦在报告中写道：曲阜城的大多数居民都姓孔，据说与孔子是一家。一个世纪后，这里仍然有许多孔姓人，他们甚至拥有自己的孔氏电话簿。[20]这个庞大家族的首领即是孔子的第76代直系后裔——衍圣公。

一如其祖先，衍圣公备极尊荣。他的女儿孔德懋后来曾解释说："皇室家族只在本朝代存续期间保有他们的贵族地位，但在过去的两千年里，孔家却世代腾黄，一直是显赫的贵族"。[21]该家族很富有，衍圣公享有皇帝授予他的几项特权，所以尽管"他的实际权力并不比英格兰贵族大，……但在职衔上仅次于皇室成员"[22]。与这些殊荣相匹配，衍圣公过着一种不可思议的生活：

> 他不得进入仕途，不能参加科举考试。其职责就是看护孔庙和孔墓，这是他的专职，无人可以替代。没有皇帝的特批，不得离开曲阜；除了北京，他很少能获批到其他地方去。[23]

衍圣公充分利用这次外宾来访也就并不令人惊讶了。一如衍圣公本人所描述，庄士敦清楚地发现公爵的生活非常单调乏味。他后来在一份报告中写道，他发现"孔公爵的家族生活对任何一位英国人或美国人而言，可能都是不可忍受的。……但他对于离开曲阜这种沉闷的日常生活，前往更加令人目眩神迷的北京，并没有表现出任何明显的快乐"。[24]

庄士敦发现衍圣公为人颇文雅，32岁，与自己年龄相仿。这是庄士敦第一次在中国贵族的家乡同中国贵族打交道。离开威海卫前，骆任廷一定在礼节方面对他进行了谆谆教导。最终，他们在曲阜的第一次见面相对而言属于非正式。庄士敦参观了孔府，这座气势雄伟的建筑群占地数百亩，里面住着孔氏家族。除了家族府邸外，还有庙宇、厅堂、亭阁和林地。占地50英亩的墓地，曾是中国最大的园林。这是一个美丽无比的地方，仅有一块简朴的石碑记载着这是孔子的出生地；为纪念他而修建的孔庙却由将近500个房间组成。[25]这两天的大部分时间里庄士敦都在探寻这处古遗址。他后来对它的描述颇难形容，尽管他的确提到"装饰华美、巍峨"的屋顶和"古意盎然"的巨大青铜器。或许他在描写方面刻意低调，因为这毕竟是一份官方报告。不过，眼尖的读者还是能够发现偶尔插入的几笔描述，或许这纯粹是为了取悦骆任廷。比如，

庄士敦是这样描写孔庙入口的："庙门处环绕着古老的紫杉，树干扭曲成奇特的形状。"[26]殖民部在读这份报告时，似乎无人对这个奇怪的短语提出质疑。这是一个只同行政长官分享的秘密。

访问次日，肖像开始穿城而行，居民们"都注意到这支新奇的游行队伍"[27]，围观人群越来越多。庄士敦跟在大红轿子后，他和肖像在殿门前受到礼炮欢迎。礼物交接完毕，他再次同衍圣公进行了愉快的交谈，然后返回旅馆住宿。接下

衍圣公与庄士敦，桌上的孔子典籍是骆任廷赠送给衍圣公的礼物（经乔治·沃森学院和苏格兰国家肖像馆骆任廷收藏许可）

47

来是庄士敦在曲阜停留的最后一天，他应邀参加衍圣公的宴请。这是一次特殊的礼遇。尽管"曲阜社交圈有些受限，宾客寥寥"，但孔府的饭菜却很有名。庄士敦品尝的美味佳肴中自然有"燕窝鱼翅"和大量美酒。[28]此次宴请给这次非同寻常的政府使命画上了一个圆满的句号。

次日清晨庄士敦告别曲阜，但他意犹未尽。返回济南的旅程中，他和罗忠明改变路线前往中国的圣山之一——泰山。或许因为距离北京较近，这里成为皇帝登山告祭之地，通常被称为中国圣山之首。中国的所有圣山最终都被庄士敦游览完毕。这次泰山之行只在既定旅程中增加了一天的行程，罗忠明似乎很高兴安排这次绕路。

圣山通常有铺砌良好的通往山顶的道路，沿路点缀着各种庙宇、神龛和碑刻。泰山高达 5 500 英尺，一系列宽宽的石阶沿山而上。对于庄士敦来说，这原本不是一次特别艰难的攀登，但由于那天"刚刚骑行了35英里"，所以他选择乘轿登山，轿子应该是在泰山脚下雇用的。[29]路旁石刻或来自中国传统经典，或"讴歌泰山之美"。令庄士敦尤为好奇的是，富有的香客雇用工匠在悬崖峭壁处刻字留念，以展示他们的富足与虔诚。[30]庄士敦和罗忠明在山顶的一座庙中过夜，次日清晨观看泰山日出——这是此次登山的亮点之一：

这里景色壮观。成堆的白云聚集在脚下1 000英尺处的山腰周围，黑色的山顶穿云而出，恍若波浪滔天却静默无声的大海中耸立的小岛。太阳跃出地平线时，白云在红日的映衬下变暗，仿佛废墟城堡迷人的角楼。但随着太阳徐徐高升，它们很快消失在灰蓝色的天际。山腰处的白云开始消散，黑色的"岛屿"恢复成大陆模样。一个小时后，蓝天一片澄碧，我们头顶炎热的九月骄阳下山了：心中情不自禁地赞叹，泰山确是"天下第一山"！[31]

即便在这种光辉的背景下，庄士敦还不忘给圣山增添一缕幽默。在其官方报告中，他是这样描述泰山女神的："泰山娘娘，像夺魁之人一样，登上泰山之巅。"[32]他的描述没有引起伦敦官员的质疑，但无疑获得了骆任廷的欣赏。

旅程中最愉快的行程结束了。庄士敦返回济南并在那里接到骆任廷的指示：设法与巡抚再次见面。[33] 此时，庄士敦离开威海卫已近一个月，同中国当局方面没有进展令他越来越灰心。作为一名低层级官员，他在不断纠缠巡抚的同时没有惹怒巡抚，本身就是一种成功。这不是一件容易事，特别是在他们9月11日进行第三次会面前，庄士敦"私下"得知巡抚收到了匿名信。他后来发现，这些匿名信寄自西贡（南越首都），里面除了粗鲁的英文内容外，还有中英文剪报。这位匿名者使用诸如"中国苦力比不上黑鬼吗？""在南非，哪位德国犹太矿主希望这些苦力每月挣15或20元"之类的说法。[34] 这些粗鄙的说法与行文不相吻合，但庄士敦对此毫无反击能力。

其论调可能具有严重的种族歧视，但不可否认矿区条件很恶劣，巡抚肯定认为这些匿名信息至少有一点点真实性。仅仅两周前，这个人还"全力支持任何提议"，并且说"山东轻而易举就可以提供10万或更多劳工"。[35] 然而这封匿名信赢得了胜利。在同庄士敦的最后一次见面中，巡抚一开始就提出苦力的工作条件。然后他开始调整战略，强调威海卫不是一个条约港。对于这样一个显然不容争辩的事实，庄士敦巧妙地避开了。关于该问题，庄士敦没有接到威海卫或英国方面的任何指示，他完全凭一己之机智解释道：专约把苦力登船限制在条约港，"并非意在排除英国港口，而仅仅是针对还没有对外商开放的其他中国口岸"。他继续坚持己见说，无论如何，威海卫方面仅仅是寻求巡抚同意他们从该省招募劳工并将其运往英国租借地。[36] 这是一次勇敢的尝试。面对压力，他的思维还如此敏捷、清晰，实在难能可贵。但无论庄士敦说什么，都不能恢复巡抚对该计划的支持。中国当局坚持必须有外务部的书面同意，才能允许劳工从威海卫登船；而没有巡抚的支持，根本不可能获得这份书面同意。

庄士敦两手空空返回威海卫。他的第一次外交谈判或许没有成功，但至少他离开济南时确知自己已经尽力而为提出英国的观点，同时没有破坏同巡抚之间的关系。9月底返回威海卫后，在恢复华务司工作前，关于此次行程及经历他写了两份报告。骆任廷把报告提交给殖民部，赢得了殖民部的大量赞誉。这是庄士敦在工作方面首次赢得这样的认可。[37]下一次认可则在数年之后。

虽然他在威海卫的工作很忙碌，但在学识方面要求不高。不过，作为地方法官[①]，这项职责占用了他大量的时间。该地法律以英国法律为基础，尽管实施过程中尽可能尊重中国风俗习惯。[38]在清朝，像威海卫这样大的一个地方一般由巡抚任命的地方官来管理。该地方官掌管着该地百姓的福祉，不仅负责征税，而且还要维持治安。由于当时的中国体制普遍存在腐败与低效，所以税收高。地方官在解决地方纠纷时常常收取费用。在英国统治期间，威海卫百姓发现有两大直接好处：一是赋税低；二是打官司不花钱，由行政长官的副手监管。因此，庄士敦的日常工作大部分用来处理威海老百姓的纠纷。乡村生活中的主要纠纷源于土地和婚姻。真正的犯罪在此地少有发生。毫无疑问，每日处理这些琐碎纠纷有时令庄士敦抓狂。但是，从他以后的部分信件中可以看出，尽管他经常发现地方法官的职责单调沉闷，但还是一如既往地对此高度负责。

他首先采取的措施之一就是把受贿的中国译员清除出法庭。[39]自那之后，他日复一日单调地审理着一个又一个民事纠纷。上任第一年，他就审理了400多起案件，阅读了1 000多份诉状——那年在威海卫工作的短短数月里，这的确是一项不小的工作成绩。尽管大量案件需要审理，但他似乎总是能在这项看起来单调乏味的工作中找到一丝幽默。他甚至在第一份年度报告中写道：他不得不审理众多民事案件的原因之一是"惧内的丈夫在威海卫特别多，地方法官的职责之一就是驯化这些乡村悍妇"。

法庭审理案件有一套固定模式。原告需要聘请一位专业写诉状的人来写明案情，然后交给庄士敦审读。庭审需要一天时间，传票发出后，按照上面规定的日期进行审理。司法威仪要时刻保持，尽管庭审经常

---

① 译者注：或译为治安官。

50

被原/被告双方带来的大量证人所打断。偶尔法庭规矩也会被破坏，虽然庄士敦为此已经使出浑身解数。在一次债务纠纷中，他决定判被告败诉，于是该男子要求立刻处死他。庄士敦自然拒绝了这一要求。接着该男子"被带了出去，他拼命叫喊着要求我的听差在大庭广众下砍掉他的脑袋，大街上的人们向他投来懒洋洋的目光"[40]。除了这些高度戏剧化的时刻外，庄士敦也从法庭中获益匪浅。日常案件审理让他在来租借地不到一年的时间里掌握了一口流利的当地方言。

不过，庄士敦在威海卫的第一段日子并非只关注当地居民的法律问题。尽管威海卫很小，但他发现这里颇投自己的气味。夏季，这位年轻官员的时间被各项运动填满。刘公岛上，英国的海军基地建有各种体育设施，如足球场、高尔夫球场。庄士敦不擅长高尔夫，所以在这方面经常成为别人的笑料。大陆上的运动更适合冬季，有一流的狩猎与骑马活动，庄士敦热爱这两项运动且技艺高超。尽管此地不是多山地区，但地面崎岖不平，因此旅行几乎都在马背上，沿着境内无数的小路穿越大大小小的村庄。庄士敦似乎享受这份安宁，这里不像香港一年到头各种各样的社交活动占去了生活的大部分时间。他有一位好友兼导师，距离其住处仅一箭之遥。后期，他搬家后，有机会近距离地同当地百姓打交道——这在香港是不可能的，那时他需要天天埋头处理公文。骆任廷也尽力让庄士敦在威海卫生活愉快。虽然行政长官无力减轻日常工作的乏味，但他总是支持和鼓励庄士敦日益增长的学术兴趣，并且一有机会就陪他骑马消遣。

尽管在威海卫没有大量的行政工作要做，但日俄战争令行政长官很忙碌，无暇顾及其他。并且，在伦敦殖民部进行小本经营的系统中，即便与其他被殖民统治的地区相比，这块小小的租借地仍然人手不足。两年来，骆任廷一直恳求殖民部派一名见习生到威海卫，以便威海卫也像香港那样，有一名会讲当地语言的初级官员来协助日常行政管理工作。直到1904年年底，殖民部才批准了这样一项任命。数月后，即1905年2月，威海卫的第一位见习生厄尼斯特·卡普梅尔（Ernest Carpmael）抵达。[41]在北京仅仅学习了三个月的汉语后，卡普梅尔回到威海卫协助这

1905年春节，骆任廷、庄士敦与中国官员在威海卫行政长官官邸前（经乔治·沃森学院和苏格兰国家肖像馆骆任廷收藏许可）

里的政府工作。多年来，经常成为庄士敦笑料的卡普梅尔，同骆任廷、庄士敦和沃尔特一样成为威海卫殖民机构的重要组成部分。

除了这四位忠诚的政府职员，威海卫也是中国军团[①]的驻地。该军团由英国军官率领，士兵来自山东省[②]。作为威海卫的主要兵力，该军团在1900年义和团运动期间曾参加解救北京公使馆的战斗，此事引起争议。只要威海卫是一个军事要塞，就有理由保留一支军团。然而，一旦1901年决定将该地移交给文职部门，该军团的解散工作即行启动。庄士敦抵达威海卫时，该军团兵力已经大幅削减至500名士兵、16名军官和6名士官。在人手严重缺乏的日子里，由这些军官协助骆任廷的工作。该军团的巴恩斯上尉（Captain Barnes）曾在1903年陪同行政长官出访

---

① 译者注：也称华勇营。
② 译者注：原文如此。中国军团的士兵实际由山东、河北等地的流民组成。

济南和曲阜。军团减员后，一直保留到日俄战争结束才彻底解散，军团的解散令骆任廷甚为伤感。不过，庄士敦"听说军团解散后……在那边庆祝，尽管我认为打猎活动可能就此结束"[42]。他一直认为中国士兵由英国军官率领是一件非常可笑的事情。但是即便他也意识到，军团解散无助于改善威海卫冬天的社交生活，并且没有军团猎犬，捕猎量自然随之减少。

考虑到本租借地没有多少行政事务要处理，行政长官随时准备为庄士敦提供获得行政管理经验的任何机会。骆任廷对庄士敦的才干深信不疑，但伦敦殖民部却不那么确定。作为香港助理辅政司的前任代理，理论上庄士敦有代理行政长官管理威海卫的经验。如果情况允许，骆任廷计划1905年秋回英国探望家人，届时他希望由庄士敦代理行政长官一职，这也是庄士敦的心愿。不过，殖民部在那年年年初决定在行政长官离开期间由中国军团的一名高级军官来代行其职责。通常情况下，该人选应该是指挥官布鲁斯中校（Colonel Bruce），但他当时在英国休假，因此殖民部决定由一位仅比庄士敦大几岁的上尉来暂时填补空缺。庄士敦自然认为他比一名陆军上尉更胜任管理该租借地——骆任廷同意他的看法。[43]

遗憾的是，向骆任廷表明自己的观点后，庄士敦又写信给香港总督表示反对殖民部的决定，因为理论上他是从香港调派过来的。几乎不了解庄士敦的内森总督只好写信给殖民部汇报说，庄士敦"很苦恼……他不得不在一位上尉手下工作"[44]。内森有点叹惜的用词让人觉得庄士敦既易怒又自负。庄士敦本人则把事情搞得更糟，他威胁说与其在一名上尉的手下工作，不如辞职，这更向殖民部确证了他的暴怒性格。这种立场很可笑，但也正说明庄士敦的骄傲受到了严重打击。香港辅政司梅（May）自见习生时期就认识庄士敦，他直言不讳地劝他不要干傻事。殖民部官员对庄士敦的态度只有无尽的嘲笑。内森虽然试图帮助，但一番说辞却把事情弄得更糟："我个人并不了解庄士敦，但听说他很有才干……生性敏感、爱好文学"，其最后的评论更致命——他向往"佛教徒般的冥想生活"[45]。这些话无助于庄士敦在殖民部的个人评级。伦敦官员认为他的态度是"一种无礼的傲慢与反抗"[46]。最后，事情（如果没有被忘记的话）因骆任廷延期休假而得到解决。骆任廷决定等布鲁斯中校回来再休假，从而保全了庄士敦的面子与事业。唯有真正的朋友才能做出如此宽宏大量的举动，这也说明两人之间的关系是多么密切。然而，殖民部并没有因此而消除对庄士敦的不利看法，仍将其记录在案。

随着1904年威海卫年度报告的到来，殖民部对庄士敦的态度进一步恶化。他们不喜欢行政长官的报告，因为报告中抱怨英帝国对租借地缺乏支持。庄士敦作为政府秘书提交的报告更是遭到恶毒的攻击，伦敦方面称其"几乎是一派胡言"[47]。该报告在出版前遭到无情删减，所以读者未能更多地了解庄士敦的机智幽默。例如，关于租借地婚姻方面，他最初这样写道："我的前任在1903年的报告中，对威海卫自英国租借以来没有举行过一次欧洲婚礼感到遗憾。我在此高兴地汇报1904年有三例婚姻登记，这个角落从此洗刷了独身主义的耻辱。"[48]同样地，涉及威海卫"妻管严"丈夫同悍妻之间的日常纠纷案件，他也以同样轻松的笔触进行汇报。殖民部的官吏并不引以为趣，而是将报告压缩至干巴巴的几行字。

在写报告和审理无穷无尽的法庭案件之余，庄士敦也寻找其他事情来做。学术研究开始向他招手。最初，可能是克莱门迪在香港的日益成功促使他重拾学术。克莱门迪在中国法律研究、汉诗翻译出版，以及严谨治学方面为自己赢得了名声。自负的庄士敦不甘心屈居人后。如果同代人成为一名汉学家，那么他也应该如此。虽然已经出版了一部作品，但是《狄奥多里克》还不足以让他成为一名学者。另外，在威海卫，他不仅可以观察到在中国较为进步的地区已经大半消失的传统生活方式；而且身边还有骆任廷这位著名的汉学家兼学者在鼓励他。从他来威海卫的头几个月起，庄士敦就在骆任廷的鼓励与指导下研究语言、哲学和中国历史，并在日后最终胜过自己的朋友兼导师。共同的学术兴趣使业已深厚的友谊得到进一步升华。骆任廷的家人远在英国，庄士敦的出现无疑填补了这一空缺；反过来，他也像大哥哥一样爱护着庄士敦。

他们在威海卫共同度过的第一个圣诞节，有力地证明了这种不同寻常的友谊。虽然这是一个孤独的圣诞，但他们在当地警署帕顿巡官的陪同下过得非常愉快。带着仆人和两车食物，这三个男子骑马到乡间一座废弃的中国寺庙里过圣诞节——庄士敦骑着他的"霍普达哥"。在这栋残破的建筑里，窗户是纸糊的，当他们席地而坐享用传统火鸡和李子布丁时，一定令当地人倍感奇怪与陌生。[49]节日结束后，庄士敦去朝鲜首都住了几日。[50]自那之后，剩余的冬日里一直在工作，偶尔在天气允许的情况下骑马到乡下。这就是他们在漫长、寒冷冬日里的生活。

春天，他们把客人带回租借地。令庄士敦兴奋的是，第一批来客中就有克莱门迪。1905年4月，克莱门迪在码头旁庄士敦的房子里同他一起住了几天。两人在政府官邸受到热情招待。庄士敦和骆任廷高兴地同克莱门迪一起骑马到威海乡间去。[51]

1905年10月，得知沃尔特就要返回威海卫常驻时，庄士敦在被派回香港前申请休假。不过，他没有打算重回那里；他宁愿辞职，也不愿重回香港。香港狂热的社交生活不再吸引他，在威海卫的工作表明了他对中国乡村的热爱。另外，父亲去世仅仅三年，法律程序还没有完全结束。这一切说明他希望低调生活。

十分了解庄士敦才干的骆任廷竭尽全力想把他的朋友留在殖民部系统，这不仅仅出于友谊。自从18个月前抵达威海卫，庄士敦已经证明自己是一位非常能干的管理者。整个

1905年，庄士敦、骆任廷和克莱门迪在威海卫行政长官官邸外（经乔治·沃森学院和苏格兰国家肖像馆骆任廷收藏许可）

1904年，他重新理顺了大多数日常管理工作，也暴露了沃尔特的许多不称职。沃尔特离开威海卫时，税也没有收，布告也没有张贴，可见其工作相当懒散。另一方面，庄士敦对一切进行质疑并检查，同沃尔特相比，他看起来像一个好政府的典范。[52]

庄士敦在离开威海卫前，就自己是否愿意返回香港之事向行政长官做了明确说明。1906年，他在发给骆任廷的几封信中重新申明了自己的观点。事实上，1906年4月他甚至写信给殖民部："希望从香港调到某个合适自己的地方，在那里我可以有一定的主动性和独立性，能够同当地人进行密切联系"[53]。骆任廷支持他的请求，申请调他常驻威海卫，并证明他在该租借地工作优秀："他获得了中国人的信任，能够讲当地方言，我确信本地中国居民欢迎他回来"[54]。伦敦官员对庄士敦持有完全不同的看法，认为"他过分强调自己的位置和重要性"，显然不适合一项新任命。[55]庄士敦虽然清楚骆任廷试图把他留在威海卫，但他1905年年底离开威海卫时，仍然不确定明年夏季休假结束时自己是否会有一份工作。

不管殖民部的看法如何，骆任廷在庄士敦离开期间得以对该租借地的行政管理体系进行重新安排，以便为庄士敦提供一个永久职位。1906年前，威海卫政府部门全部设在北部爱德华港，位于刘公岛海军基地对岸。骆任廷提议将租借地分成南北两个行政区。政府秘书负责北区，住在爱德华港；一名华务司（即区官）负责南区，住在南部乡间。庄士敦在休假前一定同骆任廷谈过这个计划，因为这个新职位似乎专门为庄士敦量身定制。这将为他提供单独在该地华人间进行工作的机会——恰如其所愿。不过，在行政长官的计划施行前还有一个障碍需要跨越。没有好的理由，英国财政部绝对不会对威海卫进行任何额外的财政支持。没有新的资金来源，就无法设置一个新岗位。然而这次命运之神向骆任廷露出了笑脸。1906年2月，庄士敦仅仅休假两个月，行政长官就被告知中国军团将被彻底解散。在回复电报中，行政长官告知殖民部，军团解散后需要增加警力和在南部乡间派驻一名华务司来维持当地治安。[56]

殖民部同意增加警力，但不确定是否需要设置一个华务司岗位。伦敦的许多文官认为没有这个必要。殖民部大臣助理卢卡斯指出，解散中国军团后，威海卫的稳定性要依赖村董体制，这需要一名华务司对其进行监管。[57]骆任廷曾提议该地需要按照中国传统方式来治理。每个村庄有一名资深人士——村董来代表村民发言。行政长官想保留这些人，不仅让他们充当村庄代言人，还要负责征收地方各项税赋。另外，他意图让村董同华务司合力维持治安，一如中国其他乡村地区。这自然要在本地增设一名文官。

4月份，该职位得到批准，只是人选问题尚未解决。庄士敦自然是该职位的理想人选，除了沃尔特外，他是唯一一位在该地有直接管理经验的资深官员。骆任廷向殖民部强烈推荐庄士敦，对他寄予了很高的赞誉。但殖民部不太确定。一位官员称庄士敦如若返回威海卫"无疑不受欢迎"[58]。一年前庄士敦以辞职相威胁显然对他没有任何好处。不过，殖民部也没有其他人具备更合适的资格条件，因此威海卫行政长官最终得到了他想要的人。

数月之后，庄士敦才得知自己将返回威海卫的消息。在庄士敦写信给殖民部表示自己不想返回香港的前几个星期里，殖民部已经决定调任他到威海卫。但直到1906年7月，庄士敦才听到这个喜讯。在骆任廷竭尽全力为庄士敦在威海卫安排一个永久职位之时，庄士敦已经开始又一次伟大历险：穿越大半个中国前往西藏，然后越过边境南下缅甸。

第四章

经验教训（1906—1907）

1906年1月庄士敦开始前往中国几个更遥远的地区。这种旅行往往孤单寂寞，有时十分危险，但自从1902年掸邦之行结束后，他就喜欢上了这种旅行。至1906年，他累积的假期已经足够进行一次更为艰难的远征。关于这次远征，他后来写了一本书《从北京到曼德勒》（*From Peking to Mandalay*）。庄士敦和骆任廷之间不同寻常的通信也正始自这次远征。这批信件直到今天还保存在爱丁堡的骆任廷收藏品中，大约有600封，通信日期直到1937年骆任廷去世为止。1906年前他们两人之间一定有过信件来往，但直到庄士敦从中国寄来这些探险信件，骆任廷才开始想到保存它们。这真是历史之幸，从那以后，骆任廷仔细保存着庄士敦发来的每一封信，这些信件为我们今天了解庄士敦的人生与态度提供了珍贵的资料来源。有些信件仅是些短笺，在威海卫的办公室里潦草写就；但另外许多则是真正的长信，于旅程中花费数日完成。

这些信件通常既有趣又发人深省，鲜有单调乏味的。庄士敦在孩提时代创造的人物形象出现在这些信件中，为一些较严肃的话题带来一缕轻松，甚至偶尔流露出大胆不羁。"库克"一如既往频繁出场，但多年来为了同骆任廷的两个女儿玛丽和玛格丽特逗乐，庄士敦还专门创作了其他人物。粗暴的"沃金肖夫人""月亮"和声名狼藉的"邓巴顿伯爵"也有一席之地。这些奇怪的人物早已成为骆任廷家庭生活的一部分。有一次庄士敦甚至在行政长官的来客簿上签名"邓巴顿伯爵"；玛丽也来凑趣，为自己签上"邓巴顿伯爵夫人"；骆任廷夫人在此类场合则经常采用"沃金肖夫人"这个绰号。庄士敦画的趣味人物供一家人插科打诨，这说明他同骆任廷一家的关系已经非常密切。骆任廷特别喜欢"月亮"。庄士敦经常在信中写道，看到威海的"月亮"还穿着裤子他感到宽慰。这句话似乎令人费解，但苏格兰人却明白其出处——这是备受苏格兰求婚者喜爱的古老小调"别管月亮了，脱下你的裤子吧"——这两人显然熟悉该小调。[1]庄士敦和骆任廷之间自由

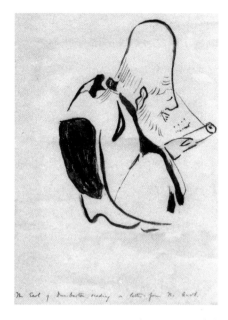

庄士敦绘制的钢笔画《邓巴顿伯爵》（私人藏品）

随意的频繁通信，也进一步说明了两人亲密无间的友谊。

　　庄士敦在自己大部分成年岁月里，一直没有停止写信。当他离开威海卫时，骆任廷非常想念他，渴盼着他的来信。[2]洛夫迪和克莱门迪也珍藏着庄士敦的信件，基本上会定期收到他的来信，尽管没有骆任廷收到的多。在1906年的头10个月里，庄士敦发到威海卫的信件按照时间顺序详细记录了他漫长的中国之旅。他对行程生动有趣的描述中充满了趣闻轶事和诙谐的旁白。后来他又为此专门写了一本书《从北京到曼德勒》，1908年开始在书店售卖。该书对此次旅行进行了更为详细的描写，内容远多于信件，包括沿途风俗及居民生活，结尾用了近百页内容来记录他对中国与中国人的所思所想。对庄士敦来说这是一次有趣的经历，但这些信件却让这次历险更加引人入胜。

　　骑马在威海卫是日常行为，庄士敦的代步工具就是他的马"霍普达格"。但这次旅行却没有心爱的马儿做伴，因为没有一种动物能够承受这种漫长而艰辛的中国之旅。所以，在每段行程中，他需要适时雇用一

匹新马来确保旅行速度。在离开租借地期间，令他颇感有趣的是，玛格丽特（骆任廷的小女儿）给"霍普达格"起了一个新名字"撒旦"——自那以后大家一直这样唤它。[3]不过，庄士敦并非完全没有自己的宠物相伴，他带着自己的小猎狗"吉姆"（Jim）。"吉姆"一定相当健康，因为它陪着主人走完了全程。庄士敦还分程雇用男佣充任向导或挑夫，但仅仅视他们为雇来的帮手而非旅伴。他同路上偶尔遇到的旅人交谈，或者加入朝圣队伍。除了挑夫和仆人兼翻译，其他随行者就是中国士兵。在那个年代，中国政府坚持护送每一位外国人穿越中国大陆。士兵像仆人一样只陪同旅行部分线路，然后在合适的地点进行交接换班。庄士敦难得独行，但他的旅行团队的确远远小于当时的大多数欧洲人。甚至连声称自己是"独自"前行的勇敢探险家伊莎贝拉·伯德（Isabella Bird），在十年前进行类似旅程时，随行人员也有一名仆人兼翻译、三名轿夫、四名苦力、两名衙门听差和一队中国士兵。[4]

如果没有中国规矩要遵守，庄士敦仍然会结伴而行。这次远征是他在中国的首次重大历险，很少有欧洲人到过他所到过的地区，特别是西藏。英国人吉尔上尉（Captain Gill）和科尔伯恩·巴伯尔（E. Colborne Baber）在19世纪70年代末到过该地区。10年后，重庆运输公司经理阿奇博尔德·利特（Archibald Little）也到过西藏。然后是知名的英国外交官弗朗西斯·杨哈斯本（Francis Younghusband）爵士和亚历山大·霍西（Alexander Hosie）爵士于19世纪90年代去过那里。不过，这些远征活动极为罕见，庄士敦可能是仅凭个人兴趣而前往该地的首批欧洲人之一。[5]

大多数去过中国西部地区的人，旅行归来后都会把旅行情况记录下来。庄士敦在出发前读过许多这样的文章。他在自己的信件和书中经常提到这些文章。西方旅行者到华第一人当属马可·波罗，据说他在1283年到过云南。庄士敦在读同时代的旅行记述前，就早已读过马可·波罗的旅行故事。吉尔和巴伯尔对该地区进行过基础探险，他对这两人也进行过认真研究，似乎还随身携带着巴伯尔的一份旅行记录。[6]尽管庄士敦之行在探险方面没有新进展，但他的足迹所到之处的确比巴伯尔更远：他声称自己是跨越华西几大高山，从康定到丽江的第一位不列颠人，似乎并非虚妄。他在《从北京到曼德勒》的扉页中这样阐述自己进行这次艰辛旅程的缘由："前往中国那些欧洲人极少了解的地区，是我长久以来的心愿。"不过，除此之外或许还另有原因，即他对殖民部仍旧心存不满，反对他们把他派回香港。离开威海卫时，他仍然不确定骆任廷是否能够在那里为他提供一个永久工作机会。如果不能，庄士敦会离开殖民部，那么这次旅行将成为他最后一个奢侈的带薪假期。在前景模糊不定的情况下，他怀揣旅费带着一颗纯粹的历险之心上路了。

1月6日离开时，他写信给骆任廷："我把沃金肖夫人从烟台沿陆路送回，以感谢您在威海卫对我的善意，同时告诉您我是多么希望这不是最后一次在您麾下服务。"[7]他的旅行始于北京，他需要先到那里的英国公使馆申领必要的文件和许可。在北京停留数日后，南下上海来到长江流域，他自上海发出的信中这样写道："库克带着她的女帽盒和绿伞已经入住礼查饭店，开始同这里的所有已婚和未婚男人打情骂俏。"他因此断言，除了把这位声名狼藉的夫人送回威海卫外，别无选择。[8]

抵达西藏前，他计划先到四川省的西部边远地区探险；抵达那里的唯一途径是乘船沿长江逆流而上。汉口是长江北岸的一个商埠，通常是此类旅行的出发港，所以庄士敦首先乘火车抵达那里。火车慢得出奇，接连不断地跑了四日才到。汉口当时是许多列强的商贸中心，因此在那里很容易就订到一张溯流而上的汽船船票。这次旅行将漂流数百英里，途经长江几处最美的河段。但庄士敦写道：船行仅数日，他就被抛掷到一处泥泞的岸边，很是令人烦恼。当时离宜昌仅有一天的路程，宜昌位于长江最为雄奇的几处峡谷中。他很愤怒："无能的日本船长认为，他的船上载有太多的货物，即便能够设法摆脱泥滩（这令人怀疑），也不得不返回汉口。"[9]这次延误让他又耽搁了两周才抵达宜昌。可以理解他的愤怒，在一个单调的地方困于河中，只能看着"风、雨，间或夹着雪/雹"沿着舷窗空自滑落。[10]

如同汉口，宜昌是一个相对较小的条约港。庄士敦同英国领事在那里待了一天。对任何一位旅行者，即便像庄士敦这样勇敢的人，条约港

61

的英国领事馆就是他们的生命线，可以在此进行支票兑现和外汇兑换，甚至偶尔可以提供侣伴。正因如此，即便在中国最偏远的地区旅行，庄士敦有时也会绕远路到一个设有英国领事馆的城市。对于领事本人来说，孤独地生活在一个遥远的中国城市里，能够迎接一位同胞官员的来访，总是令人愉快的事情。

在宜昌，庄士敦开始进入长江最壮美的部分景区，穿过一座座雄奇幽深的石灰岩峡谷，在湍急的江流中行驶。这种急流非常危险，需要勇敢的纤夫拖着船一步步沿江而上。宜昌是长江急流开始的地方，对大部分欧洲人来说，这里通常是最慢的一段行程，需要雇用坚实的游船逆流而上。面对险滩激流，这些船只足够结实，因而也特别厚重，拉纤需要花费许多时日。通过宜昌的英国领事，庄士敦雇用了一艘红色的船——一艘巡逻险流的中国救生艇，因此仅用11天的时间就穿越了峡谷，否则通常需要20天。旅行速度虽然快了，但也有一些不利条件。红船并不舒服，庄士敦仅有一个竹席作篷。不过，当纤夫们在险滩旁拉纤时，他在纤夫前面的岩石巨砾上快速爬行，倒也体暖祛寒。他非常享受这次经历，视其为"一段快乐的旅程"[11]。

这段途经峡谷激流的旅行早已被许多之前的作家详细描写过，骆任廷和庄士敦对这些作家并不陌生。鉴于此，庄士敦不论在他的信件中还是接下来的书中，都对这段旅程一掠而过，集中笔墨于成都之后的旅程。起初，庄士敦希望进入西藏境内，因为没有几位旅行家自东方沿该线路进藏。不过，四川与西藏交界处的冲突令希望破灭，他只好从川西地区折向西南，前往云南。这一定令他非常失望。他对佛教的热情已使西藏成为他的向往之地。它也是世界上最后几个尚未开发的大地区之一。然而，塞翁失马，焉知非福；此处虽然失望，却在他处得到补偿。

他在中国的贸易中心四川万县离开长江，在他心目中真正的历险自此开始。四川是一个大省，大部分地区不为欧洲人所知。现在他已经远离英国势力范围，所以住在当地教会处——这是欧洲旅行者的另一处停靠点。不过，他顶多在传教士那里住一晚，尽管一贯好客的传教士们毫无疑问会盛情款待他。接受食宿期间，他承认："我没有告诉他们我是一个佛教徒!"[12]

庄士敦也已经远离了任何机械化的交通方式。没有火车能抵达这遥远之地，北上和西去均为陆路，轮船也不再起作用。因此，在万县他购买了一顶轿子，乘轿前往成都。此时，这是历险家最常用的交通方式，只要路况允许，大多数人都会优先选择乘轿而非骑马。另外，庄士敦雇用了三名挑夫和一名男佣。万县的中国县令挑选了一队士兵护送庄士敦抵达省界，庄士敦立刻出发前往成都。抵达成都时，他已经旅行了将近两个月，从长江下游富庶的商埠来到成都周围的农区。

成都是一个繁忙、有趣的城市，有寺庙和历史社团，应该是庄士敦喜欢逗留的那类城市。然而，他没有在此多做停留，或许是他渴望开始下一段行程，但也许是他对当地领事戈夫（Goffe）先生有看法。庄士敦直言不讳地评价这位领事"是一个可怜虫：像许多领事一样，过分夸大自己工作的重要性"[13]。

尽管有此经历，但他心情一直不错。他一身轻松地上路，"把沃金肖夫人丢到急流中，希望是最后一次见到她"，同时还写道："月亮的裤子仍然挂在老地方。"[14]尽管深入四川乡间令其步伐明显减慢，但他还是为2月份的快速进展而高兴。自那时起，巴伯尔的旅行记录就成了他的"圣经"。他从成都前往峨眉山——中国的圣山之一，一路上探访巴伯尔笔下的部分史前居所和"一座有着特殊意义的佛教寺庙"。在那里，他遇见一支西藏朝圣队伍并加入其中，"他们是真正的朝圣者，从西藏来到峨眉山，一路虔诚而行"。[15]我们不知道这些朝圣者怎样看待这位陌生的旅伴和他的狗，但庄士敦确实记述到："'吉姆'仍然活着，而许多中国僧侣都深受旅途之苦。"这只小狗显然同他的主人一样兴致勃勃："从万县到成都14天的陆上旅行中，它或走或跑，每天行程25～30英里依然不知疲倦。现在就要攀登峨眉山了，庆幸的是它一直处于乐观状态。"[16]

这座山高达11 000多英尺，但"吉姆"和庄士敦设法顺利登上山顶，"当时季节尚早，自山顶至五六千英尺高的山腰上还有积雪"。[17]庄士敦在山脚下离开他的仆人，但护送他的中国士兵不管愿意与否，却不得不陪他一起爬山。这是第二次前往中国的圣山朝圣，他充分利用了这次朝圣机会，"在山上两座不同的寺庙里住了四个晚上。在山顶住了两晚以期看到'佛光'，但我认为这里——虽然某些方面胜于别处——还不是我所见过的最美景象，不似遥远西藏终年积雪的山峰"。[18]庄士敦错过的"佛光"是这座山上的著名景点之一，它是在彩虹和幻影装点这座圣山的双峰时形成的。不过，山上大约有20座供奉普贤菩萨的寺庙，他探访了多处。据说普贤菩萨将佛教真经带到中国并居住在峨眉山上。这一切及沿途遇到的奇观增加了他对这些圣山的兴趣。

至少暂时满足了他的佛教偏好后，庄士敦开始北进，一度"同几位美国浸礼会传教士——非常正派的人士"住在一起。他们颇感担忧，在他面前"跪在地上，感谢上帝让他们看到了我"。[19]此类经历没有丝毫改变他对传教士的看法，后来他曾公开表达自己的这种观点。接下来的数周里，他慢慢一路向北向西，迎来了最令他兴奋的历险之一。跨过海拔10 000余英尺高的山隘，在"绚丽的自然风景"中穿行，4月初抵达康定。尽管仍然身在四川，但康定却颇有藏族风情。当他来到海拔9 000英尺的城邑时，仍然是大雪封堵。这个位于北京至拉萨重要茶马古道上的小城吸引了庄士敦。他写信给骆任廷：

我们身旁是终年积雪的高山。您手中的中国大地图会告诉您它们有多高。约高达24 000英尺，比世界上最高的山峰仅矮5 000英尺。当然这些山峰高不可攀。该地区由当地土司统治，居民多是藏族人。[20]

抵达康定前，庄士敦还计划前往西藏。然而，该地冲突异常激烈，根本无法靠近。他不得不改变计划："边境距离这里还有几天的路程，那里发生的冲突令这里的汉人异常忙碌，军队和给养每天都从这里经过。他们说汉人正在封锁真实消息，但传言却是藏人……占上风。"[21]尽管不能前往西藏境内，但他决定在康定停留三周来学习藏语。南行到云南需要经过一些语言和风俗都完全藏化的地区，略懂一点当地语言总归是有帮助的。

就像锉屑扑向磁铁一样，庄士敦似乎一直着迷于非凡的经历。他做过藏人朝圣者的旅伴，甚至传教士为他的出现祈祷致谢。现在"首领的私人占卜师"又成为他的语言老师。他学习了一些基本的藏语，这位首领"非常友好"，邀请他住在自己的夏宫。[22] 在那里庄士敦愉快地打猎，这是他颇擅长的一项运动。整个旅行中他一贯饮食清淡，唯有这次射猎的野鸭野鸟改善了他的伙食。在夏宫度过的数日时光，成为他数月旅行中的一次文明体验。

庄士敦已经更换了随行人员，卖掉了早已闲置的轿子。他继续醉心于周围的环境，尽管边境战争不仅极大地改变了他的计划，而且导致先前的办事大臣——清代中央政府派驻藏蒙两地的高级官员被谋杀，汉人为报复而烧掉了两座喇嘛庙，但周围环境显然未受边境战争的影响。访问拉萨已毫无可能，庄士敦遂决定经雅砻江大峡谷前往云南省。这里是中国尚未开发的地区之一，群山连绵、荒无人烟。在庄士敦来此地之前的十年里，仅有两位欧洲人冒险进入过该地区。[23] 他准备在四月中旬开始这段最为艰辛的旅程。

早在出发前，他就知道这一路必然危险重重："乡间非常荒凉，我听说有时不得不在野外露营，还有大量的强盗……总之，我开始明白自己将要面临的是一次极其漫长而又有些艰辛的旅程，但这甚合我意，况且我的身体异常康健。"[24] 第一段行程要经过40天的长途跋涉抵达云南大理。除了边界战争和强盗外，身居统治地位的喇嘛不仅同汉人发生冲突，彼此之间也互相交战，再加上该地的地理环境，此路非常难走。高高的积雪山隘和无桥可跨的河流增加了沿途的危险。庄士敦就拟定的旅行路线同当地统治者进行了大量谈判后（即庄士敦不得不写了一份保证书，声明此次行动完全由他本人负责，与他人无关），于4月15日离开康定。当地首领允许他从自己的手下挑选一名男子担任向导，陪他前往雅砻江。另外，庄士敦还雇了一名会讲汉语和藏语的男子充当他的仆人兼翻译，前往缅甸边界。[25]

得知自己将要经过荒无人烟的地带，路上难有机会补充食粮，庄士敦遂在离开康定前练习吃藏族主食糌粑——一种由茶、青稞和酥油混合而成的难以下咽的食物。后来到过该地区的一位旅行者生动地写道：

> 这种干透的青稞面，即便在良好的光线下，也容易被误认成细木屑……你在浅木碗里斟上茶，接着让酥油融入茶中（酥油通常陈腐变质，有一股干酪味），然后放入一把糌粑。开始它浮在水中，接着像儿童堆的沙堡一样，其根基被水蚕食。你用手轻轻揉捏它，直到几乎全部被浸透，最后揉捏成一个团；此时，手中是一个面团糌粑，木碗则成了一个干干净净的空碗。[26]

"孤零零一个人吃这种大米和糌粑"让庄士敦厌烦透了，他非常渴望威海卫政府官邸提供的"嫩茶"。[27]

接下来的40天，如同《从北京到曼德勒》书中所描述，颇像一次历险；他甚至在信中承认"这是一段非常艰辛的旅程"。他"带着一颗雀跃的心上路了，但很快发现自己陷入高山峻岭的迷宫中。部分山隘高达17 000多英尺，山上冰雪终年不化"。其中一处较高的山隘，积雪太厚，骡子都难以行走——一只骡子冻死在山上。将近一个月，几乎看不到一点人烟；他所遇见的"全是藏人，无论语言还是风俗等，都没有一点汉化的痕迹"，所以他一定非常感谢自己在康定接受的基础语言训练。他集中全力"在中国最高的群山中不停地上坡下坡，坡上一会儿白雪覆盖，一会儿遍布森林"，有时条件极其恶劣。[28]对糌粑的适应令他大受裨益，因为他和他的小团队在大部分旅程中靠它为生。偶尔，他们会射猎一只野鸡，有几次从当地人手中买到一只山羊。他身穿毛皮衣，脚蹬绵羊皮靴，戴着烟灰色眼镜以防雪盲。然而，尽管坡陡、风大、雪暴和缺氧，他们一行人每天竟然还能够前进10～12英里。过雅砻江是最惊险的路段之一。在写给骆任廷的信中，他只是详细描述了自己"顺着一条悬挂在滑轮上的竹绳跨江而过，双脚悬吊在空中。那是一种奇特的感觉，我想大多数人会认为这需要一些勇气"。[29]这次成功极为不易：绳索距离湍急的江面有120英尺高。他的渡江描写令人毛骨悚然："凭借自身体重，仅能滑过三分之二的江面，接下来我们需要把双腿攀在绳上，一点一点地两手交替往前爬。"[30]这段插曲不仅说明了庄士敦纯粹的冒险意识，而且还证明了他的体能超强，尽管他对此轻描淡写。单单翻山越岭就能击垮一个体质稍差的人，何况是只有响当当的硬汉才敢问津的雅砻江。

最后一段艰苦跋涉是前往木里，木里是他离开康定后见到的第一个城镇。尽管此时的山脉不如先前那样高，但翻越起来也轻松不了多少。虽然如此，他还是"夜间在外露宿，没有帐篷，也没有任何树木遮蔽，仅有一些松柏类植物"。庄士敦承认，这种雪上宿营仅靠一条毯子来裹身"是相当冒险的，但我竟然也没生病"。[31]在这种环境下，他的坚忍尤为显著。不过，没有多长时间，境遇就好起来了。在四川南部的木里，数周来庄士敦一行第一次接触到文明社会，在那里的喇嘛庙受到450位喇嘛的热情接待。他正好借此休息数日并参加一场喇嘛教徒的佛教仪式，然后穿越省界到云南去。在边界处，自康定一路护送他的中国士兵返回营地，另外新派来的12名士兵陪他去丽江。为防御强盗，这支护送力量是原先的4倍。

一旦抵达丽江，最具挑战性的路段即告结束。作为完成这段旅程的第一位不列颠人，他对自己一定相当满意。苦尽甘来，现在他踏上了一条相对轻松的旅程，骑骡穿越云南，沿着一条容易通行的贸易路线来到缅甸边境城镇八莫。这条老线路上"有酒馆享受"[32]，虽然里面只有非常简陋的设备，没有自来水，没有所谓的地板或窗户，但经历过自康定至木里期间的极度物资匮乏后，这一切看起来相当奢侈。

离开康定仅仅八周后抵达缅甸，那时他已经跨越了中国的一些最高峰，忍受过荒凉雪地的极度贫乏。然而，数周后他在炎热的缅甸边境，不得不每天注射奎宁以抵抗疟疾。在这里，阴凉处的气温都常常高达三十七八摄氏度。八莫是缅甸东北部的一座边境城镇，庄士敦6月中旬抵达那里时处境狼狈："我现在赤脚穿着中国草鞋；一身打着补丁的旧卡其服……没有扣子，用绳子系在身上；头戴一顶巨大的宽檐草帽。"[33]他的裤子看起来糟糕极了，"连胆大妄为的'月亮'在最放肆的时候也会为之感到羞耻"[34]。于是经过一番紧急采购，庄士敦重新把自己收拾得像个样子，以迎接沿伊洛瓦底江到曼德勒的水上航行。

6月20日，离开八莫两天后，他气宇轩昂地住进了缅甸总督在曼德勒的官邸。他在这里收到了骆任廷两个月前写的一封长信，信中像平时那样跟他聊了聊威海卫的家长里短，并且还告诉他殖民部对调他常驻威海卫之事似乎不太友善。庄士敦在徒步跋涉四川和云南期间，已经对此进行了充分的考虑，决意不再重回香港。如果没有其他变化，他"依然喜欢乡间漫步"[35]并开始思考自己或许适合在某个乡间过着简朴的生活。他甚至已经决定，如果离开殖民部，就在缅甸的掸邦定居。自1902年第一次来到这个地方就被它深深吸引了，他热爱中国但同样热爱缅甸："这里充满生机与色彩……人们充满活力，服饰得体、举止迷人。这个国家是如此美丽，让人情不自禁地喜欢，很少有人会假装如此喜欢缅甸。"[36]

离开曼德勒后，他来到仰光同老朋友亨利·布莱克（Henry Blake）爵士住在一起，后者自1903年起担任锡兰总督。自从离开香港，这是他们第一次见面，他轻松惬意地同布莱克一家共度假日，饱览锡兰风光。他向威海卫方面汇报说："布莱克一家生气勃勃，'月亮'甚至在锡兰也穿着裤子：真是非此物莫能为之！"[37]亨利爵士甚至劝说庄士敦"就我的旅行做一次演讲，辅以自己拍的照片，制成幻灯片"，庄士敦日后凭此为威海卫观众带来同样的欢乐。[38]

此时，他知道了自己将返回威海卫的消息。骆任廷通过布莱克转发给他一封电报，通知他担任威海卫南区华务司的任命将从10月1日起开始生效。这个消息显然令他非常高兴，于是他给骆任廷回复说："我非常感激您推荐我，也很高兴这次任命获得批准。"[39]在走马上任前，庄士敦有许多准备工作要做。想到众多细节要理顺，他的头脑一片混乱，遂把自己的许多想法写信告诉骆任廷："我想（并且希望）住在租借地的某个地方。住所如何？或许可以把某个庙宇拾掇一下入住……像英格兰报纸上宣传的那种可移动式铁皮房或许也不错，倘若如此，南区华务司署就比较易于经常搬家了。"[40]

一个月后，骆任廷给庄士敦回信，告诉他尽可能多的消息。南区华务司手下有一队巡捕；在找到合适的住房前，庄士敦本人可以住在行政长官那里。骆任廷知道庄士敦的要求很低，因为这位年轻人早就告诉他愿意住在任何地方，并且其住处只需要一名员工来协助他进行法庭传唤。到目前为止，庄士敦已经掌握了山东方言，在日常工作中无须翻译的帮助。[41]

尽管重返威海卫的消息令人激动，但9月份庄士敦还是有些不情愿地离开了布莱克一家。继仰光的欢乐，康提（斯里兰卡中部城市，佛教圣地）是在漫长而曲折的旅行结束之后又一个受人欢迎的休息驿站。在返回租借地前写给骆任廷的最后一封信中，他的心情比以往数月都要轻松。抵达上海后他变得率性恣肆，提笔这样写下一封信的开端：

小小威利，肩带闪闪
掉入火中烧成灰
我忧威利天变寒
不忍拨开火中炭

此时，这种肆意是典型的庄士敦特色；他声称"临近威海，空气中的香槟气息，容易让我变得头重脚轻"[42]。1906年10月抵达威海时他的情绪依然高昂，此刻距离出发之日已经过去了将近十个月。抵达爱德华港，同骆任廷重新欢聚在一起，甚至还有行政长官的妻子伊迪丝更为热烈的欢迎（自1902年伊迪丝离开香港，庄士敦再也没有见到她）。伊迪丝一贯是一位完美的女主人，她坚持让庄士敦在官邸与他们共度数日，然后再出发去乡下开始他作为威海卫正式官员的新生活。

为了给新官员分配工作，骆任廷在庄士敦和沃尔特的协助下，需要重新组织威海卫的行政管理架构。他将整个租借地分成26个区，每个区含12个村庄。各区设一名总董，充任华务司与村董之间的媒介，并因此从政府那里得到一点薪金。沃尔特的职责集政府秘书与北区华务司的职责于一身，所以他管辖北面9个小区约50 000位居民。庄士敦管理南面17个小区100 000位居民，手下有一名信差、一名翻译（尽管他抗议说自己无须翻译）、一名文书、八名巡捕和一名巡佐，后者来自解散的中国军团。[43]

关于把庄士敦尽量安置在南区中心地带的决定，在他返回威海卫前就已经做出。政府很幸运地免费得到一组建筑，这组建筑位于威海卫乡间腹地的一个小村——范家埠，是威海金矿公司的房产。它非常适合庄士敦，足够宽敞，除了居住外，还可以安置一个法庭和一个小型巡捕房。[44]

庄士敦对他的新环境非常满意，这说明他的生存能力很强。住房由石头砌成，面积很大，但没有自来水和管道卫生设备。他毫无异议地接受了这一现状；只是缺少电灯照明，需要依赖蜡烛和油灯来读书写字，似乎一直为他带来不便。在他眼里，只要这栋房子干净、温暖、安静，就没有什么可抱怨的。搬进去数月后住处发生过一次水灾，但即便如此，他还是泰然处之。他向行政长官汇报："巡捕和仆人的住处及衙门全都被水淹了，山溪自山坡而下，冲破了后墙。我自己的住处漏水还不严重，尽管需要把床挪开。早上六点，衙门前面的整个山谷都被洪水淹没了，据说许多庄稼被毁。水面涨到了我房前的第七级台阶和旗杆的石头基座顶部。我的花园自然也是一片洪水。"庄士敦对这次水灾的反应仅仅是走出去，"从我的阳台那里拍摄洪水照片"[45]。

当不必同恶劣的天气作斗争时，庄士敦开始按照自己的喜好布置新房子，书籍和物品及许多从香港带来的东西填满了住处。最后，他如愿以偿同中国人打成一片。晚上他远离人群，安静地读书。他从工作中获得乐趣，并且从中更加体味到先前的香港工作形同苦役。在写给洛夫迪的信中，他宣称"我远比在香港时更加快乐和知足"[46]。威海卫的总体生活环境自然对这份满足起了决定性作用，但自十年前抵达香港，庄士敦个人也改变巨大。1906年旅行结束后，他变得成熟、睿智多了。翻山越岭的跋涉、穿越不毛之地的凶险，似乎在他回归文明的过程中让现实变得更加清晰。1906年他离开威海卫前还是一名青涩的大学毕业生，回来后变成了一个男子汉。

他的知足部分源于骆任廷给他自主管理南区的自由。他很少在案件方面求助于行政长官，尽管他知道对方会随时给予友好的倾听和有用的建议。庄士敦对辖区内的百姓有一种真正的关爱。偶尔他会为他们徒费时间的蠢笨与欺诈而大发雷霆，但他的确深深地关心他们，认真地履行自己对他们所负有的责任。相应地，他们也对他回报以敬爱之情。

他的住处距离爱德华港整整有6个小时的骑乘，所以远离其他欧洲人。不过，缺少社交圈似乎对他没有丝毫困扰。旅行已经让他习惯了孤独；多年来，他日益渴望隐居，但一直难以如愿。即便缺少女性的陪伴似乎也难以引起他的伤悲。庄士敦喜欢女人，她们也喜欢他。他有一张那个时代颇具吸引力的脸庞，一双穿透一切的蓝眼睛，女人们自然很容易在短时间内被他吸引。即便六十多年后，许多人仍然记得他的无穷魅力。但在早期的香港和威海卫，他与异性的关系只不过是短暂的调情。他甚至向洛夫迪吐露自己还没有坠入爱河，又说："我也没有同任何一位年轻的东方女子建立起任何关系。当然，许多男子这样做了，但我一直轻松远离此类事情。"[47]他的新家没有女客，并且他很快适应了这种僧侣式的新生活：尽可能多地吸收当地特色，尽可能像中国人一样生活，仅吃中餐，使用筷子，这一切令部分来客吃惊不小。[48]

这种宁静的生存状态让他有机会深入发展学术兴趣，这在以前是不可能的。约翰·默里（John Murray）准备出版庄士敦在上一年的旅行记录，该出版商的出版书目中有许多非常有趣且增长见闻的旅行书籍，可在市场上见到。庄士敦刚刚搬到范家埠，便着手进行这本书的写作，同时还"涉猎"佛教、诗歌与哲学，如后所述。他唯一不能纵情消遣的是音乐，但即便这种缺憾也能在行政长官官邸临时举办的音乐晚会上得到补偿。在这栋小小的孤寂的房屋中，他似乎得到了一种前所未有的满足。

第五章

圣地（1907—1909）

最初，庄士敦作为华务司，花费了许多时间在总董、村董及村民面前树立自己的权威：这项工作有些麻烦。搬到范家埠仅仅三个月，他辖区内的村董便给骆任廷发去一份诉状，后者要求庄士敦对此进行调查。庄士敦发现是村里的一位先生伪造了这份诉状和村董们的签名。通过对伪造者进行质询，他得知该男子想制造事端以抗议巡捕盯梢。庄士敦很愤怒，这位先生也是一名村董，参与了一起赌博，而这起赌博导致一位村民死亡，所以巡捕将该先生列为犯罪嫌疑人。庄士敦亲自授权跟踪，并且将这份诉状视为对自己权威的一次直接挑战。作为一名华务司，他有权将恶棍关进监狱，但他意识到这样做无益于恢复他在本地区的权威。在村民眼里，他的地位已经一落千丈，许多人视这次事件为某种娱乐。于是庄士敦决定对这位先生进行罚款并让他名誉扫地：罚金50元，同时撤销其村董职务。这次惩罚不仅确保该男子再也不能兴风作浪，而且也促使其他村民在试图挑战这位新长官前，三思而后行。在这场"权威之战"的第一轮回合中，庄大人取得了决定性的胜利。[1]

从一开始，庄士敦就按照中国县令的模式管理着这片辖区，许多工作很乏味。尽管庄士敦严禁浪费时间，但这不能阻止诉状洪水般涌上他的案头。履职一年后，他无奈地抱怨："这里的案件呈现出前所未有的增长态势。鉴于案件琐碎，我将每天的庭审案件削减至4例！"[2]偶尔，也会有一点趣事来打破日常生活的单调乏味："我带着一队全副武装的巡捕去搜查一栋房子，听说那里存有1 000支洋枪！结果一无所获，我认为没有什么东西可搜。"[3]

惩罚经常被下达，这在任何一个不列颠法庭都不会被正式认可，比如说驱逐出村。如果一个村庄村民整体进行闹事（有时会发生），庄士敦就会传讯相关村董。例如，某村发生了大规模骚乱，他把村董带进来，"通知他……如果一周内交不出暴徒，该村将被罚款100元，交代完毕即让他离开"[4]。罪犯知道庄士敦强硬而公平，所以很少无视此类威胁。

在他的法庭上采用的许多程序，虽然在中国的许多地区得到认可，但却相异于不列颠法庭。他是一位法官兼陪审员，同时还经常兼任控方律师。这种断案方式为村民们所理解，在这方面骆任廷是庄士敦的老师。行政长官坚信中国传统，凭旅居东方40年之所学，早已被中国官员视为他们中的一分子。他对庄士敦知无不言；庄士敦则谨记教诲，经常在方式或礼节方面征求骆任廷的建议。面对威海卫这种双重行政管理体制，无人感到困难。事实上，他们采用的是"一国两制"政策，比香港实行这种体制早了将近一个世纪。不过，他们对中国方式的支持，致使威海卫那一小群吵吵嚷嚷的传教士对庄士敦颇有意见，他们不止一次向行政长官抱怨庄士敦的判决方式实属异端。自然，他们很少得到骆任廷的同情。[5]

庄士敦同样对传教士的抗议不屑一顾。当威海卫的一位中国基督教皈依者"输了一场他本不应该被卷进来的官司"时，庄士敦知道自己会不可避免地收到当地天主教传教士——威尔弗里德·哈勒姆（Wilfrid Hallam）神父的抗议信。[6]另外一些时候，在庄士敦法庭败诉的罪犯会去寻求传教士的支持，因为他们知道庄士敦不受教会欢迎。庄士敦对这些手法半信半疑，但还是等候着又一封传教士的抗议信："呼吁关注又一起严重歪曲正义的恶行！"[7]这些抗议难以让他改变法庭判决。

尽管欧洲人批评他的做法，但庄士敦的判决却受到当地人的普遍欢迎，一些人大老远地赶来告状。那时的威海卫是一个贫穷的乡村地区。这里的老百姓虽然鲜有被饿死的，却支付不起最基本的交通费。庄士敦很快注意到这个问题，便巡回到边远村镇现场审理案件。在一名办事员的帮助下，他为当地人提供了一种行之有效的廉价审判，这在乡间颇为引人注目。弊端是他自己的法庭里却无人接案。显然，如果庄士敦的巡回法庭继续进行，就需要再招聘一名办事员。一名办事员的薪金虽然只占威海卫小小预算中极微小的一部分，但英国财政部却勒紧预算，确保没有一丝额外支出。不过，按照英国标准来看，中国职员的薪金很低，所以庄士敦自掏腰包承担了该办事员（月薪20元，非常微薄）一半的薪水。后来，连庄士敦自掏腰包为第一位办事员发放补助的事也传了出去。[8]骆任廷得知这个消息后很吃惊，立刻找到一笔钱，不仅承担了第二位办事员的薪金，而且还承担了第一位办事员的每月补助。[9]

有了第二位办事员的协助，庄士敦的班子就齐全了。自那之后，他抽出尽可能多的时间在辖区巡回审案。路远，加上工作繁多，经常让他不能当天返回范家埠，所以帐篷就成了他行李的一部分，离家的日子他就支起帐篷在外过夜。其实，只要他愿意，凭其身份可以在辖区内的任

巡回审案期间，庄士敦在双寺乔露营（经乔治·沃森学院和苏格兰国家肖像馆骆任廷收藏许可）

何一个村庄得到食宿，但他不愿扰民。尽管宿营也有危险：1907年的夏天，在一个村庄附近，他遭到一条疯狗的袭击，虽然未受伤害，但受惊不小。[10]

庄士敦的官方工作和《从北京到曼德勒》的写作让他在范家埠期间一刻也不得闲。尽管他和行政长官在工作上每天都有通信，但平时两人之间的私人信件却很少。直到1908年休长假，庄士敦才又开始大量写信。1907年9月，为他提供住房的威海金矿公司破产清算，他的生活常规随之被打破，不得不搬离这个舒适的家。政府一直计划为他修建新住处，但此时这些计划刚刚落地。所以庄士敦不得不搬到附近的一座寺庙，这里空间小；他的办公室兼做法庭。直到次年这一状况才得到改观，他最终搬进"温泉汤"的永久驻地。这次搬家给他造成一些干扰，但他沉浸在工作和写书中，几乎浑然不觉。

整个1907年和1908年，他的闲暇时间全部用于《从北京到曼德勒》一书的写作及出版准备上。即便在白昼变长的夏季，庄士敦仍然感到没有足够的自由时间用于写作。他轻描淡写地向骆任廷抱怨："本周和上周部分时间，每天都是从早上9点工作到下午6点，中间简单吃点午饭。必须采取措施了，因为史诗不可能在这种环境下完成。"[11]1907年整整一年的时间，庄士敦全神贯注于写作，只给骆任廷写了两封私信。

最困难的出版准备工作一经完成，他便着手计划下一次历险。上次休假中游历峨眉山给他留下了深刻的印象。现在他打算去访问其他四座中国佛教名山——五台山、普陀山、九华山，并且重访泰山，然后写一本书。主题的选择似乎是他偶然得之而非刻意为之。至1908年春，他积极物色下一本书的主题。他早已打算下次休假前往华中和华南地区，那里坐落着大量圣山。他的原计划是对这些山峰、寺庙及它们对佛教的重要作用进行大量调查从而形成一本书。这是一项大工程，遗憾的是从未完成。因为完成调查研究后，他发现资料实在太丰富，不是简单一本书可以容纳的，但他的研究成果和旅行收获并没有被荒废，后来他利用此次旅行所获得的大量信息写成了《佛教中国》一书，五年后由约翰·默里予以出版。

总之，为这次旅行庄士敦准备了六个月。辖区需要他不断关注，尽管1908年没有几个大案，但有大量的普通纠纷需要他去处理。要在不列颠出版一本书却身置中国最偏远的角落，这种挫折不会让生活变得更轻松。《从北京到曼德勒》于1908年5月11日出版——时间太迟了，以至于庄士敦休假前未曾看到这本书。不过，他认为这种延误也有好处："目前这种安排的好处是，数月后我到达成都或汉口等某个此类商埠时，才能看到书评。届时我会同时获知好评和差评。"[12]其实，庄士敦无须多虑，第一轮书评全都是好评。《每日新闻》的"本周书籍"栏目对其给予了高度评价，特别称赞庄士敦"洞悉中国人的思维"[13]。爱丁堡的《苏格兰人报》同样恭维有加。事实上，这些评论太好了，以至于约翰·默里写信告诉庄士敦渴望继续出版他的书。[14]

报纸评论员并不是欣赏《从北京到曼德勒》一书的唯一人群。知名探险家弗朗西斯·杨哈斯本在自己描写印度和中国西藏的书中对这本书进行了赞赏："这是近期最出色的旅行书籍之一"[15]。自19世纪末以来，随着欧洲人对未知领域的探索，旅行类书籍一直供不应求。先是各国被开发，新线路被发现，接着作家去旅行，收集实况，然后把结果告知公众。20世纪初有两类明显不同的旅行书籍。第一类是庄士敦旅行时随身携带的，内容主要涉及地理和人种，路线描写很详细，经常用术语讨论所遇到的人们。第二类是更受人欢迎的游记，作者是勇敢无畏的业余爱好者，这类游记至今仍然很畅销。《从北京到曼德勒》的精彩之处在于它把这两类结合在一起。庄士敦生动描述了他的旅行，甚至把一份长达十页的行程说明添加到附录中。该书虽然缺少他发给骆任廷的信件中所体现出来的那种个人风格，但是仍然不乏个人在旅途中的兴奋与精彩。他对沿途的人文风俗进行了大量注释。佛教，特别是藏传佛教的实践活动在书中得到讨论，有时还很冗长。他甚至提供了一份长长的英/外（方言）词汇对照表，在这六种其他语言和方言中就有藏语。除了参考英法旅行书籍外，他还查考中国历史和编年史。庄士敦在旅行前可能进行过精心研读，但从出版的书籍看，返回威海卫后他显然进行了更为大量的相关阅读。所以与同时期创作的其他旅行书籍相比，他的书直至今日仍然很有吸引力。庄士敦完全有理由对自己的作品满意。

这本书抵达中国时，庄士敦已再次踏上旅途。他需要办理前往旅行地区的通行证，特别是他"渴望在碑文和寺庙等处寻找佛教遗迹"[16]。他请骆任廷帮忙："我只想要一封介绍信，凭此可以游览我心向往之的历史名胜、拓印碑文、探访寺院等。"[17]在骆任廷的帮助下，这些护照和文件按时从北京取得，以便庄士敦可以在中国八个省份内自由通行。

庄士敦把他的工作和住房都移交给了见习生卡普梅尔。衣服和日用品需要订购，但在这方面庄士敦并非总是如他希望的那样井井有条。在给上海寄购物单时，"我心不在焉地把烟斗也列在上面——忘记自己已经戒烟了"。他把烟斗转交给骆任廷，"希望这或许管用，从生活的疲惫和痛苦中带给您一些安慰"。[18]手头事务一切安排妥当后，庄士敦只等着出发了。

不过，1908年6月离开威海卫前，他还有一个问题需要解决。临行前，辖区的中国巡捕赠给他一块匾，以纪念这次短暂的别离。庄士敦不可能接受这块匾，因为按照殖民部规定，官员不得接受礼物。巡捕房回复说，该匾已经定制好了。庄士敦只好就此事征求行政长官的意见。信中他以某种绝望的口气写道："关于这块可怜的匾，我应该怎么办？我原以为只要向他们解释清楚我并非永远离开，就可以避开此类大惊小怪。今天一些村董带了一个代表团来，弄清了我的出发日期，准备和一群长者来向我献'颂'。我不容分说阻止了这种仪式，表示我真不清楚自己的具体出发日期。"[19]庄士敦最终接受了这块匾，但未等长者代表团献颂便逃离了威海卫。这些插曲或许令他尴尬不已，但也说明他受到当地人的尊敬。

6月的第二周，"门庭已经打扫完毕，只等卡普梅尔的行李抵达"时，庄士敦启程出发了。[20]起初，他打算在刘公岛停留数晚，甚至在刘公岛仅有的一家旅馆预订了一个房间。谁知"在克拉克的旅馆里仅休息了两个半小时，我便被拽下床去赶轮船"，因为轮船意外到港。[21]庄士敦带着他的行李、两条狗、一名仆人和一个苦力，连攀带爬地登上轮船驶往天津。尽管这不是一个好的旅行开端，但他一贯处之泰然，并且注意到甚至连他的仆人"对一切也不再感到惊讶，尽管他认为日升日落的方向错了，但这种小事并未使他不安"。[22]

自天津抵达北京后，庄士敦在那里取到了此次旅行所需要的全部文件。他在英国公使馆短暂停留后便搬到一个朋友的住处，这个朋友就是《泰晤士报》驻华记者莫理循（G. E. Morrison）。莫理循出生于澳大利亚，在北京交际很广，最终成为袁世凯的顾问。莫理循在北京期间，庄士敦经常拜访他。此次，庄士敦仅仅住了一晚，但安排信件转发到这里。在第一段旅行期间，超重的行李也存放在这里。

令庄士敦惊讶的是，北京的军方要求他带上一位印度勘测员同行。不过，他很高兴这样做，"因为他的全部费用将由军方承担。这会增加旅途趣味，但不能快速行进——或许在这种炎热的天气里慢点也无妨"。[23]旅行得到官方批准，一些费用又可以分担，于是他上路了。探访的第一座圣山是山西五台山，位于北京南面。这次旅行虽然不如前几次那样艰辛，但即便这第一段行程也有一些艰难的骑行。

旅行刚刚开始，他就收到了第一份书评。得知大获成功的消息后，他感到自己可以全身心投入到旅行中去。从许多方面来看，与其说这是一次历险，不如说是一次朝圣。如他后来在《佛教中国》中所述，数世纪以来，对圣山的崇拜在中国一直很普遍；早在佛教出现之前，道教徒就敬畏山，后来佛教徒也加入其中。山的神秘在于可以修建庇护所和神龛，使人尽可能远离凡尘俗世。许多这样的隐居地，历经几个世纪已经成为大型寺院场所，如峨眉山等。庄士敦知道自己将要拜访中国一些最为古老和神圣之地，他带着敬畏与好奇迎接这些时刻的到来。

五台山是著名的佛教圣山，由海拔几乎超过10 000英尺的五座山峰组成，庄士敦准备前往拜访其中的几座寺庙。自9世纪以来，山坡上就陆续建起大量寺院；这些喇嘛教寺院一定尤其吸引庄士敦。喇嘛教是中国的一个特例，主要在西藏盛行。在庄士敦登临五台山时，五台山也同时迎来了一位重要客人：十三世达赖喇嘛。

令人惊讶的是，庄士敦对五台山的观评竟然是轻描淡写。他仅仅记述了"五台山的位置有些特殊，在很大程度上成为蒙古族佛教基地"[24]。

此时他发出的信中丝毫没有描述这座圣山,只是写道"五台圣迹处长年缭绕的焚香气息和山间凉爽的微风令人惬意"[25]。或许是旅途中意想不到的困难与延误暗淡了他的记忆,当时"几场严重的大雨和雹暴,极其糟糕的道路路况"耽搁了行程。[26]由于这些因素,再加上沿途测量工作(该线路大部分路段之前从未勘测过),去五台山的行期几乎比预计时间多两周。或许还因为他在此私人谒见十三世达赖喇嘛这段非凡经历,令五台风景黯然失色。他在信中欢喜地向骆任廷诉说:

> 迄今为止,私人谒见十三世达赖喇嘛是我经历的一件大事。……礼物准备方面引起了一些尴尬:但庆幸的是,我随身带了几样东西,权作礼物送出,才不至于使自己陷入两手空空的境地。我还得买一条哈达——这是藏族风俗。会谈令人十分满意,现场只有一位喇嘛译员和其他几位喇嘛高官,译员负责把我的汉语翻译成藏语。他在这里受到无限的尊敬。我收到了几份回礼——其价值远远高于我的礼物;包括可以用来制成冬季窗帘的长条藏布和几束奇香。接见结束时,他们把一条洁白的哈达优雅地披在我的肩上,然后我倒退着走出屋子。自从这次会见后,十三世达赖喇嘛每天都派人来问安(我的身体着实不错),并且坚持要一份关于我过去的经历、现在的职位与住处方面的简要书面材料,还迫切希望得到一张照片![27]

遗憾的是,庄士敦没有记录他们的谈话,但他的确向杨哈斯本汇报了部分内容,杨哈斯本当时在印度工作。十三世达赖喇嘛显然告诉庄士敦,他希望同英国人保持友好关系,计划返回西藏后能够会见从印度来的英国官员,可见这次见面不是一次纯粹的社交活动。[28]当然,庄士敦在接受私人会见方面似乎受到了特别的优待。

宗教仍然是此次旅行的重要主题。关于1908年的这次旅行,庄士敦从未写过一份完整记录,因此他发给骆任廷的信件便成为获得相关信息的主要来源。幸运的是,这批信件是些增进见闻的长信。骆任廷阅读这些信件时,随时查阅手边的中国地图,以便跟上庄士敦的路线。[29]尽管庄士敦很高兴有一位测量员同行，但他很快发现测量工作让他慢了下来。不过，他对延误不是太伤心，写道："这位印度人是个好小伙，不惹麻烦；并且测量让旅途变得更有趣。"[30]

由于还没收到《从北京到曼德勒》，所以庄士敦的快乐程度受到一定的削减。7月末，他终于收到了几本新书，便突发灵感写下几行诗。他在发给骆任廷的那本新书上题写了一首诗，这首诗唤起他对温和的老挝人的热爱，在1902年的旅行中他们给他带来了如此多的欢乐。同他的其他诗歌一样，这首诗略带忧伤，其基调与该书相差无几。诗歌内容如下：

老挝少女

在老挝雄伟高大的棕榈树下
湄公河向南快速流淌
它讲述着一个长长的故事
里面有它见到的奇观
野蛮而不为人知的旅行
从遥远的西藏雪域

在长满香料的岸边
生长着高高的槟榔树
在夏海般澄碧的热带天空下
坐着一位小小的老挝少女
幻想着美好的爱情

从海的另一边
比夕阳更远的地方
走来一位快乐而谦和的陌生人
在湄公河水流淌的地方

他遇见了这位老挝少女
一颗叛逆之心被征服

年轻的他柔声向她问话
爱情在欢乐的眼光中流转
他看着她跳起谜一般轻柔的老挝舞
朝着这位老挝少女走来的
是一位法国绅士

当太阳亲吻着湄公河面
微风吹拂棕榈树和柔竹
水边的椰子和香蕉树下
坐着一位快乐的老挝少女
梦想着美丽的爱情成真

如湄公河边高大的棕榈树
爱情之树也生长得挺拔葱郁
大千世界众多珍宝中
唯爱情最珍贵
然而遗憾的是
像树木和花朵一样
即便爱情也会枯萎、凋谢

阴郁的湄公河水
在布满岩石的河床上涡旋
灼热的热带阳光
洒在无精打采的棕榈树上
下面坐着一位哭泣的老挝少女
梦中的爱情已流逝

湄公河仍在静静讲述

陌生而遥远的家乡

那里没有人类激情的呐喊

在恒久静默中

没有悲伤的眼泪

只有纯净的西藏雪域

——庄士敦于 1908 年 7 月

这或许不是一首伟大的诗，但它的确说明庄士敦心中仍然充溢着浪漫之情。骆任廷喜欢这首诗。

然而，一片小小的阴云浮现在地平线上；庄士敦在信中悲伤地向骆任廷倾诉，他亲爱的"'汤米'小狗不见了，我非常想念它"。[31]他让骡夫返回天津去找，如果找到，就把它送回威海卫。抱着一线希望，如果这条狗的确出现的话，他请求骆任廷不要把它留在官邸，因为"你会非常喜欢它，以至于我无法再把它要回：那会令人伤心，毕竟它是我迄今为止最喜欢的一条狗。……所以我希望，如果它回威海卫（恐怕希望不大），您要把它送到卡普梅尔那里去。它应该习惯自己的老窝，并且我认为它和卡普梅尔之间根本不可能发展到难舍难分的地步"。[32]想不到的是，这条狗竟然又出现了。这是多么不可思议的一个人，在连续数周独自旅行且食物严重匮乏的情况下，竟然如此关心一只动物，但这似乎说明在庄士敦眼中他的狗和人一样珍贵。

写完这封信一个月后，庄士敦西行西安。炎炎夏日中，他轻微中暑，感觉精疲力尽；男佣和苦力同样也备受酷暑折磨："即便在缅甸，我也没有过这种感觉。有一天，阴凉处的温度达到了40.5摄氏度。天气闷热，日均气温仍然徘徊在32.2摄氏度。"[33]只有印度测量员未受影响，因为他已经习惯了高温。虽然路况还不错，但这种旅行方式加重了旅途辛劳。他们的马车缺少弹簧，"很不舒服""颠的我们都散了架"，唯一令人欣慰的是它们提供了一些荫蔽。[34]实在太遭罪了，以至于庄士敦决定改变行程安排，转而沿着河流南下到宁波，希望水上航行能够凉爽、舒服一些。除了爬山外，一路上庄士敦还尽量观赏其他风景。只要有可能，他就为自己和骆任廷收集古碑拓片，其中许多拓片后来都存放在爱丁堡的骆任廷收藏品中。对于中国动乱年代毁掉的众多建筑遗迹，这些拓片提供了一份珍贵的记录。[35]

他们的旅行路线稍微有点奇怪：有时为了进行额外测量而改变路线，他们尽可能采用最好的交通方式。有时他们乘坐着几乎散架的马车，有时则骑马或骑驴，有时需要乘坐汽船或雇船前行，有时则需步行。这次旅行虽然有不便之处，但显然比前两次方便得多，间或还可以借机休息。8月中旬，庄士敦在陕西省发现了一处可以躲避炎热的清凉之地，这个季节即便在海拔2 154米的华山顶，气温也达到27摄氏度："这些硫黄浴沁人心脾，今早我进行沐浴的那个池子，听说避乱西安的皇上曾在里面泡过龙体。"[36]

庄士敦继续东行，8月底抵达上海。他并非要访问这座城市，而是特意绕道一周的时间来接他亲爱的小狗汤米，骆任廷已经把它从威海卫发送过来。庄士敦很高兴——"汤米的安全抵达令我兴奋不已"——并决定立刻带着这条小狗去宁波。[37]有了汤米跟在身后，他的另一条狗撒旦突然不见了。撒旦有一个不好的习惯，喜欢追随路上遇见的商队。有一天它径直跟着一个商队走了，从此再也没有回来。只剩下汤米一条狗了，但庄士敦似乎对此都没有过多担心。

经过三个半月的旅行，9月庄士敦抵达华东地区的九华山。如同许多此类圣地，这里的风景也令他着迷。此处旅行结束后，他给骆任廷写了一封短笺："九华山虽然在地图上没有标记，但在当地同峨眉山一样出名。我发现这里的僧侣尤其令人愉快，他们向我赠送书籍等，这有助于我进行下次文学创作。此山非常美丽……我应当把峨眉山、华山和九华山的风姿相提并论。"[38]此时他已经访问了大多数圣山。假期还剩下数周时间，他计划自安徽省顺河而下到普陀山去，然后返回岗位。

9月底他来到安徽南部，这里邻近制墨中心。他借此机会对"各种佳墨样品进行了一次小小采集"，但遗憾的是忘了给自己买一件，这种遗忘已然成为他的个性特征。所以他发给骆任廷的下一封信是用铅笔写

1908年，庄士敦和一位印度测量员在安徽省九华山山顶（经乔治·沃森学院和苏格兰国家肖像馆骆任廷收藏许可）

成的，他解释说："为得到更好的东西，我不得不向当地传教士求援。我刚刚同他们一起吃过早餐。他们是不会给我纸墨的，除非加唱一两首圣歌，或许还要为我的灵魂再做一次祷告。每天不止一次的祷告令我震惊。"[39] 尽管传教士近在咫尺，但庄士敦在安徽省南部这几天过得很愉快："整个安徽南部很美丽，植被葱茏；但被太平天国运动毁掉的城镇还没有完全重建，人口还没有恢复增长。"[40]

离开威海卫后的四个月里，他的行程已经多次变更，这次又要改变了。那年夏季酷热无比，严重干旱令部分河流无法通航。抵达汉口后，庄士敦发现无法乘船直达宁波，所以他返回上海——从那里可以乘船到中国的其他港口。他"仅打算在此住两天，然后乘船去宁波，……但今早在拜访领事馆时，我非常遗憾地听说，卡普梅尔夫人病得很重而且恐怕长期如此，因此卡普梅尔不得不在衙门和爱德华港之间来回奔波"。[41] 于是他立即提出返回威海卫，希望行政长官用密电给他发指示。密码是英国殖民官员生活的一部分，但庄士敦使用的密码具有典型的庄式幽默：

库克：你必须立刻返回威海卫，不要去普陀山或天台山。
邓巴顿：你必须返回威海卫，但你可以先去普陀山和天台山。
沃金肖：没必要中断你的休假，继续完成你的计划。

霍普达格：你可以去宁波，在那里等候信件。[42]

这是一个高尚的举动，他完全没有义务这样提议，但他认为自己应该去支持威海卫这个小团队，哪怕是在休假期间。在等候行政长官答复期间，他"被迫"投入到上海的社交生活中，不过他显然享受这种变化："我被迫过着一种全然快乐的生活，大脑得以放松，麻痹症和膝盖囊肿症状得以缓解，大约十九项其他小恙也有所减轻。……请告诉骆夫人，经过这番纵情欢乐，我希望自己变成一个懦夫：事实上我感觉自己已经是了。"[43]

在上海的这几天的确令人兴奋："我今晚同领事馆的罗斯（Rose）一起吃饭，明天同布鲁斯一家共餐，后天同艾斯库（Ayscough）夫人一同就餐，大后天与一位名叫比林赫斯特（Billinghurst）的男子约了饭局。"[44]在这一轮轮午餐与晚宴之余，他同老朋友希尔顿·约翰逊（Hilton Johnson）住在一起并受到热情接待。这同他过去数月的生活形成鲜明对比："他（约翰逊）驾着一辆马车。如果邓巴顿看见我坐在约翰逊备有豪华坐垫的四轮大马车里，平稳地疾驶在上海的繁华大道上，他会觉得有必要给我一半他的贵族特权。当然，沃金肖夫人不得不乘电车出行，因为约翰逊不会让她搭乘他的马车。"[45]

不久，他收到骆任廷的回信，密码是沃金肖。这个答复令人如释重负。他虽然主动提出可以中断自己的假期，但显然并不希望这种事情发生。于是他带着轻松的心情从上海出发前往普陀山——一个令他为之倾心的小岛："普陀山是一颗明珠，是所能想象到的最宜人的小岛之一。庙宇很美，保存良好。我在那里的一所寺庙里住了整整一周，不忍离去。"[46]即便今天，普陀山仍然是游客喜爱之地，每年吸引着成千上万人来海边游玩。这是一个仅约四英里长的小岛，海拔约300米的佛顶山山峰为山脉最高点。这里游人如织，部分是为了供奉观音，部分来游览纯粹的美景。庄士敦意识到，对于游览普陀山来说一周的时间远远不够，他希望有机会能够重游。

告别普陀山后，他前往宁波和浙江省的其他地方游历，然后来到最后一处圣山——天台山。这里令他有些失望："寺庙相当清贫，景色也乏善可陈。"[47]游遍圣山后，他突然发现自己无法如愿驻足进行圣山写作。他在旅行中留下的成批笔记似乎令他无所适从。相反，他随性地南来北往于中国东海岸，对日本和中国台湾进行过短暂访问，中间几次返回上海。他在中国境外的游历并不愉快："自日本返回中国时，我的内心期盼着同中国人在一起。日本人的许多地方让我不满意，比如他们对待台湾人——特别是富有的台湾人的方式令人愤慨。如果中日再次开战，我认为日本将不得不在台湾派驻一支强大的驻防部队；否则，台湾人会群起反抗，让日本人后悔曾经看见过这座岛屿。"[48]

11月份在上海期间，他听说骆任廷已被封为爵士，便立即写了一纸贺词，并且禁不住又添加了几句：他希望"月亮小姐已经穿上了一条新裤子以示祝贺……邓巴顿、库克和其他笨拙的人也同我一起道贺。库克特别要求向骆夫人转达她的祝贺"。[49]

漫游似乎对他有裨益，那年年底他准备开始写作。他发现了一处理想的写作之地——福州鼓山的一所寺庙，在那里他忙着整理自己在前六个月里写下的大量笔记。他在中国旅行期间还购买了许多相关书籍，结合书中提到的事实与哲学，参考自己的笔记进行写作。他如此沉迷于这项研究工作，以至于许多国际大事从他身边悄然而过，其中就有一件日后影响到他的生活。1908年11月14日，英国驻北京公使馆电告伦敦外交部：光绪皇帝于当天下午五点驾崩。次日长期执掌清朝政权的慈禧太后去世，[50]这令外交界陷入更大的混乱之中。自此，大清朝的皇室由一位年仅4岁的小男孩溥仪统领。庄士敦全然忘记了这一切，在一片孤寂中忙于自己的书籍写作。

然而，他并不能完全避开外部世界。他有些沮丧地给行政长官写信："我被英格兰发来的谴责信件淹没了，这些信件怒斥我不回国；玛格德琳院长（他了解部分殖民官员）说他担心这会严重影响我的前程。虽然这些信件对我没有任何影响，但我敢说他们的话里有深意。一个无名之辈如果不能让负责晋升的官员了解自己，那他就不要期望得到升职。不过，现在已经为时晚矣，不管怎样我都看不到任何希望——在威海卫不会有任何晋升，在香港我也不想得到任何晋升。所以我认为自己会一直这样蹒跚而行，直至老去。"[51]庄士敦对于情势的评估非常准确，晋升的确多年以后才姗姗来迟。

静修期间，他也没有完全忘记威海卫。他写信向行政长官探问消息，说他已经"在日本的一家报纸上看到更多这方面的消息"[52]。他所说的"这方面"指的是威海卫回归中国一事，这个问题几乎每年都被提起。1904年日本占领旅顺时，归还问题第一次被正式提起。当初租借条款之一就是英租威海卫之期与俄租旅顺、大连之期相同。随着日本取得胜利，该条款似乎已然发生变动。然而，英国政府争辩说，只要旅顺还在外国人手中，威海卫就必须由英国控制。如同清朝最后几十年间欧洲列强同中国签订的众多条约，其条款均非在平等基础上签订；英国的争辩虽然有些似是而非，但一如既往获得成功。不列颠继续占有威海卫，尽管仍然有抗议从中国传来。自那之后，归还问题就一直悬在租借地上空，给居民带来不确定性，同时扼杀了经济发展的前景。这也影响了常驻官员们的思维。骆任廷写道，在归还方面没有任何进展。庄士敦于是很快忘记了这方面的担忧，继续在圣山上冥想。

鼓山寺庙是静思冥想的理想之地，"这个美丽的庙宇是我遇见的最具魅力的寺庙之一。在这个和平、安静的寺庙里，僧侣们通常不来打扰我"。[53]

时间日复一日地流走；如果某位更高当局——如库克或国王之流——命令我在此度过余生，我是不会抱怨的，只要我的图书馆跟我在一起。普陀山是一个颇为迷人的地方，海与美丽的沙滩使它优于鼓山：但鼓山的客房远远优于普陀山的。这些客房位于一处独立建筑内，距离寺院几百米远，目前我是这里的唯一房客。……从我的住处可以俯瞰一座小湖，湖里有鲤鱼和乌龟。[54]

在这座避难所里，他感情浓烈地写作着，偶尔会发现自己对鼓山的其他方面产生冥想。尽管周遭宁静，但他顽童似的幽默感占了上风。他写道：“在我居住的客房外，有一则'来客须知'，当然是汉字书写，声明如果有人希望以诗言志，来表达自己对寺院或其周围景致的满意之情，请向本寺申请笔墨纸砚。此情此景激发了我的灵感，（无须借用寺院笔墨）我在汉语告示下面题写了一首英文小诗。”

> 路遇涌泉寺告示，
> 请君讴歌景致美。
> 笔墨纸砚为君备，
> 但寻佳句觅华章。

> 圣山不需凡夫赞，
> 妙笔难写天籁言。
> 溪舞山间松低语，
> 自在吟游天地间。

迄今为止，没有僧侣邀请我把它翻译出来，或许他们还没有看见这首诗。但下一位欧洲访客无疑会视其为惊喜。[55]

不晓得其他欧洲人是否看到了这些诗行，遗憾的是，也无从知晓僧侣们发现告示板上这首英文诗时的反应。

鼓山寺院是一处神奇之地，庄士敦在那里一定非常快乐。因此可以理解他是不太情愿地返回上海、踏上回家的旅程的。在上海，他同老朋友克莱门迪短暂相聚。克莱门迪本人开始对香港感到厌倦，对此庄士敦一点儿也不感到惊讶，因为他早就视那里的工作为"单调沉闷的苦工"[56]。接下来他没有按原计划从上海直接赶往威海卫，而是被派往济南。骆任廷写信告诉他，他休假结束后的第一件差事就是陪着行政长官去拜会山东巡抚。庄士敦不得不重新安排自己的计划，但他没有丝毫沮丧。陪骆任廷去济南是难得的美差，这令他俩有机会一起并辔而行，互相交流分别期间的所见所闻。另外，他知道他们两人在济南会受到隆重接待。[57]

庄士敦抵达济南后发现这次访问需要延期，因为就在骆任廷即将离开威海卫时，青岛的德国总督托尔柏尔（Truppel）已经抵达济南拜会巡抚大人。骆任廷一行不便在此期间抵达，否则会产生重大的外交礼节纠纷，给中英德三方带来麻烦。所以英方代表团别无选择，只有等德方离去后再出行，以避免可能会在省府出现的孰先孰后问题。不过，德国人刚刚离开济南，庄士敦便告知骆任廷，官方拜访遂正式开始。

三天里，山东巡抚以盛大的礼遇接待骆任廷和庄士敦。然后这两人再次出发前往北京。尽管骆任廷称这次为期一个月的旅行为出差，但实际上更像一次度假。自济南启程，他们骑马三天抵达德州，德州县令与行政长官相熟，安排船只送他们沿着大运河前往天津。当时山东省的前任巡抚杨士骧在天津任职，骆任廷准备去拜访他。杨士骧现任直隶总督，自然是身居高位，因此殖民部批准了他们的这次访问。不过，这次相见实际上没有什么官方目的。杨总督为威海卫做不了什么，威海卫当然也不能为他做点什么。但是，他和骆任廷自第一次见面就一直保持着良好的关系。杨总督非常高兴见到这位老朋友，尽其所能为他和他的助手提供了极其慷慨的接待。对杨总督来说一切都不是问题，他甚至为苏格兰人提供了一列私人火车送他们去北京。对习惯乘坐当地原始交通工具出行的庄士敦而言，这次旅行的确极为奢侈。[58]

乐趣并没有止步于天津。抵达北京后，他们成为英国公使朱尔典（John Jordan）的客人。朱尔典对他们非常了解，骆任廷夫妇是朱尔典夫妇的老朋友。这两位威海卫来客把他们济南之行的官方报告提交给朱尔典，然后在剩余的大部分时间里参加外国公使馆的社交活动。在无休无止的宴饮聚会中，他们曾短暂逃离去参观明陵，庄士敦在那里拍了许多照片。4月底，他们准备返回天津，杨总督再次予以隆重接待。九个月的休假在这段愉快的尾声中结束，庄士敦意犹未尽地返回威海卫。

安排庄士敦参加这样一次访问，骆任廷不仅确保自己得到一位一流的侣伴，而且相信庄士敦会从中得到许多珍贵的教益。行政长官非常了解庄士敦的学术才华，但多年在华生涯让他明白学术仅是一名汉学家的必修功课之一。骆任廷管理的这片租借地的大小相当于一名普通中国县令的辖区。同一省之巡抚相比，他显得无足轻重。然而，这些人却非常尊敬他——视其为同等级别的官员——这完全源于骆任廷的学识及其对中国风俗文化的了解。他入乡随俗，理解他们的方式。庄士敦年轻、聪明，因此可以理解行政长官希望按照中国方式对他进行方方面面的培养；希望他像自己那样完全沉浸在中国官员的生活方式中。这次对济南和天津的"正式"访问，在很大程度上就是这样一次训练，为庄士敦提供同中国高层打交道的经验。他得以在轻松氛围中结识一些中国地方官员，这对他十年后入朝为帝师很有帮助。

庄士敦和骆任廷在1909年5月初抵达威海卫。骆任廷重新回到爱德华港的官邸，准备在一个月后休假。庄士敦则返回温泉汤继续履行华务司的职责并开始写作他的下一本书。在那年的剩余时间里，两位友人难得相处。骆任廷夫妇试图怂恿庄士敦来爱德华港小住，但被庄士敦婉言拒绝了。甚至连每年一次的五月野餐会也未能诱他离开温泉汤："我本应该很喜欢它，特别是这样的一次野餐。但我不能去，日子一天天溜走，我的书却遥遥无期……我确实没有时间，法庭工作令人精疲力尽，以至于每天晚上除了散步和阅读，我无暇顾及其他。"[59]

自6月至10月，沃尔特一直代理骆任廷的空缺。远在乡间的庄士敦白天工作，晚上写作。由于他已经花费了大量时间寻访圣山，并在鼓山进行了长达数周的阅读与写作，按理说完成该书不成问题，何况这本书自他完成《从北京到曼德勒》后就开始筹划。然而，在尝试进行圣山写作时，他发现"我爬得越高，山顶似乎离我越远！"[60]相反，令所有人包括他自己都感到惊讶的是，他最后开始写作的是一本主题完全不同的书：威海卫。

改变写作主题的原因很清楚。在遍访圣山寺院期间，他搜集了大量信息。同时以极大的热情购买了佛教、历史和民俗方面的书籍，打包回威海卫进行研究。大量阅读加上自己丰富的笔记，其体量极为惊人，超乎想象。不久他就意识到圣山这个主题恐怕仅凭一个冬季是写不完的，也不是一册书所能容纳的。就在此时，骆任廷建议他写一本关于威海卫的书，并为他提供本地资料以资鼓励。在许多方面，特别是本地民俗领域，骆任廷是一位专家。当然了，他们两人在威海卫方面的广博知识意味着这本书不需太多额外研究便能较快地完成。1909年的夏天，庄士敦正式投入写作，在最短的时间里完成了草稿并于年底送交出版社。约翰·默里出版社于次年出版了该书，题为《华北地区的龙与狮》。尽管他和骆任廷在该主题方面知识广博，这仍然是一项巨大工程。在不足6个月的时间里完成13万字的书稿，同时白天还要应付繁重的工作，庄士敦的超强工作能力由此可见一斑。

《华北地区的龙与狮》出版后受到业界和公众的好评。时至今日，它仍然是一本可读性很强的知识性书籍，介绍了现已被忘记的大英帝国昔日租借的一个角落。如同庄士敦的上一本书——游记与严肃的学术研究相结合，这本关于威海卫的书同样具有多面性。庄士敦擅长把威海卫特色的方方面面编织在一起，对该地区的地理和历史进行了透彻论述，对英国统治进行了清晰介绍。庄士敦早就发现该地区的魅力来自其古老的乡间风俗；他大言威海卫虽落后却具有重要的社会学价值。在中国其他地区早已消失的风俗习惯仍存在于20世纪初的山东，而在山东乡村地区已然消失的部分旧俗甚至仍然存在于威海卫。基于此因，他对该地区的乡村生活、风俗、百姓及其民俗进行了绘声绘色的章节描写。最后，他把搜集到的部分中国宗教信息同威海卫相结合进行描述。简而言之，他对这块小小的租借地进行了全面又充分的描写。

19世纪末20世纪初，有许多英国殖民官员对他们所生活的区域进行了描写。对历史学家而言，许多这样的书籍时至今日仍是他们研究这些被人淡忘或遗忘的角落的第一手资料。庄士敦的这本书之所以能跻身其中（要知道此类书籍不乏无味者）——是因为他对该主题的全面描写。他和骆任廷对威海卫的了解诚然深广，但能把《华北地区的龙与狮》写得通俗易懂并非易事。更重要的是，庄士敦对这块土地及其人民的热爱跃然纸上。他看待威海卫的方式是正确的，即便当时威海卫只是英帝国一个不起眼的附属品。他在简介中把英帝国比作"一件色彩缤纷、光彩夺目的长袍。……但在这华美的长袍边缘还别着一条小小的土黄色带子，这条带子常常有被拖入泥沼或踩在脚下的危险，经常成为无礼嘲讽的对象。它就是威海卫"。[61]还从来没有人如此生动地描述威海卫在大英帝国的地位。

庄士敦对该地区的英国统治同样进行了精彩描写。他详细描述了华务司的职位，从一开始就坚持自己扮演着地方官员的角色。这并不是乍听之下的一种傲慢，而是一名真正的儒官对待辖区老百姓的态度与责任。庄士敦丝毫不认为这是一种落伍，反而应该依此而行，所以他完全效仿骆任廷的工作方式。

这显然是庄士敦认为比较容易写作的一本书。该书流畅易读，仿佛自其笔端汩汩流出。在他的所有出版物中，迄今为止这本书最为通俗易懂，尽管其主题一开始似乎不是那么富有市场。威海卫是他深爱的土地，把这本书献给同样生活在那里的最好的朋友骆任廷，无疑是恰当的。

第六章

单调的日常工作（1910—1912）

即便在庄士敦的创作突飞猛进之时，他也没有忘记自己的工作职责。他在这方面极其认真负责。无论工作多么单调，公牍多么乏味，他对工作总是精益求精。他对细节的关注同本地同级官员沃尔特的粗线条形成鲜明对比。庄士敦不喜欢他，有时会被他激怒。1909年，香港政府发给威海卫官员一份克莱门迪写的《汉字音译》。该书提议对现行的汉字音译系统进行一些修改，以便同其他东方语言的译法保持一致。庄士敦对此法很推崇，所以当沃尔特把这本小册子发送给他时，随附的备忘录把他激怒了。沃尔特在备忘录中的观点，在庄士敦看来是尖刻的批评和对通用译法新途径的否定。在一份长长的回复中，庄士敦毫不留情地进行了驳斥。他简明扼要地声明"我认为克莱门迪先生提议的方法可行"，接着，庄士敦援引大量学术著作来支撑自己的论点。其中，他当然强调了沃尔特的短板：他显然缺少专业知识。沃尔特的沉默有力证明了庄士敦的判断。[1]

1910年，当沃尔特要求庄士敦把一份案卷发给他时，两人的关系进一步恶化。庄士敦认为沃尔特可能是想重新审理这个案子，所以他表示抗议，转而把这份卷宗发给骆任廷并附上一份很长的备注，简要说明他和沃尔特两人具有完全同等之地位。他继续在备忘录中吐露心情，这种心情显然已经压抑一段时间了：

我想您已经知道：我是如此喜欢威海卫，但目前这份工作冗事难料，而沃尔特的工作却按部就班。他经常告诉我他的各种担忧和烦恼：可能他没有意识到，我偶尔也有一些小"担忧"。我想他应该尽可能了解我这份工作的特点，并且认识到如若按照实际年资，他的资历并不比我高，更谈不上成为我的上级。作为一名正式工作人员，我曾经在香港工作数月，那时他还是身在广州的一名见习生；除了实际工作年限长于他外，我从事的工作更为繁重，工作阅历也更为丰富（我想您认同这一点）。当然了，凭心而论，我偶尔会有点焦躁，因为在这里我的现况与将来都看不到什么希望：我可能颇为憎恨这种建议……即我应该视自己为他的下属。[2]

对庄士敦来说，同不值得尊敬的人共事显然很难；事实上，沃尔特作为政府秘书兼区官似乎也痛苦不已。身置微型管理体系中，地位或级别高低之类的问题很容易呈现出重大意义。即便如此，庄士敦与沃尔特相处并不轻松，后者专横、狡猾和懒惰，骆任廷对此也束手无策。两人之间的摩擦没有得到改善，庄士敦曾气愤地写道："我郑重声明，如果在沃尔特休假回威海卫时，我得不到晋升，那么我宁愿离开这里，也不愿同这样一位同事继续共事。"[3]幸运的是，在庄士敦的怒言成真前，沃尔特被调离威海卫。但即便远离威海卫，他还是引起了麻烦。在1911年休假回英格兰期间，沃尔特拜访了殖民部并对骆任廷和庄士敦进行了毁灭性的猛烈抨击。他宣称这两个人工作既不努力，也不认真。这些流言蜚语成功摧毁了他们两人日后的晋升机会。[4]

在这样一个相当封闭的社区里，嫉妒或许在所难免。尽管如此，庄士敦还是不想放弃自己的标准。他对自己在威海卫的职务有着坚定的看法，部分看法他已经在《华北地区的龙与狮》中提到。另外一些场合，官方事务让他有机会重申这些观点。1910年，他审理的一个案子被上诉至上海的高等法庭，法官波恩（Bourne）对庄士敦的案件处理进行质疑。庄士敦感到波恩法官并没有理解威海卫地方法官体系的独特性，因而他在提交给骆任廷的便函中，对他作为一名乡村治安官所遇到的困难进行了充分的解释。他写道："如果我既要从事警察和调查工作，又要进行接下来的案件审判，那么我就不可能做出从纯粹的法律角度看完全公正的判决。"[5]

一名区官负责辖区老百姓的所有事务，甚至包括法庭事务，其生活实非易事。1910年，他似乎越来越忙于法庭事务。对法庭而言，这不是一个特别糟糕的年份；事实上，在引入诉讼收费制度后（每份诉状收费2元），民事案件的数量大量削减。不过，大量案件久拖未决；部分因案情复杂而被送到上海的波恩法官那里。工作负担依然繁重：那年，庄士敦审理了352例案件，种类自赌博类的轻罪至重大犯罪不一而足。

除了所有这些诉讼活动，威海卫官员还有一个新问题需要处理。当庄士敦1908年在上海遇见克莱门迪时，克莱门迪同他的叔叔在那里参加（万国）禁烟会议。这次会议最终视鸦片为非法交易，限制鸦片在华消费行动正式开始。该决议对仍然存在吸毒现象的英租借地提出一个问题：这些地区的英国当局需要劝说瘾君子戒毒——但如何去做？在威海卫有吸毒者收容所，在那里可以帮助瘾君子进行康复，但首要问题是如何让吸毒者到那里去。庄士敦提出一个巧妙的解决方案，即先要求当地瘾君子缴纳一笔超出他们个人支付能力的巨额保证金；然后通知他们，如果自愿前往收容所，这笔保证金可以取消。许多人两害相较取其轻，自动选择去收容所；本地吸毒现象开始减少。然而，该计划并没有大获成功，因为掐断鸦片后，许多瘾君子立刻在酒精中寻找安慰。[6]

尽管工作繁重，沃尔特又令人不快，但庄士敦在威海卫还是有许多乐趣可言。整个1910年，源源不断的客人前往温泉汤拜访他；此外，他和骆任廷一起愉快地探讨了棘手的汉学问题；业余时间则继续疯狂写作。威海卫书籍刚刚脱稿，他就开始进入下一部书的创作。该书有一个奇怪的名字《一个中国人对基督教世界的呼吁》（*A Chinese Appeal Concerning Christian Missions*），其简称《飓风》（*The Blast*）更为恰切。他从中国人的角度进行写作，所以用了一个中文笔名"林邵阳"。庄士敦原希望在1910年爱丁堡传教士会议期间出版这本书，然而由于这本书强烈的反传教士观点，许多出版商拒绝出版。在公开指责许多传教士在华活动方面，庄士敦实际反映了中国许多读书人的观点，特别是儒士经常公开反对在华传教活动。

直到19世纪初，传教士才开始大量抵达中国。在接下来的一百年里，他们在宗教皈依方面相对来说影响甚微，皈依者仅有数千人而非数百万人。庄士敦写作该书期间，中国各省皆可看到传教士的踪影。尽管他们继续传播基督福音，希望让尽可能多的人皈依基督，但就其影响而言，社会性多于宗教性，因为许多教会提供医疗和教育设施。对于传教士对中国乡村生活所做的这种改良，庄士敦是第一批讴歌者。不过，如他所见，传教士们相信自己的文化优于中国文化，对此庄士敦持反对态度，这激发他创作《飓风》。传教士群体想改变中国社会，这种态度激怒了庄士敦。在苏格兰圣公会传统中长大，耳闻目睹之下，庄士敦讨厌所有基督教会的虚伪。尽管基督教信奉宽容，但他的弟弟却因父亲那点轻罪而丢了自己在教会中的工作。被这些事件伤害的庄士敦自然无暇研究基督教教规。传教士传播福音及（在他看来）"干预"中国文化，同样让他反感。《飓风》是他回击这一切的方式。为了写作该书，他阅读了大量传教士文学和神学文献，经过对备受争议之神学论点的透彻研究，庄士敦创作了一部长达300页的著作。这是一次毁灭性的攻击，可以想象这本书最终于1911年面世时遭到的传教士团体的激烈反对。

庄士敦从《飓风》一书引起的轩然大波中获得巨大快乐。数月里，该书引起广泛关注；数年后，他会吹嘘自己的"巫"书已经"修正了基督教会在中国的某些粗鲁做法，尽管传教社团从不承认这一点"[7]。书出版后，关于究竟谁是神秘的林邵阳有着许多猜测：一个中国人用英、法两种语言阅读了复杂、详尽的神学小册子。许多评论家迅速猜到，书中丰富的欧洲典籍及援引不可能出自一个中国人之手。随着猜测不断升温，庄士敦最后致函《旁观者》（*Spectator*）杂志，承认自己实际是一名不列颠人而非中国人，但他没有暴露自己的真实身份。不过，在威海卫，没过多长时间，人人都知道了林邵阳是谁。威海卫学校的校长赫伯特·比尔（Herbert Beer）一直对庄士敦在基督教方面的观点，特别是他对传教士的看法持怀疑态度；他迅速猜到庄士敦同《飓风》有着某种联系。他已经观察到庄士敦"对基督教持有一种主动的、公开的敌意"，甚至指责《华北地区的龙与狮》有"反基督教论调"[8]。当然了，庄士敦对比尔的批评置之不理，视之为无知狂热之语。

从阅读传教士传单中解脱出来后，庄士敦继续自己对中国圣山的研究。他以坚韧不拔的毅力通读了自己积累的众多中文版佛教书籍。有时有些短语完全没法翻译，但他坚持不懈地钻研这些"中国谜语"——他称之为"猜谜"。他谦虚地相信："所有这些工作都会非常有助于我的汉语学习，可以预见我在圣山方面的辛苦付出将会扩展我狭窄的汉学储备。"[9]当这些学术难题太难解时，他不得不向骆任廷请教，后者通常都能解决。如果庄士敦有时间骑马到爱德华港，他俩经常会在晚上边喝酒边讨论汉学难题。此外，他们有时会通过信件你来我往地讨论问题，信中充满了艰涩的哲学思辨，读起来像大学教程。庄士敦则帮助骆任廷了解中国宗教的精细之处，这是一个双向过程。

尽管居住在生活简陋的乡间，庄士敦却如铁人般健康。不论在长途旅行中还是在威海卫生活期间，他都很少生病，身体一贯强健。做见习生期间他曾得过一次疟疾，此后直到晚年他没有患过任何重大疾病。庄士敦是一位相貌英俊的人。长途旅行让他的身躯变得更加瘦削，以至于伊迪丝经常为他的消瘦而担忧。不过，他英俊的相貌在1910年的一次意外事故中遭到损伤。有一天外出拍照期间，他手中拿着相机来回摆动，不知怎么碰掉了自己的一颗前牙。骆任廷立即批准他前往上海治疗。幸运的是，这次事故没有对他灿烂的笑容造成永久伤害。

这次看望牙医之旅正好与骆任廷为自己和庄士敦安排的出行计划不谋而合。他已经决定再次前往济南，留下沃尔特代理行政长官。虽然只有几天的时间，但沃尔特非常满足这样一次代理行政长官的机会，而愿意放弃同骆任廷一起出访济南。10月初，骆、庄两人一起出发前往济南，在那里他们受到新任山东巡抚孙宝琦的隆重接待，孙大人同这两人一见如故。这位温和的君主制主义者后来成为北洋政府的代理国务总理。旅行接近尾声时，骆任廷和庄士敦前往泰山，在当地一处寺院里愉快地住了两天。这是他俩最后一次结伴同行。一年后，中国君主制被推翻，许多官员下台。中华民国的省级大员们既无时间也无财力来宴请地方洋大人，济南奢侈的款待在1912年夏然而止。

离开泰山后，骆任廷和庄士敦分别数月。骆任廷返回威海卫，庄士敦则前往普陀山完成圣山一书的写作，题为《佛教中国》（*Buddhist China*）。他的计划是，如果能够以足够快的速度完成草稿，那么就进行圣山方面第二本书的写作；基于这一愿望，这次休假尽可能缩短旅行时间。之后几个月庄士敦异常忙碌。沃茨出版社同意出版《飓风》，所以他需要进行校对和编写索引，然后才能开始其他创作。关于《华北地区的龙与狮》，他收到许多评论，几乎无一例外全是好评。但那年秋天的确在《泰晤士报》上出现过一例差评；像其他作者一样，庄士敦被这则批评深深刺痛，该评论质问他为何无视中国的官僚腐败等问题。他给发来这份评论的骆任廷写了一封信进行详细解释，援引该书中的相关页码进行反驳。这是庄士敦在写作方面第一次受到批评，他在信中的咆哮抗议说明他对此类事情极度敏感。

庄士敦从宁波乘船来到普陀山，在那里再次找到令人身心愉悦的孤独与宁静。他住在岛上的一处小寺庙里，"这里的住宿条件非常好：4个房间像常见的欧洲住房一样干净，玻璃窗等一应俱全"。[10]在那里，他惬意地度过了圣诞节和1911年的岁初，甚至不需要一贯活跃气氛的"沃金肖女士"的陪伴。他向骆任廷吐露说"普陀山不允许女士在此居住，她在普陀的出现引起流言蜚语，所以不得不离开这里。我告诉她最明智的做法就是返回威海卫官邸重新成为一名热情好客的厨娘"。[11]

庄士敦每天都会在岛上走一走，以保证精力充沛地进行12个小时的写作。他难得如此愉快，甚至写道："一旦我被踢出殖民部，为什么我不能带着所有行李来这里永久居住。如果殖民部没有因为《华北地区的龙与狮》而解雇我，那么我想《飓风》应该会让它这样做。"[12]他当然没有实现自己的愿望，但他在普陀山的这两个月依旧成绩斐然。

即便这座迷人的小岛也不能打消庄士敦继续旅行的愿望；尽管他打算把全部休假时间用来写作，但还是于1911年1月离开了普陀山，出发去日本。途经北京时，他原希望自北京前往满洲里，"看一看日本是如何规划满洲里的。这对远东政策来说自然很重要，如果我没有利用这个机会去满洲里实地看一看，我会愤恨自己"[13]。他对满洲里的兴趣颇具讽刺意味，大约十年后他作为溥仪的老师与这块土地有所交集。遗憾的是，此时他未能如愿考察这片土地。华北地区瘟疫盛行，满洲里因疫情而对外关闭。北京同样也好不到哪里去，为防止疫情扩散，该城已被划分为几个警戒区，所以庄士敦不能在北京城内自由穿行。他决定离开中国，直接去日本的长崎和小滨，令人伤感的是他就要永远离开普陀山了。不过，他的《佛教中国》在那里大获进展，在日本完成六周的艰苦写作后，假期期满，他返回威海卫。

庄士敦关于威海卫有沃尔特就无他的威胁仍然有效，而且在北京期间还差点成为事实。1903年，缅甸政府中国事务顾问一职出现空缺，前任港督亨利·布莱克爵士当时推荐庄士敦为该职位人选，谁知在下达正式聘书前决定取消该职位。当庄士敦1911年1月抵达北京时，他发现缅甸职位还没有被取消，并且当局已经转而动议设立印度政府顾问一职。驻京英国公使朱尔典立即把庄士敦的名字列入候选人之列，但他警告说"这可能是作为一名中文翻译，陪同杨哈斯本进行考察"[14]。听到这些，庄士敦对获得该职位并没有抱多少希望，但认为把自己的事情提交给殖民部仍然是值得的。他先前被提名缅甸职位人选一事，有助于帮他获得新职位。他附加了一份正式申请，表示如果该顾问一职不能如愿，希望殖民部为他考虑其他晋升。

此时似乎几种因素混在一起激励着庄士敦去寻求晋升。他同沃尔特关系不和睦无疑是其中之一，其他情况也逼着他重新考虑自己的职位。香港前任辅政司梅近期就任斐济总督；梅的晋升令骆任廷焦躁不安，毕竟梅的职位曾经比骆低。自抵达威海卫后，骆任廷就一直期待着升任总督。此时庄士敦强烈地感受到骆任廷的失望。另外，资历浅于庄士敦的克莱门迪可能会接替梅成为香港辅政司，这也令人不安。其时，克莱门迪的晋升似乎已经指日可待。约瑟夫·肯普，当年是一位同庄士敦一起前往香港的见习生，现在已经成为一名皇家律师，这份任命也显得庄士敦缺乏进步。看到同代人纷纷踏上晋升之梯，自然令他焦虑，但他却无力改变现状。他也没有在殖民部为自己铺路，事实上自14年前抵达香港，他从未回过不列颠，"佛教怪物"的标签倒是已经贴在他的身上。伦敦官员只知道克莱门迪工作勤奋，才华横溢；肯普因其法律修养和见习生身份已经够得上目前的职位。不过，尽管他们对庄士敦的资质评价不高，殖民部官员还是认为"庄士敦去威海卫是失势了，尽管在一处气候适宜、成本低廉、富有闲暇的地方生活无疑令他受益"[15]。庄士敦不可能同意他们对自己在温泉汤乡间生活的评价。

庄士敦在内心深处明白殖民部对自己的回应将是消极的。但即便在等候答复期间，他仍然继续为自己寻求其他可以离开威海卫的职位。骆任廷对此全力支持。在殖民部手中沉寂多年的行政长官明白，对他的官员来说，该租借地无异于一处晋升坟墓。如今庄士敦极度渴望离开这个地方，甚至准备接受殖民部所能提供的任何可能职位。

骆任廷认为，庄士敦应该彻底离开殖民部系统，到学术界求生存。鉴于此，他推荐庄士敦到香港新成立的大学担任副校长一职："庄士敦先生罕见地将行政官和学者双重身份集于一身：实践证明他既是一位富有才干、高效的管理者和组织者，又是一位献身于文学和哲学并能将其思想和经验完美呈现的学者。"[16]遗憾的是，这份溢美之词石沉大海；查理斯·艾略特（Charles Elliot）爵士被任命为副校长。此时距离庄士敦的幸运之神降临还有数年之遥。

由于沃尔特休假，1911年庄士敦返回威海卫代任其职。这意味着其住处由温泉汤搬至社交中心爱德华港。他住在距离政府官邸一箭之遥的前华勇营大楼——他为其命名"邓巴顿城堡"。这次搬迁，他的工作变化不大，但沃尔特的一项职责落到他的肩上，即为行政长官撰写各种发言稿。比如，1911年6月，为庆祝国王加冕日，他需要代表威海卫英国当局向国王乔治五世写一份贺词。庄士敦发现这份工作很枯燥："我显然不是撰写效忠致辞的好手，除了陈词滥调，我实在想不出任何有新意的东西。"[17]加冕礼也是举行一系列庆祝活动的借口：儿童野餐会、篝火晚会、运动会、舞会及中国戏剧表演。庄士敦非常高兴负责组织这些活动，其中包括为本地50名中国士绅头面人物安排一次加冕礼大餐——

庄士敦在威海卫华勇营营地（经乔治·沃森学院和苏格兰国家肖像馆骆任廷收藏许可）

一种类似帝国前哨才有的庆祝。

　　威海卫的1911年有些意外地结束了。在中国过去的15年里，每年或多或少都会有些起义活动。许多当代观察家相信清王朝的彻底垮台仅是时间问题。1911年10月10日武昌发生兵变，反对皇帝。尽管清朝军队很快夺回了被叛兵占领的城市，但是武昌起义使清朝统治逐步走向灭亡，最终结束中国君主专制制度。一个月内，庄士敦揣测"废除君主制是否会作为一项条款"列入即将签订的停战协议。[18]他的个人观点是，因为"沃金肖女士已经公开宣布支持叛军……所以帝国事业已无希望"[19]。尽管其他历史学家没有人发现清朝覆灭同沃金肖女士有任何关系，但庄士敦关于君主制灭亡之预言无疑是正确的。

　　11月10日，山东省宣布支持共和国；六周后，孙逸仙被推举为中华民国临时大总统。[20]最初，这些巨变几乎与威海卫不沾边，庄士敦在日常文件中对此也只是一笔带过，但情况变化很快，甚至连沉睡中的威海卫也开始卷入共和热潮中。庄士敦对革命保持着不可思议的沉默。对这个自17世纪中期就开始统治中国的王朝的覆灭，他没有任何哀悼。事实上，他的观点即是那个年代生活在中国的大多数欧洲人的看法：希望北洋军阀袁世凯——不久成为中华民国的总统——能够将中国拽入某种民主政体。两年后，他仍然希望革命能够让中国的政治、文化继"清王朝的腐败"之后产生某种新生。[21] 作为一名佛教徒，他"没有理由哀叹伪满洲之灭亡"，而是希望新政权"宣布完全宗教自由政策"。[22]

如果庄士敦认为革命有什么值得言说之处，那便是中国将来的发展潜力。对于革命在最初几年引起的剧变与危机是否能够得到迅速解决，他并不太在意。至1912年年初，拥护共和的情绪越来越高涨，所以当庄士敦在2月听到少年皇帝溥仪逊位的消息时，他并不感到惊讶。很快，共和党人成为各省之要员。县令一级政府人员也开始大批更换。不过，省政府中许多老面孔依然留在原位，并非所有省府要员都是不折不扣的共和党人。这个国家处于一片混乱之中，但某些时候甚至连高级官员的更换都激不起一丝涟漪。山东省省长孙宝琦低调宣布该省实行共和，清楚地表示"他不相信'独立'，不相信同清王朝决裂"[23]。该声明发表数周后，一名共和党人顺利取代了他的省长职位。另一方面，山东省的一名小吏——威海城的巡检司——被逼退位一事，却引起一场轩然大波。

在英租威海卫，威海卫城是一个特例。按照租约条款，这个位于爱德华港附近的小小卫城属中国管辖，征收中国税捐，施行中国法律。唯一例外是如果本租借地的安全受到威胁，英方有权进入该城。事实上，自英国文职部门接管威海卫以来，威海卫城及其巡检司同英国当局一直和平共处。

赵定宇是山东文登县的一名巡检，掌管着威海卫城。他是一位安静、博学之人，颇受骆任廷和庄士敦欢迎。因此当他们听说1月23日夜赵被驻扎在邻近文登县的革命政府成员逮捕时，庄士敦毫不犹豫地采取了行动。在克鲁兹（Crudge）巡官及一小队巡捕的陪同下，他进入威海卫城，不顾革命党的抗议，坚持面见巡检。反叛者威胁赵定宇如果不交出全部政府资金，就要对他进行严刑拷打，尽管这笔钱金额很小。当庄士敦来这里护送他出城前往爱德华港避难时，赵定宇一定如释重负。庄命令叛乱者次日上午到他的法庭去，同时留下一队士兵守卫衙门。对一名英国官员来说，在中国领土上采取这样一次行动，实在是非同寻常。但庄士敦坚定地相信这些叛乱者仅仅是乡间一些搬弄是非之人。他不希望威海卫再发生任何麻烦。次日在他的法庭上，庄士敦命令其中一位头目离开威海卫；另一位头目必须做出安全保证后，方可留在威海卫。所有革命威胁均已解除，赵巡检满意地返回自己的衙门。

然而，庄士敦并未就此罢手。经过继续调查，他发现一直与赵定宇针锋相对的威海商会会长戚玉潭，是这次阴谋的主使人。庄士敦从一开始就怀疑，威海卫的骚乱与其说同共和革命有关，不如说是地方政治使然。庄士敦在一份冗长函件中把这一切向殖民部做了详细汇报。[24]令人惊讶的是，这份报告让伦敦官员震惊不已，想到一名英国官员带领一支武装卫队进入威海卫城不免心有余悸，幸亏没有造成流血事件。尽管他们对他的行动表示担忧，但庄士敦因其快速反应受到表扬。威海卫方面，庄士敦显然没有意识到他的行动可能已经引发了一起国际外交事件，但是如果有所意识，庄士敦会因此而改变自己的行动吗？在他看来，制造麻烦者理应被叫停，不管他们是谁。

当一位到访该租借地的中国高级官员就英方干涉威海卫城之事进行抗议时，庄士敦坚决为自己的行动辩护："恶棍戚玉潭一次次煽动反赵，我们把他驱逐出境是为了以儆效尤，让英属地居民遵纪守法，让其他闹事者引以为戒。"[25]庄士敦显然从未打算就此事进行道歉，他相信自己采取的行动是正确的。

1912年年初，一贯安宁的租借地受到海盗骚扰。1月，海盗袭击了停泊在爱德华港码头附近的一艘帆船，这让当地居民意识到中国骚乱已经发生在家门口了。庄士敦被派去协助被困船只；在接下来的追捕中，三名海盗溺于水中。另外三名被逮捕并移交给中国当局，中国当局遂将三人公开枪毙。[26]海盗不是威海卫需要对付的唯一一种犯罪活动，也有持枪劫匪沿着边界到处打家劫舍。至2月，形势已经变得非常严峻，骆任廷不得不电告伦敦请求向威海卫派驻军队。这种不安定的局势仅仅是中国未来几年动荡不安的前奏。

尽管有海盗袭击和持械抢劫，威海卫仍然远比中国大多数地区要安全。威海卫境外的中国人已经注意到这一点；很快，山东其他地区的乡民试图进入威海卫，以躲避省内四处烧杀劫掠的叛帮。在本租借地边界一带，有些夜晚甚至可以看见洗劫后的中国村庄被放火焚烧时升起的浓烟。为了维持治安，阻止难民成群涌入，行政长官请求派兵进驻得到批准：1912年3月，皇家恩尼斯基伦燧发枪手团的一支部队被派驻在威海卫边境一线。[27]

英国当局决定尽可能让威海卫远离中国目前的困境。当革命派分裂成越来越多的派系时，军阀开始在各省立足，整个国家陷入混乱状态。推翻清王朝后引起的混乱基本上从本租借地一掠而过，在这方面威海卫的确是个例外。革命发生后的头20年里，中国大部分地区几乎都受到骚乱影响，英国外交部称其从"仁爱专制"滑向"仁爱无政府"。[28]即便香港，也发生了动乱、罢工和联合抵制等革命活动。外国公使馆林立的北京，也在家门口一次次遭遇敌方军队。唯有威海卫似乎保持遗世独立，并且几乎在以后的20多年里未受革命洗礼大潮的影响。

尽管中国一片动荡，但庄士敦在1912年却多半心情愉悦。自来威海卫，庄士敦第一次坠入爱河。因为这一年的大多数时间居住在爱德华港，他破天荒地有机会纵情于各种社交活动，夏季游客在这些活动中特别开心。通常情况下，他住在13英里外的温泉汤，距离虽然不是太远，但也不是兴之所至即可策马而来，何况山路崎岖。前两次休假加上驻节温泉汤，至少满足了他渴望隐居几个月的愿望；现在他出发去爱德华港享受群居生活。大多数夏日里他和老朋友——"敏捷"号英舰的舰长克劳福德（Crawford）在一起，该舰那年夏季驻泊威海卫。通过庄士敦，克劳福德成为政府官邸的一名常客；他在那里遇见了骆任廷的大女儿——年轻活泼的玛丽。年仅18岁的玛丽正在上海学习音乐，并希望去巴黎继续自己的学业。令庄士敦开心的是，玛丽与克劳福德上校一见钟情。玛丽一直是庄士敦最疼爱的人，她不厌其烦地给他介绍女朋友，渴望为自己仰慕的庄士敦寻找一位合适的伴侣。

机会终于来了，她的一位音乐朋友，名叫爱丽丝·沃尔特（Alice Walter），那年来威海卫做客。爱丽丝（与罗伯特·沃尔特没有任何亲戚关系）在1911年同玛丽相识，当时她来威海卫看望表兄戴维·乔尔（David Joel），戴维所服役的英舰那年驻泊威海卫。爱丽丝比玛丽大两岁，但这两个女孩很快成为好朋友，所以1912年玛丽邀请爱丽丝来威海卫避暑。爱丽丝是一位苗条漂亮的黑发女子，经常在骆任廷官邸举办的晚会上一展歌喉。德国民谣是她擅长的——自然，一直热爱音乐的庄士敦应该也会定期参加这些晚会。不久，他开始迷恋爱丽丝，玛丽公开支持他们。爱丽丝也得到了骆任廷的喜爱，后者称她为"柿子小姐"，因为她特别喜欢吃政府官邸花园中自产的柿子。

征得骆任廷的同意后，庄士敦借用了政府的"亚历山大（Alexandria）"号汽艇，同克劳福德一起载着玛丽和爱丽丝沿着威海卫绵长的海岸线旅行。同行的还有其他朋友，他们在海岸沙滩上野餐。按照这一时期的风俗习惯，两个女孩理应受到严格监护，但庄士敦是骆任廷夫妇信任的朋友，所以他能够多次单独邀请爱丽丝出去玩。这段浪漫故事在爱丽丝的日记和庄士敦写给她的几首诗中得到充分体现。[29] 尽管他比她年长17岁，但年龄差异对他们之间的关系几乎没有什么影响。他俩互相通信，只要能逃脱骆任廷夫人的严厉监管，就一起偷偷溜到官邸后面的中国墓地去作诗。这是一种浪漫的关系：庄士敦发现爱丽丝是一位可以与他分享诗歌与音乐的女子。他俩都非常风趣；爱丽丝很快就同庄士敦想象世界中的各色人物如库克、沃金肖女士等熟识起来。共同的乐趣与爱好点缀着爱与浪漫，这在庄士敦写给爱丽丝的一首诗中得到最佳体现：

玫瑰

近期我拥有一朵快乐的玫瑰

日日看着它成长

任何邪恶不得靠近

我的娇嫩花朵

冬日寒风中我守护它
用快乐的泪水浇灌
甜蜜地梦想着花开永不败
在金色的年华

娇嫩的花朵
在夏日绽放
一只无情的脚踩向
我的玫瑰，碾碎

花瓣慢慢撒落地面
宛如王冠破碎后四散的宝石
我一一捡起
折断的花茎

有时我心伤
凝视着枯萎的花朵
希望再次拥有
鲜活的玫瑰

尽管虚幻缥缈
尽管似是而非
那又怎样
如果清醒只能带来伤痛
那就让我梦想吧

1912年的夏季，庄士敦的确在做梦。两人都知道他俩之间的浪漫没有未来：用爱丽丝的话说，"我们的道路被斩断"[30]。她将离开威海卫去巴黎追寻自己的歌唱事业，庄士敦也没有沉溺其中。对他俩来说，这是一个值得珍藏的夏季，庄士敦一定曾经甜蜜地回忆起这段时光。爱丽丝前往巴黎，1914年同一位海军军官结婚。遗憾的是，1919年她死于流感。玛丽的情郎克劳福德上校也在玛丽爱上另一位海军军官后淡出她的视野。这位海军军官就是爱丽丝的表亲戴维·乔尔，后来成为玛丽的丈夫。

第七章

动荡年代（1912—1914）

1912年夏末，庄士敦返回乡间驻地，安居在温泉汤，他重新开始疯狂地工作。骆任廷有些钦佩地写道，庄士敦"学者般的热情一如既往"，并且补充说他在行政管理方面也功不可没。[1]倾盆大雨一次次淹没庄士敦的家，但即便1912年那场连续三天降水量达5英寸（1英寸=2.54厘米）的暴雨，也未能中断他的圣山写作。次年年初他终于完成了30多万字的手稿。

官方文牍也让他非常忙碌，有时还带来一些负担。在大部分工作时间里，庄士敦和骆任廷对本租借地政策没有任何分歧。庄士敦通常支持骆任廷的行动，他们之间的亲密关系显然惠及两人的工作关系。不过，庄士敦偶尔也会质疑骆任廷的举措。比如，1912年两名凶犯因毒死亲戚而被判处死刑。起初，庄士敦对判决没有什么看法，只是指出"本地老百姓会很高兴看到，我们有时的确会做出死刑判决！"[2]但这一看法很快发生改变，因为他听说其中一名凶犯是位孕妇，其判决仅仅推迟到孩子出生。虽然他写到自己"极其不愿意干涉这件于己无关的案件"，但感觉必须表达自己的担忧，因为仅仅推迟刑期至孩子出生后即行拘捕这件事"颇为骇人"。[3]庄士敦继续申辩："如果考虑到婴儿的出生，以及太早离开母亲可能会夭折而饶她一命，我认为本地人应该不会认为我们执法不严。"[4]骆任廷回信表示"很理解"庄士敦的感情，但他继续说："整件事情令人震惊，如果我能够对自己的职责和讨厌对妇女处以绞刑的个人感情进行调和，我会感觉轻松很多。"他详细地引述原判决，并一再重申她是这桩罪行的主谋，对她进行减刑于从犯不公，后者也被判处死刑。[5] 庄士敦勉强接受了这个决定，他们有时需要承担的巨大责任最终令其头脑清醒，并总结道："我敢说，对这个世界而言这是一件好事；或许对她本人来说，返回先人的怀抱也不是一件坏事"。[6]

　　1912年下半年其他阴云开始出现在地平线上。尽管这一年的夏季是庄士敦个人生活的一大亮点，但其他方面却并不如意。他一直生活俭朴，大多数钱财都花在他视为必需品而非奢侈品的书籍上。1902年父亲去世后，他把所有积蓄都寄给爱丁堡的家庭律师，以便为母亲提供一些财政支持。从那时起，他定期存款，重新努力为自己储备养老金。遗憾的是，他曾经用自己的积蓄投资股票；虽然身在威海卫，但他几乎把自己的所有积蓄都投到香港水泥公司，据说"大有可为"[7]。但在1912年，公司市值暴跌，他每股花20元购买的股票突然跌至4元。更糟的是，他投资用的钱多数是以手中的股票作抵押从银行贷款而来。他最大限度地削减支出以还债。尽管自身拮据，但他仍然感到有义务赡养母亲，所以每年给她寄去60英镑。庄士敦指出，在过去的一年里他还给一位手头拮据的姨妈欧文夫人寄钱。对此他没有太多介意，说"这不是她的错，她嫁到了一个由酒鬼和败家子组成的颓废之家"[8]。伤痛是如此深重。两年前泰迪来信问有一天他们是否可以见面，庄士敦唐突地拒绝了，答复说，事已晚矣，似无必要再彼此恢复联系。[9] 了解到泰迪在美国生活艰难，庄士敦可能以为他也是想寻求某种金钱援助。甚至连他的姐姐娜尼也让自己的小女儿罗斯玛丽（Rosemary）写信向他要钱。他发现那些友好表示最易拒绝，似乎他的家人还同多年前一样旧习难改。

　　家庭律师没有给庄士敦带来任何好消息。他的母亲继续无节制地花钱，被迫一次次卖掉自己的家具，最后只能在爱丁堡租房子住。他姐姐的第二次婚姻如第一次婚姻般灰暗，疾病迫使泰迪放弃美国的教职工作。[10] 无怪乎庄士敦不愿意回家。他离开苏格兰已经14年，但心理阴影依然很深，"我永不再踏上苏格兰，除非我成为一个自由人——父亲的债务完全清除，但我认为这已经没有可能，我必须随遇而安"[11]。这种不愿回英国的心结却遭到殖民部的误解。那里的官员说"他喜欢在野外生活（他的所有假期都在中国内地度过）"，因此断定威海卫是最适合他的。[12]

1912年庄士敦下决心不再回英国，但令人吃惊的是，仅仅几个月后他就写信给骆任廷，说他可能在1913年的秋天回英格兰住上几个月。对于这个决定，他没有给出任何解释，尽管他暗示可能去牛津看看有没有适合自己的学术职位。[13]或许是来自他的牛津老师和出版商的压力，最终促使他决定回英格兰看一看。骆任廷也曾清楚地表示，他认为这或许对庄士敦有益。庄士敦可能认为，前往伦敦和牛津——而非苏格兰——并不违背他不偿清父亲债务绝不回家的原则。香港股票市场的回升让其决定成行："我很高兴看到我投资的一家（电力）公司去年上涨了十个点，这让我赚了1 200元，因此能够支付往返英格兰的旅费了！"[14]作出该决定的另一个原因可能是庄士敦曾宣布"打算离开殖民部系统，如果一切进展顺利的话，何况中国目前并非处于一片混乱"[15]。他还决定，倘若在这件事上做一个选择，如果中国没有彻底沦为无政府状态，他"更愿意待在东方而非接受一份牛津职位"，他渴望"在美景中独享清静与自由"，以便"创作最好的文学作品"。[16]

为了实现这个目标，庄士敦又想出了一个更为古怪的计划。1912年春，他首次考虑创立某种"官话协会"——为中国学者创立的一个协会。[17]数月后，他又重新修订，改名为"圣山社团"，意在中国某座圣山上为作家、艺术家和学者建立一处静修之所。他自然负责掌管这块静居地，同时这也是他用来居住和创作的一个基地。这个想法有点幻想色彩，但庄士敦执着于自己的计划。关于该社团，他写了一篇长文，但起初很难找到出版商进行印刷。1913年初，"圣山社团"创办彻底失败的消息让他非常沮丧。"这也没有多大关系，只是我不能寄希望英国公众为我建造一处山居。"[18]2月，一份名为《十九世纪与未来》的月刊发表了他的文章。该刊物有政治家、外交家和学者的文章，值得一读。1913年，关于战争的话题到处都是，《十九世纪与未来》期刊上的辩论围绕"如何资助战争"和不列颠海军实力分析等文章展开。这些当代思想精华中有一篇庄士敦的5 000字文章——《圣山社团》：

　　该计划是要成立一个国际联盟——圣山社团——作为自由交流思想，改善东西方特别是中英两国友好关系的一种媒介，直接或间接涉及知识、道德和艺术修养的方方面面。该社团总部将设在中国……[19]

　　他提议可在中国"众多以圣迹或美景著称的名山"中选择一处作为该社团所在地。[20]他在选择住所方面同样直截了当，"应该可以在大型佛教寺院附近或者院里找到这样的住处"。[21]他还坚信可以寻求中国政府对该计划的支持：庄士敦认为这方面不会有什么困难。他的自信令人称赞："食宿自然取决于社团成员的来源与数量，成员或许会申请临时或长期居所。"[22]他甚至提议应该建一个图书室，可以先存放他自己的书籍，供成员们"作为一处驻地文学俱乐部使用，更便于在宜人的环境中潜心研究"[23]。

　　在山间静修地，该社团将保留中国传统文化，成为相关兴趣爱好者的研究天堂。这篇文章思想高洁，充满利他主义思想。然而，像骆任廷这样的挚友非常清楚，这个华而不实的计划最终会成为庄士敦理想的小小避难所。但令人惊讶的是，他的计划得到欧洲、中国和美国人士的广泛关注。该篇文章几乎刚一发表，便收到上海支持者的来信；数周内，庄士敦收到大量来函："顺便说一下，人们开始意识到该社团惊天动地的重要性。今天收到美国一群百万富翁发来的一封令人愉快的信件——至少他们是美国人（纽瓦克和新泽西），并且我猜，准确地说我希望他们是百万富翁。他们愿意帮助，尽管没说具体是多大资助！"[24]

　　尽管难以相信，但庄士敦似乎非常认真地准备这项计划，几个月以来他一直认为这是一次真正的成功机会。然而，尽管他极其认真，却也禁不住对收到的许多回复进行风趣点评：

　　社团人员越来越多，我开始给每位成员发去一封简短的千篇一律的回复，许诺记下他们的名字，届时会继续给他们发送信息。其中有一位诗意绅士自"科罗拉多州的丹佛市"打招呼（他应该多金！），另一位是科克的斯坦迪什·奥格雷迪（Standish O'Grady）夫人！！这位夫人未说明自己的丈夫是否健在，但我猜他已经去了极乐世界，所以其财产应完全由她本人支配，不会因她再婚而被没收。她说爱尔兰有七座圣山。……我纳闷布莱克夫人从前为什么没有告诉我这个消息。[25]

遗憾的是，尽管支持信件很多，但庄士敦梦想为该社团找到一处静修之地的愿望却从未实现。也没有一位美国成员是百万富翁——或者说即便有，他们也不准备掏钱建立一处社团中心。庄士敦依旧希望梦想成真，但欧洲大战和中国的动荡局势注定圣山社团难以创建起来。

不过，即便没有一处山居，他也成绩斐然。整个1913年春，他不仅专心致志于社团计划，而且忙于校对《佛教中国》。庄士敦撰写的这部皇皇巨著太过庞大，即便全力支持他的出版商也难以印制；约翰·默里将草稿删去几章以便易于装订。令人惊讶的是，庄士敦对于默里的决定持乐观态度："我的书比我预想的要长很多——无怪乎花费这么长时间才完成——如果全部印刷出来，恐怕将近700页！不过，删除的章节也不会被浪费，可以纳入第二本佛教书籍。"[26]这第二本书从未写出来，尽管庄士敦怀揣希望多年。该主题之庞大一贯难以驾驭；以后几年里，庄士敦打算重访所有名山再行写作的愿望最终使该计划永远搁浅。[27]

他的职业生涯一如既往。每天都要收读诉状、审理案件，还要尽可能高效地处理爱德华港发来的官牍。偶尔，案头俗务中也有令庄士敦抱怨的事情。1913年春暴发的天花疫情在威海卫乡下引起一些担忧。几名儿童死于天花；驻地医生希金（Hickin）给疫情严重区域的欧洲人和尽可能多的中国人打防疫针。希金医生尽管在中国生活数年，但似乎对乡下老百姓的生活缺乏了解，他在应对天花疫情方面的建议令庄士敦感到好笑。村民居住在土石垒建的简陋屋舍内，屋内是泥土地面，窗户上至多糊一层纸。他们都是贫穷的乡民，这名好医生似乎完全忽略了这个事实："如果我告诉农夫照料病童时必须穿一件罩衫，每次离开病房时必须用肥皂和水洗手，那么他会目瞪口呆！房屋通风如何？当然了，希金一定不记得农舍窗户是怎样的，但是保持低于15摄氏度的建议倒是不难实现。"[28]

有时，即便最简单的法庭案件也要数月才能完结。至1913年春，庄士敦手头已经累积了三个案件需要提交给上海高等法庭。波恩法官计划来本租借地结案。由于庄士敦准备在波恩来时休假，所以他把卷宗发给了骆任廷并随附一份备注：

> 这三个案件基本同属一类：一方想耕种更多的土地，另一方则反对，理由是他们想用这块土地来放牧。去年波恩的判决倾向于耕种者：他似乎忽视了这一事实，即土地靠牛来耕种，牛则需要草料来喂养。我认为目前所有这些麻烦均由波恩的判决引起。……面对这种判决，我无法用我的方式来处理任何此类案件，因为我不完全赞同波恩。……另外，波恩来后，必须给出非常清晰、明确的判决……要比去年更明确。本租借地的人口越来越多，因此需要更多的可耕地，可耕地只能来自牧地。放牧权在法庭上没有确立，它只是一种习惯权利：因此准耕种方更容易在法庭上获胜，除非法官特别注意不要过于遵循固定原则——如果准耕种方与准放牧方争抢同一块土地，获胜方应该是准耕种方。其时，我们需要做的是在诉讼双方之间进行讲和。[29]

难怪庄士敦有时发现这些案件令人厌烦。

忙完写作后，他开始申请休假，希望在提交辞呈前能有15个月的全薪和半薪假期。当然离开威海卫前，他需要理清所有文案工作。庄士敦在这方面一贯一丝不苟，总是尽可能少地把工作移交给临时代理。沃尔特和卡普梅尔则不一样。他向骆任廷汇报：一位办事员说卡普梅尔"手头留下许多乱七八糟的文件，并且希望在沃尔特返回前离开。我强烈建议您让卡普梅尔等沃尔特回来后再走。他们两人毫无条理且不认真，沃尔特根本无法处理卡普梅尔留下的一团乱麻"。[30]行政长官听从了他的建议。

他对是否回国一直摇摆不定——"伦敦对我会有什么影响，我略微可以猜到"[31]——遂推迟回国日期，先在中国旅行再说。由于中国的局势，用他的话来说，看起来"极为晦暗"，他不敢到太远的地方去冒险，所以大部分时间在华东地区度过。

1913年6月离开威海卫后，庄士敦先去济南旅行，然后去泰山。其时，他收到澳大利亚墨尔本提供的一份职位聘书，经香港转寄而来。尽管他已经下定决心离开威海卫，但还是"立刻拒绝了这份聘书。……它会打乱我的计划，而且是一份糟糕的工作"[32]。几天后，他乘火车南下至南京、上海和杭州，途中偶尔会去探访寺庙。经过一个月的快乐旅行，他抵达天目山，决定在那里停留一周左右，按照惯例选择一处佛教寺院住下。

庄士敦住过的大多数庙宇，其食宿条件相对来说很简朴。基本上，只要拥有安静的写作空间，他就知足。头顶是简陋的屋瓦，房屋四面是石头墙壁，脚下是司空见惯的泥地或石板地面，床是典型的土炕，土炕下面有烟道。不过，在天目山，他发现"寺院后上方几百码的地方，有一栋建筑可以提供很好的住宿。我现居楼上，是一套六间房的唯一住户，该套房有一个很棒的阳台。厨师每天去寺院厨房取食物来为我准备饭食。当然，如同在普陀，我吃的是素食"[33]。数月辛苦工作结束后，天目山成了庄士敦放松休息之地。他散步、读书，俨然忘记了中国目前严重的动荡与混乱。

直到1913年，庄士敦在旅行方面几乎没遇到什么真正困难。但当他想离开天目山前往普陀山时，由于战乱，数次未能成行。结果，他"从天目山出发，仅完成了部分计划线路，骚乱阻止了运河航道的通行"；在杭州，他"发现通往上海的铁路因战乱被阻断"。比起安全方面，他似乎更担心延误："我没有看到任何冲突，尽管周围躁动不安，从天目山到上海一路上我听到各种各样互相矛盾的传言。"[34]靠着骑马和步行，他最终在8月份抵达普陀山。

庄士敦拥有非凡经历的机会再次出现了。很少有几位在华欧洲人会遇到的情形却极为难得地不时出现在他的面前。在这次旅行中，他找到一位可以同行去普陀山的新旅伴，对这位新旅伴，甚至连庄士敦似乎都肃然起敬：

> 他就是天目山寺院的住持——一位66岁令人尊敬的老者，浙江佛教界的杰出人物（尽管他本人是一位山东人），一贯极受尊敬，曾受到慈禧太后的接见。他告诉我，磕头就座后，太后一直都在接见现场。或许正因如此，他怀揣着袁世凯取代年少皇帝登上皇位的希望。[35]

庄士敦在天目寺院居住期间已经同这位法号"能和"的住持相熟。听说庄士敦计划访问普陀山，这位年老的住持立即自荐一同前往。

在前往普陀山途中，这两人一定让沿路老百姓大开眼界。一位英国殖民官员和一位方丈结伴同行，这一定是沿途地区以前从未出现过的一道风景。住持的陪伴让庄士敦在普陀山受到僧侣前所未有的欢迎，他向骆任廷保证没有欧洲人曾受到像他这样的接待。关于一路上遇到的冲突，他同意自己曾与之交谈的那些佛教徒的看法，即佛教"在北方党派那里，相对于南派而言，可能会受到更多的善待"。他希望佛教在北方统治下会繁荣发展。相对于孙逸仙和他的南方党派[36]，袁世凯是更好的统治中国的人选——虽然庄士敦认为袁的确疯了。

庄士敦最后在北京郊外西山的一座庙里完成了自己在中国的休假，这座庙是他从一位英国公使馆官员那里租借的。当年，从北京出发，骑马几个小时即可来到西山。西山是一处受人欢迎的休憩地，远离城市尘埃。低矮起伏的山丘上散布着庙宇和小村，该地距离京城既远又近。庄士敦以后数次返回美丽的西山群峦，住在那里也很便宜："我发现在这些地方一年花250元或更少就可以租下一整座庙宇（里面足够宽敞，可供数人惬意居住）。待我明年春天从欧洲返回，极有可能在其中一座庙里住上一年左右，以便最后决定究竟安家何方。"[37]但在这之前，他不得不在来华15年后第一次冒险离开东方。

庄士敦在他租来的庙宇里愉快地住了几个星期。去北京仅是为了见见几位朋友，其中之一就是时任中国总统袁世凯顾问的莫理循。庄士敦自然急切地想从莫理循那里尽可能多地了解革命斗争情况，但收获甚微："他告诉我，当权者虽然经常征求他的意见，却从未采纳。他似乎不太喜欢自己的职位——尽管他承认每年4 000英镑的收入不菲。"[38]莫理循非常清楚庄士敦精通汉语，对中国很了解，且不满意自己目前的职位。因此，他提出尝试在中国政府内部为庄士敦寻找一个职位。庄士敦对此颇有些不知所措，莫理循说"如果我能告诉他自己喜欢什么样的工作，他会尽力帮我寻找。但我发现这个问题实在难以回答！不过，我说我想要的就是去山上的一座庙里待着，如果中国政府希望聘用我，并提供令人中意的条件，那么我随时愿意认真考虑这份工作！"[39]

庄士敦10月初抵达伦敦，似乎情况不妙："我发现伦敦令人沮丧、悲观，按理说阔别15年后重返故土应该令人欣喜，但我没有这种感觉。或许当我更习惯这一切时，我会更高兴，但目前我感觉像鱼儿离开了水，多希望自己还住在西山。"[40]雇主的欢迎也没让他的情绪好起来。怀抱着或许可以找到一个合适新职位的希望，他在抵达伦敦后的第二天就去拜访了殖民部。在殖民部连简短的见面都被拒绝时，他很吃惊，感觉颇受冷落："我把自己的名片递给办公室人员，建议他把它交给主管威海卫的官员；然而他很快通知我没有必要再见任何人，所以我离开了。显然，殖民部比我想象的更不关心它的殖民官员（至少是威海卫的殖民官员）。"[41]

次日，当他在报纸上读到沃尔特被晋升到洪都拉斯任职时，他的不快愈发强烈。他写信给骆任廷："我时时盼望殖民部蛮横地命令我立刻返回威海卫，这样事情就到了非解决不可的地步，我可能会不得不提出退休。我希望他们在殖民部能够意识到，任命我为政府秘书于我而言并不是晋升。当然，除非他们打算任命您为总督，我为行政长官。后者的可能性微乎其微。"[42]他的担心不无道理，晋升还要等很长时间。没有任何希望地返回威海卫令庄士敦感到绝望。骆任廷完全理解庄士敦，数年来一直为他向殖民部进言，但毫无成效。当时，两人都不知道伦敦的看法是，只要骆任廷同意退休，那么庄士敦将是接替他担任行政长官的理想人选。

庄士敦发现他这次"回家"之行毫无指望："我发现英格兰令人极度

沮丧，身置'社交活动'中却毫无快乐可言。"[43]只在收到殖民部邀请他参加12月9日会议的便函时，他的情绪才稍有好转。距离会议时间还有一个星期，为摆脱伦敦的压抑氛围，他决定前往牛津寻访旧踪。这个计划不错：

阔别15年后，我又一次来到这里，心中真是百感交集。昨晚前往礼拜堂时，我内心情感的浪潮翻腾到了极点。我不再需要求证灵魂是否存在——它们当时就重重包围了我：昔日大学生、教师和唱诗班男童歌手的幻影向我扑面而来。唱诗班又唱起了过去我经常听到的那首摘自舒曼安魂曲的古老圣歌……闭上眼睛，15年的中国生活像梦一样消逝了。……总之，这种经历既使人痛苦又使人快乐——简直无法用语言形容……尽管作为一名政府官员，这15年来我一直过着平淡的生活，但我内心的情感世界绝没有就此荒芜。[44]

愉快的玛格德琳之行结束后，同殖民部级别相对较低的哈里斯（Harris）官员的会晤把庄士敦猛然拉回到现实中："我告诉他，我们在威海卫受到了非常不公的对待，但他似乎在听一个笑话！……我告诉他：① 我不想回威海卫；② 我不想去香港；③ 我不想离开中国内地。他看起来相当困惑（非常自然地困惑），似乎把我视为一个无害的精神错乱者。"[45]关于这次会晤记录殖民部没有留存下来，但庄士敦很清楚他的事没戏了。几个月前，已经决定将威海卫的见习生调走：在庄士敦休假离开前夕，卡普梅尔被调往香港。目前在伦敦他又被告知：除了调走沃尔特外，他们的财政助理亨利·钦（Henry Ching）正被调往斐济，庄士敦和骆任廷被视为"威海卫的永久常驻之人"[46]。他从来没有像现在这样决意离开殖民部，退隐到中国某个安静的角落。

庄士敦非常反感殖民部的态度，以至于两个星期后写信告诉他们"我打算在远东度过我的余生"[47]。至此，他有机会消化吸收他们提供给他的信息：威海卫将成为他永远的岗位所在地。想到这里，他认为继续待在伦敦已没有意义。这次幻灭尤其严重。除了玛格德琳，不列颠没有给他带来任何美好的回忆。如他所见，殖民部对他的事业及其在威海卫的辛苦工作所持有的轻蔑态度，成了压倒他的最后一根稻草。尽管他受邀在2月于牛津进行一次演讲，但"异常严重的抑郁沮丧"促使庄士敦尽快离开英国：他订了返回中国的船票，1914年1月中旬启程。[48]

很显然，这次英国之行几乎没有什么价值。是的，他见到了几位自赴港后从未谋面的朋友，其中包括玛格德琳学院的舍友阿米蒂奇。他访问牛津三次，赶上了母校的学术活动，但除此之外收获甚微。他不想联系自己的家人，尽管他同罗伯逊律师事务所的律师老朋友们取得了联系。可能这次访问的唯一积极元素是他在报纸上提前见到了《佛教中国》的书评，而非两个月后在中国读到。

由于出版前删掉了一些章节，他一直担心《佛教中国》的最后成形问题，但现在不用担心了。评论家一致赞扬这本书，庄士敦为此感到高兴，但也很平静。1914年该书出版时很受欢迎，是汉学和宗教学方面一次有益的补充，但随着时间的推移，这本书就没那么畅销了。他选择的主题当时只有少数专家了解，但他对"他比较陌生的中国佛教"的介绍，对当今普通读者来说用处不大。[49]书中散见模糊的备注，不容易读懂。关于中国的佛教发展那几章比较杂乱，有时信息寥寥。最后结果是缺少前几部书所拥有的丰富信息。

庄士敦还利用《佛教中国》来解释他在中国政治道路方面所持有的部分强烈信念。他笔下的革命者"被迷人的西法所吸引，对西方文明的物质成功印象深刻，失掉了他们自己民族的传统文化精神"[50]。他同样坦言自己的观点："如果中国成功脱离今日混乱之政局，悄悄地团结起来，坚守着被得意洋洋的革命撕成碎片、踩在脚下的中华帝国的许多传统，我们不必感到惊讶。"[51]这是他对20世纪中国佛教及其地位的浪漫主义观点；他在这方面的诗意看法说明他已经偏离了该书既定之论点。在今天这当然不是一本中国佛教入门书。

《佛教中国》出版时，庄士敦正值不惑之年，已经在威海卫度过了十个年头。随着时间的推移，他对某些主题的看法越来越清晰。这种性格特点随着年龄的增长越发明显。比如，他有许多好的理由来反对有组织的基督教。至少在中国社会，他对传教士的看法并不孤单。《飓风》的出版让他有机会详细公开表达这些观点，这比《佛教中国》早三年。在解释他的反传教士偏好时，他似乎从许多曾经严重影响他对基督教看法的偏见中解放出来。因此令人惊讶的是，在《佛教中国》中关于他喜爱的普陀山的抒情段落中，发现了他对传教士的又一次谩骂。他谴责他们"对异己信仰几乎狂热的反对，这在过去几年里一直是基督教传教事业极其丑陋的一面；现在仍然是，尽管是在一定程度上且逐渐缩小"[52]。庄士敦的观点开始呈现出一位久经孤独冥想之人的所有特征。

不列颠之行丝毫没有柔和他的性格；十年前被上司视为古怪偏执的性格开始益发明显了。

尽管渴望返回中国，但庄士敦还是希望选择漫长的海上之行，中途将依次停靠塞得港、科伦坡、新加坡、香港和上海，并途经北京。抵达中国后，他决定在西山住下来。他写信给骆任廷，说他将申请延长休假至8月，然后接着申请一年的无薪假期。殖民部生涯彻底破灭后，他相信自己"在西山度过一年的无薪假期将不成问题，这一年结束时我应该能够明确决定自己的未来。毫无疑问，我完全可以靠写作来轻松养活自己"。[53]多年来庄士敦一直威胁要结束自己的殖民部工作，这一刻似乎终于来了。

海上旅行极大地振奋了庄士敦的精神。这部分是因为他"回到了阳光明媚的东方"[54]。但更大的原因恐怕是因为他遇到了一个名叫多萝西（Dorothy）的女人。"……虽然没有什么结果；但我承认差点儿就有结果。"[55]尽管向骆任廷如是说，但庄士敦显然希望她能及时回应他的感情。对他来说，一切似乎朝正确的方向前进。1914年3月，他同多萝西的关系已经发展到谈婚论嫁的地步，这让骆任廷更为吃惊。庄士敦不愿向他的朋友多谈这件事：

请不要告诉任何人，昨天我也仅告诉了骆夫人这么多。目前我不便多言，原因届时您会理解。当我在最近一封信的附言中告诉您这件事不会有什么结果时，我当时的确是这么想的，但此后发生的事情让我不是那么确定了。但整件事目前很复杂，我不知道它会怎样结束。目前我所能告诉您的就是：这个女孩是英格兰人，没有钱，对我这样的老男人来说她简直太年轻了。[56]

当庄士敦于3月抵达北京时，他原打算见见那里的朋友，花更多的时间陪伴多萝西，然后去西山度假。不过，抵达公使馆后，他发现总部设在北京的领事部门面临着实际困难。由于他不在威海卫，沃尔特又晋升到别处任职，北京的领事部门已经派出两个人前往威海卫协助骆任廷的工作。除此之外，中国其他地方的工作，病假加上辞职已经让中国领事机构人手奇缺。毫无疑问，英国公使馆人员，特别是公使朱尔典爵士告诉庄士敦，如果他延长假期，就意味着他的同事们将不得不因此取消假期。尽管非常不情愿返回威海卫，但庄士敦感到他不能"太过分地进行抗议……因为当我们要求从领事馆借调人员时，朱尔典已经很给我们面子了，何况他也需要'按章办事'"[57]。他还意识到，如果多萝西接受他的求婚，那么"至少目前我不得不放弃辞职念头"[58]。因此庄士敦感觉应该同意在5月底假期结束时返回威海卫，并且"待在那里，直到作出某种令威海卫当地满意的安排……"[59]。

庄士敦同意返回威海卫并不完全出于利他主义。当他同朱尔典谈起返回租借地一事时，他清楚地表示：尽管拥有个人环境，但他"不希望继续待在威海卫，除非必要"[60]。朱尔典很聪明，他在对庄士敦提出要求时，也顺便给他一颗甜枣。在骆任廷的推动下，这位英国公使答应将优先派他去填补喀什（昔日的喀什噶尔）即将出现的空缺。喀什是设有英国领事机构的最边远城市之一，靠近中俄边界。那里的总领事马继业（George Macartney）1890年到任该职，于1915年底退休。[61]

庄士敦急于接受这个机会："无须多言，我告诉他这样一个职位非常适合我。"[62]这的确是他梦寐以求的工作：既偏远，又能同当地人打交道，而且还是一次升职。于是，朱尔典在短时间内成功地让他返回威海卫，不久一个真正的新生活机会降临了。

庄士敦对此次返威海卫很热情，甚至向骆任廷提议，如果他在数月之后就要离开本租借地，那么他最好住在爱德华港而非温泉汤，以尽量减少搬运行李的忙乱。当然，此时他怀揣着把多萝西带在身边的希望。他们曾一起去北京；在那里，在她的良好影响下，"午餐和晚宴聚会无休无止。我这个老男人不得不变得随和、好交际，甚至还要唱歌！"[63]他继续对外界保守这个秘密，尽管3月在北京遇见骆夫人伊迪丝和玛格丽特时，他曾经对她们都讲过一点多萝西的事情。多萝西在船上遇见庄士敦时，她正前往中国准备同别人结婚。这件事令他担忧，就在那时，他给骆任廷写了信。或许正是这个原因，而非年龄差别，让多萝西不可能接受他的求婚。不管何种原因，那个月她拒绝了庄士敦的求婚，无法改变心意。

尽管信中充满了悲观主义色彩，庄士敦还是真诚地希望多萝西能够与他结婚。这是他人生中第一次向一位女子求婚；多萝西的拒绝令他难以承受。带着深深的失望他返回了威海卫，把自己关在政府官邸的客房中。十年后，她的拒绝仍然刺痛他；他伤感地写道，"他当时非常喜欢她，现在仍然是。她已经同别人结了婚；最糟糕的是，她现在很后悔，非常不开心。她目前生活在中国。我没有对其他任何人讲过这件事……我应该很喜欢有几个孩子"[64]。那时，他是如此哀伤，以至于形似生病。当时正同父亲骆任廷生活在一起的玛丽不得不照顾他数周。[65]他原打算在爱德华港工作，就是希望多萝西能够与他在一起，因为这里比偏远的温泉汤更适合一位年轻夫人居住。然而，当他康复后，便放弃了所有在爱德华港居住的念头，搬回僻静的温泉汤孤独地疗伤。

经历了这么多的欢乐，有着这么多的美好期盼，却眼睁睁地看着这一切化为乌有，其打击是毁灭性的。庄士敦显然难以接受多萝西的拒绝。只有一件事可以帮他避免陷入长期的绝望——那就是调往喀什。不久即可离开威海卫奔赴美好前程的希望，可以帮助他疗伤；在温泉汤静待了数月后，他再一次准备面对社会。

在等待喀什任命期间，他同时愉快地期待着临时代任行政长官一职，因为骆任廷要带着玛丽回英格兰同伊迪丝和玛格丽特相聚。然后玛丽计划前往巴黎开始她的歌唱事业。独自掌管租借地的机会一直是他心向往之的，他会珍惜这次挑战。但第一次世界大战于1914年爆发，骆任廷和他的女儿不能休假了，许多其他计划也成泡影。

在威海卫，无论官员的官方文件还是私人文件都很少提到中国革命。在中国其他地区当然不是这样，但即便在1914年的北京，情形也是如此，英国公使朱尔典甚至写信给玛丽·斯图尔特·骆克哈特，说天气如此之好，她应该考虑到北京来转转。[66]在第一次世界大战的头几个月，情形非常相似。来自威海卫的英国政府文卷现存于伦敦克佑的国家档案馆，它们有成千上万卷文档，但在1914年的那些文件中关于战争方面的信息却只有短短的一处。

1914年8月4日，英国对德宣战。尽管在威海卫的官方文件中对此连提都没提，但关于战争的传言却迅速传遍整个租借地。战争爆发仅仅四天后，庄士敦报告说，威海卫的中国居民告诉他"德国和英国的舰队都在公海上——显然互相寻找对方！"[67]本地兴趣当然集中在海军身上，因为这里是英国远东舰队的夏季基地。宣战后，舰队立即启航驶向公海。头几周里，庄士敦每天傍晚出去观察海面，寻找行动迹象："每天黄昏我都登上附近的一座山顶，从那里可以看到爱德华港湾和山东岬角，一两天前通过望远镜我似乎还能在岬角附近看到'敏捷'号和一艘大型巡洋舰……希望我们的战舰能够同这里的德国战舰较量一番。"[68]庄士敦对此特别感兴趣，因为他的朋友克劳福德上校在"敏捷"号军舰上服役。这是一个"打败德国人"的念头依然会激起大兴奋的时代。骆任廷的儿子查尔斯正在海军服役；他的父亲不知道他目前驻扎何处，自然为他担忧。庄士敦在信中试图安慰骆任廷，他写道："我希望他（查尔斯）会为自己赢得荣誉。许多颤颤巍巍都到了退休年龄却从未经历过一次海战的老家伙，一定非常嫉妒查尔斯这些人！"[69]这种宽慰之语反映了战争之初的普遍乐观情绪。然而，关于瞬间荣耀的一切想法不久成为泡影。

几个月来，人们已经很清楚战争不会一夜之间结束。当欧洲战争造成大规模伤亡的消息慢慢传入威海卫时，人们的情绪日益沮丧起来。玛丽在伦敦的朋友们发来的信件中生动描述了许多个人痛苦。她们写道，整整一代年轻男子牺牲在战场上，她们成为寡妇或失去未婚夫。玛丽本人也受到战争影响，她前往巴黎受训的计划夭折了。同样，骆任廷也失去了妻女的陪伴；伊迪丝和玛格丽特在战争爆发前刚刚抵达英国，整个战争期间不得不留在那里。

为了鼓舞玛丽的士气，庄士敦发给她一份开心小笺。小笺上，他对令人沮丧的形势轻描淡写：

我很遗憾，伯爵又一次让你担心；但你会很高兴听说库克不会再为我们惹麻烦了。一枚流动的水雷漂到山东岬角附近的岸边：她看见了它，以为是一盒巧克力或一箱杜松子酒（她不确定究竟是哪样，但希望是杜松子酒），于是持刀开始对它乱砍，这把刀是她在劫掠总督府时从青岛总督那里偷来的。遗憾的是，认为它是巧克力或杜松子酒的想法完全错了……爆炸前，她的最后遗言是"我用心良苦"。荣成县令把她葬在一个火柴盒里。这样做最大的优点是便宜，而且还是一具理想的棺材，可以轻松盛放她的小手指。爆炸的硝烟散去后，他们唯一能够找到的就是她的这节右手小手指。观众知道这是她的手指，因为上面还戴着一枚镶有红宝石赝品的锌戒，这枚戒指是伯爵去年从圣诞饼干中获得并送给她的。[70]

无怪乎玛丽·斯图尔特·骆克哈特喜欢他。

欧洲的政治形势让殖民部的职位变动计划，至少在短期内搁置一边。马继业原本在1913年就可以离开喀什，但最终同家人于1914年离开，随后被告知他需要返回那里继续履职。满满的希望突然之间破灭了，没有了可以留给庄士敦的总领事职位。除了抖落自己的失望包袱，他别无办法。无论如何，即便是那些远离不列颠的人们也在关注着战争，人人都意识到个人牺牲不可避免。庄士敦只有祈祷战争快点结束，以便最终可以离开这里。

除了这些个人牺牲外，欧洲的杀戮几乎影响不到他们。他们距离太远以至于感受不到任何不同。在中国，当务之急是日本的崛起和军阀割据所引起的日益加剧的乡间混乱。报纸带来弗朗德斯和法国战场的消息——因为那时没有电视或实时新闻把战争画面传播到每个家庭，所以收到相关报纸时，新闻早已发生很久。这种远离悲剧发生地的距离感不止局限在威海卫或者中国其他地区。即便在伦敦，生活也依然照常。正如一位当代观察家所写："实际没有轰炸发生，所有恐怖都发生在比利时或法国。"[71] 所以又过了几个月，大战才经过威海卫。

1914年11月，日本打败了在青岛的德国人并占领青岛。该事件引起一时轰动，但自此"青岛已经陷落，我们陷入可耻的宁静"[72]。唯有在财政方面，在威海卫的英国人几乎立即感受到战争的影响。由于按照银元支付薪水，他们遭到经济压榨；战争一开始，汇率就直线下降，直接导致他们的薪金大幅缩水。更糟的是，他们的所有供应都变得匮乏且极其昂贵。多年来，庄士敦第一次没有往母亲的账户汇钱。他写信给家庭律师解释说，他无力汇款，"我想，从经济角度看，我们这些背井离乡者比国内大多数人更加深受战争之苦，这里的所有欧洲物品价格都大幅上涨"[73]。

庄士敦的家庭事务全部通过罗伯逊律师事务所来打理。整个1913年，伊莎贝拉一直因为钱而烦扰罗伯特·罗伯逊。她说，她身体欠佳，如果能够移居到英格兰南部，那里温暖的气候会有益于她的健康。娜尼已经在伍斯特附近的珀肖尔租了一栋小屋，并劝说伊莎贝拉同她一起搬进去。伊莎贝拉相信这次搬家后她会得到很好的关照，于是打包行李并为她的新家添置了一些别的物件，搬到南方。仅仅过了几个月，这一安排就告结束。伊莎贝拉声称娜尼向她"误传"信息，并且由于娜尼的挥霍，她再次负债。娜尼已经告诉伊莎贝拉她正在写一本书，但来自珀肖尔的报告却是"自从我到这里，她没有写过一个字，也丝毫没有关心过孩子"[74]。庄士敦在前一年年底抵达英国前已经知道这个情况，但他没有打算去看望自己的姐姐或母亲。当他1913年年底在伦敦遇见罗伯逊时，得知他的母亲已经搬回爱丁堡的租屋，他寄给罗伯逊的钱已经清偿了她的债务。另外，庄士敦接着清楚地表明他不希望同家人取得联系。他似乎做了一个明智的决定。当战争让薪水贬值后，他无力再给爱丁堡寄去60英镑，而伊莎贝拉只会抱怨他缺少孝心，似乎一点儿也不担心他的个人处境。[75]

1914年在伦敦遗憾地开始了。这一年直到年底也没有什么快乐的事情发生。年底，庄士敦、骆任廷和玛丽在威海卫冷冷清清地进行一年一度的除夕聚会，他们一定都在想新的一年里会有怎样的恐怖在前方等着他们呢？

第八章

低谷期（1915—1918）

　　1915年，威海卫非常安宁，庄士敦申请休短假。骆任廷特向殖民部恳请，说庄士敦上次休假不得不早早结束，近期又一直生病。的确，他病情严重，不得不从温泉汤转到爱德华港来接受护理。在不到一年的时间里，玛丽第二次负责照顾他，当地医生缪特（Muat）为他治疗。病因无从知晓，但似乎是一种传染病，缪特在治疗过程中给他打了防疫针。病情非常严重，以至于庄士敦在将近两个月的时间里卧床不起。[1]

　　庄士敦很感激自己在政府官邸受到的照料，但当他1915年2月底返回温泉汤进行康复养病时，却惊恐地发现工作已经积压太多。尽管如此，他还是情不自禁地幽默了一把："我在爱德华港期间，这里的巡捕房至少接到7例自杀或自杀未遂案件。表面上这些案件源于家庭争吵等，但深层原因无疑是我的离开引起悲伤与惊恐！"[2]

　　尽管庄士敦的案头工作堆积如山，骆任廷仍然坚持让他休息。休假获得批准后，他于4月底离开租借地，打算前往中国各所寺院去。那时在中国任何地方旅行都很危险，虽然欧洲列强正忙于各自的战争，无暇顾及中国。然而，日本最大程度地利用这一局势，进一步扩大自己的影响。袁世凯依靠日本获得贷款来振兴中华民国疲软的经济，日本因此不断要求中国在金融和领土方面给予他们特许权。

　　1915年5月，中日之间的紧张局势达到一触即发的地步；庄士敦因为这种政治形势而滞留上海。最后时刻，袁世凯和日本人达成协议。庄士敦自是欣慰："很高兴中日之间的紧张局势得以缓解，因为数日来想去中国内地旅行似乎根本不可能，这里的领事馆拒签护照。"³危机化解后，他得以首次拜访东部海岸线上的一些寺庙。经过一个月的漫游，他在西山租了一座庙定居下来。在那里，他花了许多时间为自己寻找一处在中国的永久居留地。

庄士敦在住宿方面一贯幸运，他在西山的住宅也不例外："我在这里的住处令人着迷——在我的卧室后面数英尺外的岩石间有一道天然淋浴！宅内配有一个北京厨子、一个北京男佣和一个苦力。"⁴这是一个绝佳落脚点，在这里不仅可以恢复体力，还可以遍访四周。经过一个月的探访后，庄士敦发现，若想在这些山中觅得一处隐居地，还是有很多选择的。至7月初，他已从中优选出三处房产。第一处位于一座庙内："此处维护得很好，几年前一位太监用自己的部分辛苦所得对它进行了修复并终老于此，享有圣人之誉。"⁵

不过，这位太监的昔日居所比起庄士敦在宏乐山（Hongloshan）发现的这栋建筑，可就逊色多了，后者也在西山，距离北京也是一天的行程。"这是我在长江以北到访过的唯一一座寺院，寺里大约有50名和尚，全都是虔诚的佛教徒，怀有真正的宗教热情。寺院香火不错，维修良好，但僧侣们过着清苦的生活，其部分收入用于每日济贫舍粥，很多穷人在寺院门口的台阶上领取免费的粥食。"⁶庄士敦被其虔诚吸引，甚至参加了其中的一次诵经；僧侣们似乎同样被这位陌生的外国访客所吸引。尽管庄士敦注意到僧侣通常并不鼓励外国人进入寺院，但他的佛教知识，以及他对僧侣献身宗教的敬意一定令人印象深刻，所以他受邀"进入寺院并且可以作为客人长期住在那里。我可以拥有自己的厨师和食物（当然是素食），而不必交纳任何租金"。⁷这份邀请的确诱人，但他认为仅仅作为一名客人不是理想的长久居住之道，那样可能会限制他的独立性。

他所发现的第三处房产似乎最有前景，也在西山，并且售价仅有1 000元，庄士敦完全有能力支付："这座房子仅是一栋小破屋，需要推倒重建，但地产本身令人着迷。……经陆路，一天可抵达北京。这块地产植被茂密，主要种植着一些果树——樱桃、杏、柿子等树，一道水流自房后岩石间流出，从未干涸过。此地位于一片小山谷中，两边的山坡也包括在内。"[8]但在购买房产方面存在一个麻烦：当时除传教士外，不允许外国人在中国购买房地产。但他很快解决了这个难题，即安排"新男佣的父亲充当名义上的购买人，此人在附近拥有一处类似的房地产。我会'借钱'给他来完成这笔交易，然后他同我之间签一份私人契约，承认这笔欠债并在欠债存续期间允许我自由使用这块房地产。我知道这是解决此类问题的通常做法"[9]。

虽然前景听起来令人欢欣鼓舞，但这项宏大计划存在一个直接问题——法律因素除外——英国当局收到他购买这块房地产的申请时不予批准。在他们看来，这项计划不合法；庄士敦建议朱尔典就购买事宜接洽中国当局，但遭到拒绝。[10]庄士敦很愤怒，以为再也没有机会了。始终想助朋友一臂之力的骆任廷建议另辟蹊径。他知道自己的好朋友罗伯特·何东爵士，位于香港首富之列，曾经一直想在西山为自己买一块静居地。骆任廷建议庄士敦就此接洽何东。庄士敦最近刚刚在青岛见过何东，遂毫不犹豫地依计而行。他"构思了一封措辞严谨的信件，我认为这封信会表明我并非想攘夺他的百万财产！……他会发现我想以自己的名义购买这份房地产的尝试是值得称赞的"[11]。何东准备伸出援手，但命运再次向庄士敦收起笑脸。同地产主人的谈判失败，又过了几年，庄士敦才实现自己的梦想。

除了在西山寻找房产外，庄士敦还花时间打磨自己的方言。这里的方言不同于山东话，他很少讲，并且意识到如果想在西山生活一段时间，那么能够流利地讲当地方言便至关重要。因此他在休假期间雇用了只会讲北京方言的员工，并且写到"我一直在努力掌握知识……这是我在这方面的最佳机会"[12]。此后，他甚至把其中一位佣人领回威海卫，以提高自己的语言技能。关于离开威海卫后的生活前景在心中模模糊糊地酝酿了几年后，庄士敦最终积极筹划起来。他准备搬到中国乡间长久居住，他再次开始以中国食物为生。以前在温泉汤居住时，他一直保持吃中餐的习惯，但在爱德华港生病期间，欧洲食物是他的全部饮食。现在他准备重新拾起自己喜爱的菜肴："我在这里一直吃中餐，它很适合我，并且连炉火在内，每天花费不足40分！"[13]似乎没有什么能熄灭他对西山生活的热情；唯待战争结束，便动身前往。

战争消息并不乐观。事实上，庄士敦写道："形势令人沮丧、忧虑，我们经常谈论的最后胜利看起来遥不可及。这种想法似乎没有爱国心，但我忍不住钦佩德国人的勇气和耐心。或许他们会把我们全部击败，若如此，就该向大英帝国道声晚安了。"[14]此类观点早已过时，但庄士敦很少跟随潮流，总是有自己的观点。不过，他也充分意识到这种论调不合时宜，所以仅向骆任廷等几位亲密同僚倾吐衷肠。

威海卫由1915年悄然进入1916年。战争照常进行，好比中国南北方之间的派系之争永无宁时，但威海卫却丝毫不受影响。法庭工作依然忙碌如昔，数年如一日。村民在地产问题上继续吵吵闹闹，婚姻方面也纠纷不断。对于威海卫百姓的事务如此错综复杂，庄士敦不得不苦笑置之。他很少同骆任廷讨论这些诉讼，除非是足够有趣的案件。有一次，他必须对自己的助手张进行惩戒，因为他卷入了貌似迷宫般的关系中：

> 这涉及一个女人——一位男子的妾。张显然想得到她，就给我写了一封请愿书。据说您的王姓文书想给自己找一个女人，便委托张去寻找。于是张就盯上了这位女子，认为她跟王非常般配。接下来，在我还没有裁决这个案子前，他就把这位女子引到自己家中，向她说了这件事。然后他向我递交了这份请愿书。我对此很严厉，让他在法庭上很丢面子。[15]

诸如此类的小事占据了庄士敦和骆任廷的日常工作，打破了第一次世界大战和中国革命期间威海卫生活的单调乏味。

这真是一种奇怪的存在。此时，中国境内一片混乱，数百万青年男子正牺牲在欧洲战场，威海卫却继续酣睡，仿佛它不是这个世界的一部分。对庄士敦来说，生活的亮点是去官邸拜访或者骆任廷爵士和玛丽到访温泉汤。庄士敦特别喜欢招待他们，经常对他们的到访致函表示感谢：“我发现自己总能从您的来访中获利满满，因为您总是留下一大堆丰盛的蛋糕！甚至连柠檬皮蛋糕也散发着令人愉快的香味。”[16]柠檬皮蛋糕是骆任廷家人和庄士敦之间存在已久的一个玩笑。骆夫人对自己的柠檬皮蛋糕尤为自豪，庄士敦对此则一直毫不掩饰自己的不喜欢，尽管他在官邸受到多年哄劝。

此外，令人兴奋的是，有时庄士敦会收到一捆新书或偶尔收到一包英国来信；有时租借地本身也会发生一点趣事。1916年初，一条约70英尺长的大鱼被冲到海岸上。庄士敦下令把鱼的骨架保存起来，留待他闲时好好研究一番："人们不晓得这是何方怪物，都说这是他们此生见过的最大的一条鱼！这几天我打算去看一看，并且对它的残余部分拍张照片。鱼肉已被成群的村民一抢而空，数日来他们一直在打这条鱼的主意。我认为这是一条龙，但我的看法似乎得不到普遍认同。"[17]这条神秘的海兽虽然一直未被破解，却为村民带来了几日盛宴。

自从庄士敦丢掉他的喀什职位，两年时间已经过去了。骆任廷感觉现在应该再帮一帮庄士敦。1916年春，他给殖民部发了一封函，催促他们考虑一下威海华务司的晋升问题。[18]过去每当他为庄士敦提出此类要求时，伦敦官员总是予以拒绝。现在他们的态度隐约发生了变化，尽管他们仍然视他为"聪明的怪人"。这种变化或许是因为把他同克莱门迪进行比较，后者的殖民事业已远远冲在前面。他们温和的腔调在一份便笺中表现得尤为明显："他是一位非常能干的官员，特别喜欢并擅长与华人打交道。如果骆任廷爵士离任，他会成为一名出色的威海卫行政长官。同时，他也不应该失去其他任何机会。"[19]

当然庄士敦对这些看法并不知情，以为他们还像两年前一样，"为什么威海卫官员得不到晋升，我的看法是威海卫事务由殖民部低级官员负责，他们自然无权推荐晋升人员名单，而那些有权的要人则根本看不到我们的名字"[20]。他虽然不知道骆任廷早已将请求发出，却听到一些奉承话：行政长官对他评价甚高并且公开这样讲。不过，庄士敦"对他们要给我的职位一头雾水！因为你知道我并不想被派往非洲或者说中国内地之外的任何地方，并且香港又没有合适的职位给我"。在不知道同殖民部之间达成的协议前，他继续说："如果他们将您提拔为总督，留下我来掌管威海卫，那倒很适合我。"[21]他要等待十几年才能实现自己的夙愿。

尽管伦敦官员已经通过了和解备忘录，但不出所料，骆任廷收到的仍然是一份空洞答复。对此，庄士敦并不沮丧，因为他认为自己像骆任廷一样已经错过了最佳晋升期："我已然成为一名落伍的老朽，真正好的升迁不会发生在我的身上。总体来看，我倒是希望殖民部不要在战争结束前为我提供任何机会；我可以考虑一下自己的财务状况，决定是否冒险离职。"[22]

尽管战争影响了他的薪水，但他在香港的股票市值持续见长；至1916年，他的手头比较宽裕，其投资收益能够承担他的所有花销，但购买大量书籍除外。因此他乐观地确信：战争结束后，他可以退休至中国的一处静修之地，吃素食，靠积蓄为生。股票的增值甚至允许他为自己购买一台打字机——这件奢侈品他已经关注一段时间了。1916年3月，这台打字机抵达；他用这台打字机写的第一封信是发给骆任廷的："沃金肖女士说这台打字机让她头疼，但我已经告诉她必须同它团结，否则她就去爱德华港生活吧。"[23]在此之前，他的所有信件都是手写的。他的书籍手稿也一直都是一笔一笔费劲写出来，然后再誊抄一遍发给出版商的。有了打字机后，他的生活将发生彻底改变；从那时起，他尽可能使用打字机。

一旦财政状况好转，他就重新开始给爱丁堡的母亲寄钱。但他没有因此得到任何感激，伊莎贝拉仍旧抱怨缺钱花，娜尼甚至问罗伯逊：庄士敦是否也能供养她？他拒绝了。他的家人犹如系在脖子上的石磨，令他沉重不堪。1916年6月，当母亲去世的噩耗传来时，他并没有陷入悲伤。6月初母亲就病了，搬进玛丽女王看护院仅仅一周便去世了。她一直过着难以负担的铺张生活，直至生命结束。看护院为那些担负不起高额私人看护费的病人而设；即便如此，其收费还是超过了一个普通人的周薪收入。罗伯特·罗伯逊按要求为此付款，他不能拒绝伊莎贝拉的最后请求，尽管她的大部分财产已经被典押，负债颇多。6月22日她在玛丽女王看护院去世。[24]

　　鉴于娜尼在英格兰，泰迪和庄士敦在海外，所以一切必要之安排都由罗伯逊负责。基督教堂的布莱克（Black）牧师主持葬礼，仅有少数人参加。伊莎贝拉的孩子中只有娜尼到场。简单的仪式同14年前她丈夫去世时形成鲜明的对比。这次没有宏大的教堂布道抑或复杂的礼仪程序，仅有几位家庭老友前往墓地。

　　葬礼后的数周里，罗伯逊代表死者家人处理伊莎贝拉的各项事务。庄士敦对此尤为感激："我深深感谢您在我父亲去世后为我们所做的一切慷慨付出，我非常清楚自己永远也无法对您进行相应的回报。"[25]清理个人财产是一件令人伤心的事情。伊莎贝拉的所有珠宝都已被典押，其遗留债务几乎用光了她存在罗伯逊那里的所有钱财。一切额外花销由庄士敦承担，他甚至还赎回了母亲的一枚戒指，因为娜尼想拥有它。泰迪赎回了一座铜马车时钟，这是基督教堂唱诗班多年前送给父亲的。[26]庄士敦则什么都不想要："这些物品对我来说没有任何特别意义，我不想为自己赎回其中的任何一件。"[27]在他心中，一个章节已经永远结束了。娜尼最后一次尝试联系他，因为"母亲去世了，他和泰迪又远在海外，这让她感到孤独"。她请求他至少给她写信，可他的答复同六年前给泰迪的一样："我看不到现在开始这种通信有什么意义，因为我们都已经人到中年。"娜尼无法理解弟弟的反应，写道，"他是如此古怪"。但至少庄士敦的信件让她最终明白了他无意再收到她的来信。[28]

　　此后，罗伯特·罗伯逊给庄士敦发过财务信息，但没有提到任何一位家人，尽管他个人认为娜尼的状况"糟透了"[29]。这些年里，他发给庄士敦的其他消息一味令人沮丧。罗伯逊的一个儿子在法国牺牲，他发往中国的每一封信中都有新人死亡的消息。至1916年，一位朋友已经失去了他在法国的两个儿子，还有两个儿子仍在那里战斗。罗伯逊写道，其他朋友也经历着相似的悲剧。庄士敦无以回复，唯有表示同情，并因杀戮远离自己所在的这个小小角落而心怀感激。

　　尽管来自英国的消息是如此冷酷，但从其他地方传来的战争消息间或让他微笑。布莱克夫人目前住在爱尔兰，一直与他保持联系，她的来信总是让他开心。他曾经给骆任廷发过一封信："布莱克夫人显然一直未变。她采取措施减少开支……说明她极其严肃地对待战争。如果德皇听说布鲁吉斯（Bluggins）夫人着手准备日后用自家果园里的苹果和桃子来喂养家人，他肯定会立刻认输！"[30]

中国当然也正以另外一种截然不同的方式遭受着苦难。日本对中国的威胁正发展成为一种真正的危险。自从青岛在战争开始的最初几个月里沦陷，英国就一直清楚日本的危险性。那时，伦敦的外交部担心德国失掉青岛可能会导致威海卫交还中国的问题会被再次提出。数年来，英国几乎没为这块租借地做点什么，但战争将那些伦敦要人的头脑聚集在一起。1915年，决议认为：英国应当尽可能保留威海卫，因为伦敦方面相信这是一块好地，据此可以留心观察日本的未来侵略动向。多年来，这是英国首次就支持该租借地发出积极声音。[31]

随着时间的推移，日本向中国提出了越来越多的要求，英国驻华人员感受到了这种真实的恐惧。庄士敦的观点原本逐渐变得相当亲日，视日本为成功扭转德俄侵华局面的一支力量。但随着战争在欧洲蔓延，日本利用那里的混乱形势增加自己在中国的势力，甚至连庄士敦也开始担忧："日本正对中国图谋不轨，但中国显然无力参战，并且要这样做也是很不明智的。"[32]这种威胁并没有减轻，至1916年，英国驻威海卫当局颇为担忧地得知山东可能很快将置于日本的实际保护下："如果山东真正成为日本的一处保护领地，我想我们越早离开这里越好。"[33]以下传言并非捕风捉影：为换取借款，袁世凯已经将该区域的大量权利签让给了日本，尽管实际入侵并未紧随其后。不过，庄士敦的担忧是正确的，即日本的对华侵略在随后的许多年里会不断加强。

中国的内部政治也令人担忧。1912年，南北派系之间经过多次谈判，原清朝北洋军队司令官袁世凯被选为民国总统。这一任命得到大多数驻华欧洲人士的欢迎，他们相信袁世凯是这个国家中支持欧洲政策的最佳人选。进行选举，产生议会，皇帝退位后的短短数月时间里，似乎各种迹象都表明中国将获得某种稳定。可惜这种稳定只是昙花一现。至1912年夏天，袁世凯和政府发生争执。他冷酷地紧抓权力不放，到

1913年已经成为这个国家的实际独裁者，只缺正式名分而已。庄士敦之所以对这些事件特别关注，源于他同莫理循之间的友谊。莫理循在袁世凯身边工作的四年中，偶尔会与庄士敦通信。每次庄士敦到北京，他俩都会见面。鉴于这种联系，庄士敦起初支持袁世凯也就不令人惊讶了，然而袁世凯的行为很快就改变了庄士敦的看法。

袁世凯及其支持者统治华北期间，孙逸仙的支持者仍然是南方的主要势力。袁世凯尽一切所能打破那种权力制约。当孙逸仙1913年逃往日本时，袁取缔了孙创建的国民党。为加强自己的权力基础，袁在1914年解散了省议会，甚至后来短暂称帝。其时，庄士敦对袁及其政策丧失了全部信心。没过多久，袁被迫撤销皇帝称号。庄士敦读到宣布结束帝制的这份告示后，评论说："我想，他会发现自己的声望自此受到无可挽回的损害，或许他不得不自杀。"[34]此后不久，即1916年6月，袁世凯去世。庄士敦希望他的死能够"廓清中国局势。我认为这不是一件多么令人遗憾的事情"[35]。

遗憾的是，庄士敦不认为南方党派切实可行。庄士敦所希望的是，保留儒教传统，实行宗教宽容（尽管他从未阐明自己是否准备将此信条扩展至传教士！），在宪法的框架下改良君主立宪。尤其是，他希望中国能够重拾昔日的光荣与地位——骆任廷也是所愿如此。庄士敦甚至开始创作一本关于中国形势的书籍，题为《中国的皇权与民主：君主主义与共和主义之争的原理探究》（*Kingship and Democracy in China: A Study of the Principles underlying the Struggle between Monarchism and Republicanism*）。他从未能结束这本书的写作。每当他认为就要结束时，政治形势总是又一次发生重大变化。[36]

随着袁世凯去世，中国陷入更深的混乱中。一大群军阀借机在北方各省划分势力，而国民党则继续争夺整个南方的控制权。尽管威海卫边界的骚乱事件显著增加，但本租借地仍然保持明显的和平局面。的确，1912年至1917年间，本地区没有发生任何重大革命活动。这证明了政府和民众维持威海卫和平与安全的决心，但这不会无限期地维持。

整个1916年间，从欧洲传来的消息依旧令人沮丧。庄士敦及许多其他人对战争结束已经不抱希望。骆任廷依然深信"德国终会被击败"。庄士敦对此缺少信心，但又不得不向骆任廷承认"总体上，我认为您的乐观主义比我的悲观主义更有道理"[37]。庄士敦并不是亲德派——每当听到协约国方面胜利的消息，他同英国社区的其他人一样欢呼雀跃——但他的确担心经过两年漫长血腥的战斗后，协约国是否会有真正进展。

随着中国革命、"一战"和日本侵略三方面的威胁向他们压来，庄士敦和骆任廷不可避免地对未来感到迷茫。这不是一个可以畅怀乐观的时刻，战争为这两人带来了许多变化，甚至连庄士敦在温泉汤的单身汉生活都受到了影响。战争期间的几个夏天，许多在中国内地和香港工作的不列颠人无法回国休假。相反，他们临时造访威海卫，在这里至少可以享受海边宜人的气候。令庄士敦大为懊恼的是，大量这样的访客最终都会到他的家中做客。

1916年夏，他倍加珍惜的隐居生活几次被这样的客人打断。这不仅给他个人带来不便，而且也带来了极大的家务麻烦。他的需求不大，似乎也不介意自己是怎样生活的："遗憾的是，我的嗅觉和味觉很糟糕，无法判别食物的好与坏！我认为井中的水质也远远谈不上好。"[38]尽管他可能一直庆幸自己体格强健，但显然还是要小心翼翼地避免客人遭受他每日面临的风险。一辆马车原本可以从爱德华港为他带来新鲜食物，但路上需要5个小时，这在炎热的夏季任何肉类或鱼类运到温泉汤后都会变味。因此罐装食品成为大部分客人的一日三餐，对于蛋糕之类的点心，客人则会从爱德华港自带一些过来。尽管如此，很多人还是愿意跑来看他，但许多人来了第一次就不想来第二次，因为"这里整天除了香肠和肉汁，别无其他食品"[39]。庄士敦发现"这种社交活动令人焦虑不安"[40]，自然希望客人来一次就可以了。

他的生活因佣人的偷盗行为变得更加困难。当发现佣人"从我这里偷取煤炭、大米和各种零碎东西时……我派孙洪义（Sun Hongyi）去佣人家中查看。孙在那里发现，除了煤炭外，还有盘子、盒子等各种各样我的东西"[41]，这也说明直到巡捕向他报告这个盗贼，他才意识到自己的东西丢了。庄士敦的家事能力虽然一般，但工作方面他却很快发现自己法庭上的诉状代笔人在那个夏季一直假公济私。辞退这两人后，缺少助手帮忙，庄士敦的境况更糟了。[42]

其他消息令人高兴，但也同样令人不安。1916年7月，当他听说克莱门迪被授予最低等级圣迈克尔和圣乔治勋爵称号（CMG）时，他为朋友感到高兴，认为"他早应获此殊荣了"。[43]但同时他也禁不住口吐悲言："克莱门迪是一位代理总督了，我还是一名卑微的小吏！"[44]不管他多替克莱门迪高兴，庄士敦自身还是难以振作起来，他"厌倦一切事物，特别是工作的单调乏味"[45]。

1916年年底，庄士敦被迫离开温泉汤，返回爱德华港。因为朱尔典再也无法从领事机构中抽调人员来协助本租借地了，所以骆任廷不得不向殖民部汇报，他正要把庄士敦"调离乡间"，留下大片租借地无人管理。[46]殖民部无法很快解决威海卫的人手问题，但是行政长官的函件为庄士敦带来了一些好评。现在他被认为"是一名非常能干、不辱使命的官员，这些年来一直坚守在威海卫……我们必须尽早晋升他到别处工作"[47]。这是多么讽刺呀！当殖民部作出如此评断时，正是庄士敦决定欧洲战争一结束，他就要离职而去的时候。

1916年夏，他所忍受的社会环境一点儿也无助于改善次年他在爱德华港的境遇。在温泉汤，受环境所限，生活相对来说比较自由。在爱德华港，即便不在自己的家中招待，他也不得不参加官邸宴会，这需要遵守海外英国政府所在地的礼节。1917年的夏天颇为炎热，这无助于改善庄士敦的脾气。一天晚上，他显得格外心烦意乱，以至于骆任廷第二天问他是否一切安好。庄士敦的复函让他确信，就庄的身体而言一切都好，但心烦意乱更为严重："我开始明白，正在推毁英帝国的不是德国人而是我们自杀式的传统！这些传统中，我们的礼服是罪大恶极之一！"[48]无穷无尽的欧洲食物加上硬挺的衣领让他越来越难以忍受。

不久，摩斯被临时调派到威海卫，但是1916年底英国政府决定招募华工去法国服务，摩斯便终止了在威海卫政府的工作。[49]协约国想招募15万人组成华工队到前线去从事苦力工作。威海卫是他们的出发港，成千上万名华工，主要来自山东省①，大批涌进爱德华港，签了三年合同。大量华工让这个小小的行政机构应接不暇，所以摩斯被调到华工营协助华工登船工作，留下庄士敦一如既往地加班加点。[50]

庄士敦负责处理诉讼案件，对于诉讼数量他很少抱怨，但现在显然多到难以忍受，不得不向殖民部汇报："民事诉讼量实在巨大，其中很多无疑是些琐碎纠纷，但大量案件需要灵活应对、富有耐心，还要通晓中国法律、风俗和语言。"[51]骆任廷对此表示支持并且另外附函一封要求对庄士敦的薪金进行复审。其时，两人并不相信该要求会得到批准，所以如果他们得知伦敦方面正有此意，一定非常惊讶。伦敦方面决定让财政部给他增加150英镑的年薪，因为"庄士敦先生在威海卫工作这么多年却没增加过一分钱的工资，而同期的官员虽然并不比他能干多少，薪金却遥遥领先"[52]。庄士敦之所以得到加薪，是因为他承担着本租借地主要工作这一事实得到认可。然而，这对他来说并无多大区别。即便在爱德华港，他也依然保持节俭的生活，尽管饮食现在更多样一些，以前在温泉汤这是不可能的。

威海卫生活多年平静无波，实在料想不到革命活动会在这里出现。1917年年底，庄士敦收到一封匿名信：一个国民党小团伙在威海卫举行秘密会议。国民党显然正在策划对附近的文登城进行一次袭击，"意在将其作为南方共和党对抗北京政府的前线基地"。庄士敦立即对开会场所实施了一次午夜袭击，逮捕了几名策划人员，其中包括"孙逸仙的一名私人朋友"[53]。庄士敦对南方领导人的描述无疑证明了他的立场所在。

除了本职工作外，庄士敦还利用他在爱德华港的便利条件尽量为骆任廷分担一些工作。骆任廷越来越容易生病，不管是普通的感冒还是痛风。女儿玛丽去上海进行腹部手术时，他的身体更虚弱了。手术虽然取得了成功，但女儿的康复期延长了。骆任廷独自一人留在威海卫，没有妻子的照顾，玛丽的健康令他焦虑不安。庄士敦虽然尽其所能支持自己

---

① 译者注：根据英租威海卫政府1918年年度报告，从威海卫港出发的华工2/3是直隶人，1/3是山东人。

的朋友，但毕竟能力有限。不过，令人宽慰的是，他成功地说服骆任廷申请假期，一旦玛丽康复，便可以陪她度个假。

1917年11月，骆任廷和玛丽离开租借地前往香港和孟买等地，在孟买玛丽将见到未婚夫戴维·乔尔。出发前，骆任廷为庄士敦写了一封重要的推荐信。美国哥伦比亚大学的汉语教授一职出现空缺，他说服庄士敦申请该职位，并写信给一位相关朋友来推动这件事。这是一封热烈的推荐信，举荐人在华40年，熟悉期间的每一位有影响力的驻华欧洲学者。骆任廷这样评价庄士敦："他是我所遇见的最能干的人员之一……大多数汉学家只精通某一领域，而庄士敦不仅擅长汉语而且通晓文化，集诗人、哲学家和管理者于一身，这非常难得。"[54]庄士敦的申请虽然没有成功，但是朋友的推荐彻底"征服"了他，给他以巨大的信心与勇气。[55]

骆任廷离开租借地让庄士敦第一次有机会代任行政长官。他愉快地接受了这次临时晋升，尽管这意味着他不得不早起开始自己的工作，以便每天下午去行政长官办公室履行公务。此外，他还要参加需要行政长官主持的各项社会活动。尽管以前对正式宴会充满抱怨，但庄士敦现在发现自己乐于做东道主："圣诞节的晚上，我举行了一个16人的晚宴聚会，下周我要进行两次宴请。……1月2日，我还要举办一次儿童聚会！在那之后，我要宴请全体外国侨民（包括传教士）。"[56]

庄士敦打算专门为孩子们举办一次晚会的想法，并不令人奇怪。他一贯擅长同儿童交往。骆任廷家的孩子们年少时，他经常给他们讲各种各样的故事。在北京访问英国公使馆期间，他为那里的孩子组织了足球赛。为了让孩子们高兴，他经常假装自己太老了，已经支撑不了整场比赛。[57]作为政府主管官员，他因此下令年初将为当地儿童举行一次聚会。庄士敦愉快地避开了连续数周的成人环境，自然在聚会上成为孩子们的明星人物。

庄士敦有条不紊地承担起行政长官的官方文牍工作，并利用这次暂时的升迁机会向殖民部"大量汇报威海卫在行政管理方面引起的普遍不满"[58]。他充分利用手中现有的权力。他知道，骆任廷在威海卫已经心灰意冷，近几年并没有把租借地的这种现状充分反映给殖民部；他不想让自己手中的机会溜掉。他用文件轰炸伦敦的"阴谋"在一定程度上奏效了。几个月后，官员们发现"该租借地的真正需求和实际环境从未被准确表述，这就是为什么那么多很久以前就应该完成的工作却一直没有去做"[59]。庄士敦并没有用外交辞令来充实他的信函。一位官员读完庄士敦发来的一封函件后写道："由于国内政府的经济原因，威海卫的行政管理对英帝国来说实在是一项耻辱。如果生活在中国，居民至少也会选择离开威海卫。"[60]考虑到中国当时的军阀割据状态，这显然有些夸大其词，但庄士敦严厉的语言至少让殖民部多年来第一次开始考虑这块租借地。

庄士敦的信函令人印象深刻，殖民部鼓励他把战争结束后英国可以把威海卫归还给中国的想法说出来。他尽可能快地力促这件事，争论到"尽管威海卫在对俄战争中可能对不列颠大有用处，但在对日战争中却没有什么价值"，并且他认为"通过我们占领威海卫并不能增加不列颠的声望"。他借机对那些负责人员指指点点，抱怨说：尽管"德国人和日本人在大部分行政事业中一直不断前进、富有远见、高效而又严密"，在威海卫"英国政府……把所有其他考虑都置于经济考虑之下"，这给本租借地带来了极大损害。他粗暴地反对本国政府，建议至少应该将租借地的大陆部分归还给中国。[61]庄士敦确信英国在威海卫的政策非常糟糕，他的话击中了伦敦政府。

一年后，庄士敦颇为惊讶地发现，殖民部已经决定采纳他的建议。朱尔典爵士支持庄士敦的动议，即把租借地归还给中国；在大战结束后，将朝这个方向迈出第一步。至1919年春，庄士敦写道"这是把它交还给中国的一个好机会"[62]。遗憾的是，在殖民部决定归还威海卫时，中国政府陷入混乱之中，以至于英国又继续统治威海卫十年。

庄士敦等了这么久才掌权，所以他要充分利用手中暂时的权力。他刚刚树立的威信表明他思维敏捷。如果一个人将近14年被阻滞在威海卫，那么他通常会单纯按照租借之初的老模式维持该租借地的运转就行了。多年来，庄士敦看到该租借地的资金是如此匮乏，每盎司的潜力都被挤压出来。这一情况令人沮丧，骆任廷早已接受了这种现状，但庄士敦不想忍受这种折磨。一旦有机会，他就利用各种强大的行政权力，想方设法进行反击。在他短暂掌管该租借地期间，殖民部才明白他们在这里拥有一位颇具才干的官员，他们对庄士敦的看法也于近期才开始得到修正。坏运气和环境等因素让庄士敦陷入他原本不需长期忍受的工作生活中——一旦伦敦意识到这一点，事情必定会发生改变。

官方对他的态度发生转变的第一个标志是，庄士敦在1918年春荣获（第二等）的高级英帝国勋爵士（CBE）称号。这一荣誉虽然低于克莱门迪和他的老对手沃尔特所获得的荣誉，但至少是对他工作的某种认可；当骆任廷将这一荣誉颁发给他时，他骄傲地接受了。这不是他的第一份荣誉。1916年，他和骆任廷被新成立的香港大学授予荣誉学位。他俩很高兴获得这项荣誉，但对数月后仍然没有收到证书感到非常困惑。骆任廷写信询问香港大学，才得知荣誉学位不得缺席授予。这产生了一个大问题，因为大学授奖仪式举行时，无论骆任廷还是庄士敦在香港的概率都非常小。事实上，骆任廷1918年同玛丽去香港休假时才获得他的博士荣誉学位。可怜的庄士敦一直等到1929年才收到他的学位证书，尽管1917年他认为"如果我们两人都拿不到学位，那实在是最糟糕的事情了"[63]。

1918年5月底骆任廷返回威海卫，但庄士敦继续留在爱德华港，以弥补行政管理人手之不足。1918年8月，香港大学副校长一职再次出现空缺。庄士敦没有被荣誉学位方面的惨败吓到，在骆任廷的支持下，他申请填补副校长空缺。当时还在职的艾略特（Elliot）也推荐庄士敦，但是即便这么强有力的举荐，大学当局还是拒绝了他。庄士敦相信，如果他被任命，"传教士们会狂怒地尖叫，虔诚的梅即便不会加入尖叫行列，无疑也会向暴风雨屈服"[64]。梅那时已是香港总督。庄士敦非常现实，他清楚自己日益强烈的反基督教观点不利于他竞选该职位。

《飓风》出版后，庄士敦没有结束对传教士——特别是全能的中国内地会的嘲讽。1917年，他的又一个机会来临了，当时他收到山西省的一位前任传教士史密斯（Smith）牧师发来的一份通函。史密斯牧师

"因其'来世论'观点而被要求退出教会——换句话说，他拒绝相信存在永恒的地狱"[65]。庄士敦禁不住回复了一两次。通信始于1917年的初夏："我忙于给那位山西传教士写信（意在将来出版），该传教士同中国内地会争论永恒地狱问题！我向他建议我们应当通过信件讨论这个问题，然后以出书的形式发表这些信件。我的第一封信已经写了14页，但还没有结束！"[66]他总共给牧师写了8封"地狱"信件，1918年他设法发表了这些信件。沃茨出版社曾于1911年出版了他的《一个中国人对基督教世界的呼吁》一书，现在又同意出版他的新作。这本书很薄，内容也没有超出当代宗教争论的范畴，但读来有趣，从中可以了解庄士敦在基督教方面的观点。他在谴责在华传教士方面相当自负，谴责他们中间存在着"一种被开明的基督教界断然否定的荒谬教义"[67]。他要求对中国内地会及其教义进行调查，这显然难以提高他在中国内地和香港传教士中本已很低的声誉。一如从前，庄士敦毫不在乎他们对他的看法。

在威海卫，伴随暑热而来的是常见的天花和伤寒瘟疫。虽然庄士敦定期进行疫苗注射，幸运地躲过了大多数疾病，但还是染上了严重的痢疾。他被带到刘公岛的疗养院进行治疗，并在那里住了几个星期。尽管庄士敦抗议说，"我认为回去工作丝毫不会影响我的健康"[68]，但骆任廷仍然坚持让他在康复后休假一段时间，以充分恢复体力。战争岁月对所有人来说都很艰苦，但庄士敦尤其负荷超重，长期埋首于官方文牍中，早就应该进行彻底休息了。庄士敦没有太多抱怨，接受了他的开拔令，答应同威海卫保持联系，以防香港大学职位通知在他离开期间抵达威海。

1918年9月，他开始在天台周围的乡间尽情漫游，在那里"访问了我以前到过的所有地方，并发现了其他许多新地方"[69]。愉快的休假结束后，他再次回到普陀山。在岛上仅仅住了一周，庄士敦便收到骆任廷的来信，信中提到香港大学决定仅任命一名大学副校长代理，庄士敦有可能获得该职位。然而，大学本身并没有寄来任何信息，庄士敦猜测"校委会的决定可能被大学理事会否决，代理一职已经另有人选。这令人遗憾，但我已经习惯了与好事失之交臂，所以并没有太多悲伤"[70]。

这次旅行他仅带了一名佣人同行：这位赵姓独臂男子是威海卫医院的一名护工。当他们抵达普陀山时，赵立即宣称，"他的心已经进入了普陀山的禅定状态，因为他视观音为自己的保护神"[71]。庄士敦被他显而易见的信仰所打动，没有进行任何阻碍。但在赵即将成为一名僧侣前的那一天，庄士敦不得不阻止了他试图迈向僧侣生涯的举动。他发现：

赵一直冒充自己是一名医生——宣称他在缪特手下学医并取得行医资格！看起来他非常渴望成为一名僧侣并进入普陀山的一家寺院，但这些寺院全都拒绝了他，因其只有一只胳膊。不过他假称自己精通西医，在医疗看护方面会很有用。寺院相信了他的陈述（没有人能考察他是否合格！）并同意接受他。[72]

庄士敦听说赵的事情后勃然大怒。他命令赵返回威海卫，并向僧侣们戳穿了他的谎言。赵很沮丧，立刻离开了普陀山。在这种情况下，庄士敦认为几天后自己单独离开该岛比较合适。

11月份庄士敦在上海，这时传来了德国投降的消息。协约国的胜利让他同大家一样欢呼雀跃："这个战争消息实在太棒了，我激动得无法进行太多工作……我希望留在上海，分享大家的快乐。作为一名悲观主义者，我显然比您这位乐观主义者更加激动！"[73]他参加庆祝活动，连续数天陶醉于"上海社交旋涡中"。谢天谢地，杀戮终于结束了。[74]似乎有无穷无尽的活动与宴会需要参加，庄士敦同大家一样情绪高涨："缪特关于我应当喝得烂醉的建议几乎得到全面执行，除了有几次未能充分执行外！我已经适时品尝了您推荐的波尔图佳酿。还有，我都快成为一名鸡尾酒鉴赏家了。所以如果我返回威海卫时已经酒精超标，希望您不要责怪我而要责怪我们的政府医官！"[75]骆任廷自然理解庄士敦的欢欣，因为他本人甚至有更大的理由需要庆祝。整个战争期间，他的儿子查尔斯都在海军服役，目前安然无恙；他的妻子和女儿玛格丽特于那年年底返回威海卫。有几个英国家庭能有如此幸运，骆任廷倍感庆幸！

对于世界各地的不列颠人来说，战争结束就像是一次新生。庄士敦也将借此考虑是否永远离开威海卫。但就在庄士敦准备考虑将来出路时，他接收到一份极其诱人的工作。民国总统徐世昌已经决定为中国皇帝溥仪聘任一位英语老师，经过几个月的谋划，向庄士敦投出了橄榄枝。李经迈生活在上海，他代表总统同庄士敦进行接洽。该职位极具吸引力，单纯薪金一项就是庄士敦在殖民部收入的4倍。多年来他一直想在威海卫之外寻找一个职位，现在这个千载难逢的机会终于降临到他的身上。

庄士敦尽管颇为心动，却不能立刻表示同意。他是一位英国官员，聘任必须通过官方渠道进行，因此李经迈不得不同北京公使馆的朱尔典进行正式接洽。在等待回复期间，庄士敦返回威海卫。在威海卫他受到骆任廷夫妇及其女儿们的欢迎。这是这个家庭多年来的第一次团聚，庄士敦用自己独特的方式对夫人、小姐的回归表示祝贺。他发表如下声明：[76]

"威海卫妇女投票"协会

大纲

赞助人

沃金肖女士、邓巴顿伯爵夫人和巴布利乔克斯男爵夫人

主席

骆任廷夫人

荣誉秘书

玛格丽特·骆小姐

抗议和扔酒瓶委员会女主席

玛丽·骆小姐

法律顾问：卡普梅尔先生

鼻饲法主任：缪特医生

为妇女投票

希望加入该协会的女士们和先生们，请把你们的姓名和地址寄给荣誉秘书；
把你们的会费和捐款寄给温泉汤的华务司。

年会费：100元

终身会员资格：5 000元

当骆家女士——特别是妇女参政权论者玛丽——看到庄士敦为他们拟写的这份告示时，不可能无动于衷。

政府官邸的轻松快乐有助于庄士敦暂时将注意力从帝师之事上转移开来。在令人煎熬的数周后，朱尔典考虑完毕，正式聘函终于抵达威海卫——这是庄士敦所能盼望的最好的圣诞礼物，他决定立即接受这份聘请。然而当一切必要之电报和密码都准备就绪后，他作出了一个不同寻常的举动。在他接受这份工作前，他感到应当给骆任廷写封信，因为他相信"这个职位或许您本人愿意接受"[77]。庄士敦给骆任廷写这封信前一定考虑再三了。骆任廷将要从殖民部退休，可能会认为在宫廷中结束自己的中国生涯是一个恰当的结局。这是挚友之举，但当庄士敦听到骆任廷无意前往北京时，无疑松了一口气。电报发出去了，1919年庄士敦将在他做梦也想不到的帝师职位上开始新生活。

144

第九章

紫禁城（1919—1920）

庄士敦将担任溥仪帝师的消息在北京和伦敦的英国外交界引起一阵骚动。英国殖民部就该任命是不是一件好事曾犹豫过，但外交部从一开始就非常热情。他们相信溥仪很有可能会最终完全恢复王位，所以这将是一名英国官员能够接近他的"极佳机会"[1]。打败德国人的长期斗争已经用光了不列颠的大部分资源；在这个过程中，它已经失去了对其他在华西方势力的影响。庄士敦的任命被视为恢复这种平衡的一种方式。外交部是如此急切，以至于准备把庄士敦借调至外交部以便担任帝师一职。这种安排对殖民部产生了一定的影响，促使他们不再在这个问题上犹豫不决。[2]

在所有外交活动中最不寻常的是，没有人质疑庄士敦是如何或者为什么被选中。徐世昌总统"格外关注这位少年皇帝"，视自己"为他的保护人"，他是设立该职位的主要提议者。[3]徐总统本人曾是一位帝师，1918年秋刚当选为总统，他就动议为宫廷引荐一位欧洲老师。庄士敦似乎并非第一人选。一位观察家论述"美国在中国学术界的威望确保首先接洽的应该是一位美国教育家"，但这位美国人拒绝了这份聘请。[4]接着，徐总统的一位亲密朋友李经迈举荐了庄士敦。

庄士敦与李经迈彼此认识已经好几年了。李是一位贵族，受过高等教育，1904—1907年间担任中国驻奥地利公使，掌握多门欧洲语言。1911年，革命之初，他从北京逃往威海卫。他和夫人作为庄士敦的客人在威海卫住过几个星期。[5]接着他又在许多外国租界住过一段时间，直到1914年在上海的柏林顿酒店（Burlington Hotel）定居下来。此后，他一直住在那里，拒绝在共和政府里任职，即便他的亲君主制朋友徐世昌成为一名总统。

庄士敦在上海庆祝"一战"结束时，李经迈在一次宴会上遇见了他。那是1918年11月26日的晚上，李经迈邀请庄士敦次日到他的房间去，"因为有一件重要的事想同他交谈"。第二天，庄士敦抵达李所在的酒店，午餐时李经迈彬彬有礼地切入正题。

两人先谈起中国革命者的政治举措是如何开始对君主制主义者有利，并且"君主专政派远比通常所认为的要强大"[6]。李坚持认为，这种感情非常强烈，甚至在政府内部，除了大量高官外，徐世昌本人也秘密支持君主专政派，"只待有合适的机会就公开表达"他们的同情。提议是，中国应当逐步朝"与大不列颠相似的"君主立宪制发展，因此皇帝必须尽快开始接受这方面的教育。[7]

约1918年，载涛郡王（坐者）、哈登夫人（坐者）、李经迈（后排中立者）和王义堂等人在上海哈登花园留影（经乔治·沃森学院和苏格兰国家肖像馆骆任廷收藏许可）

李经迈和他的支持者们明白，为皇帝引荐一位洋帝师是必须慎之又慎的事情。这位洋帝师必须"对中国文化传统抱有好感，充满欣赏"[8]，同时不仅能够教皇帝英语，而且还能够传授政治和制宪史。李经迈讲得很清楚，他询问了庄士敦以前的经历，从中考察他是不是帝师的理想人选。帝师的收入相当丰厚：每天仅工作两三个小时，薪金高，每年两个月的假期，食宿免费。在三年合同期间，可以"对直接或间接影响少年皇帝智育和德育发展的任何课程提出建议，即便这种建议……可能会同朝廷的风俗习惯发生剧烈冲撞"[9]。单单这方面就让庄士敦难以拒绝该职位。

据说，尽管庄士敦的学业证书得到仔细审核，但参与选拔的人员丝毫不担心他是否有能力教育一个少年。就其教育背景而言，庄士敦的确是该职位难得的合适人选。他拥有历史学位，讲一口流利的汉语，在中国文化、宗教和诗歌方面尤其博学。这些年他在威海卫从骆任廷处得到的训练，让他切身体悟到中国礼节的微妙之处，所以不可能在朝廷上失礼。另一方面，他没有任何教学经验，也没有任何公认的同孩子们打交道的经验，今天此类资质将是需要考察的一个重要方面，但在1918年，没有人认为一个帝师需要拥有这些方面的经验。这种忽视说明溥仪并不是被当作一个小孩子来看待，而更像是作为一件商品。然而这位少年皇帝是幸运的，因为庄士敦喜欢孩子。在他去世多年后，某位在孩提时代认识他的夫人回忆说，"他的老朋友家的孩子们愉快地记得，他们总是高兴见到他，永远都不会忘记他"[10]。关于他，许多人同她一样有着美好的童年回忆。

可以理解，这一年的最后几天里，庄士敦一直保持着高涨的情绪。1918年结束时，他回函中国当局表示接受聘请。于是，他收到一份雇用合约。合约上有北洋政府内务部和逊清小朝廷内务府的签字，规定他的正式职责是教授皇帝英语、历史、数学、科学和地理，扣除两个月的年假和每月三天的休息日，每天授课两至三个小时。[11]当然，庄士敦明白他需要做的远不止这些，但中国当局显然意识到此时表明他们希望建立君主立宪制是不明智的。华南地区仍然坚持反君主专制；尽管李经迈在这方面有自己的看法，但任何复辟新举动同样也会遭到北方许多人的反对。

庄士敦被告知可以在1919年3月初上任，"可能因为中国过年期间，皇帝作为学生也要放假之故！"[12]李经迈要求他去北京前先到上海，以便就其职责方面进行更加充分的商讨。庄士敦很快意识到，最好"在我实际开始英语教学前，连同我的行李，先在北京安顿下来！"[13]他计划1月底离开威海卫，数周后上任。

1919年初骆任廷在欢庆新年到来之际，为庄士敦举行了一次宴会，在宴会致辞中对这位在本租借地工作时间最长的华务司大加称赞，很是恭维。庄士敦对此有些尴尬，尽管他猜测"如果我把这份公报发给李经迈，毫无疑问他会立刻将我的薪金翻成3倍！"[14]虽然身价提高了，但他并不当回事：几天后，他在想"是否可以用笞杖惩罚皇帝或者还是用皮鞭更好一些？"[15]鞭笞是苏格兰学校老师使用的一种惩罚学生的方式，直到20世纪70年代才消失。那是一种特别粗实的皮带，用来鞭打违规者的手。可能朝廷当局也意识不到庄士敦会想起学校纪律。

通过骆任廷举办的这场聚会，虽然威海卫的几位亲密朋友知道了庄士敦即将离开及为何离开，但他还是不希望在抵达北京前公布这个消息。部分是因为他对自己的事业天生有着悲观态度：这或许可以理解，毕竟过去有过太多的失望。他希望木已成舟后再将这件事公之于众。他相信"把情况想得糟一点没什么不好"[16]。更重要的是，李经迈知道这件事具有政治敏感性，要求庄士敦先不要对外透露。在那个中外人士之间进行交往还很不寻常的时期，聘请庄士敦到紫禁城担任这样一份要职是一种激进行为。庄士敦向骆任廷解释了他的困境并建议对外说法要模糊一点："我认为最好的解释是我将要去北京担任新职；或者更准确一点，我将就某些教育问题为中国政府提供建议！至少这样说是真实的！"[17]

李经迈要求保密一事，尽管可以理解，却让庄士敦担心事情的进展恐怕不会顺利。他一天天担心朱尔典可能会阻止他的任命；他对"朱尔典爵士的态度持有悲观看法"[18]。还有一种可能性，中国当局考虑到不确定的政治形势，可能会改变主意。然而，只有这一次，他的担心纯属多余。朱尔典爵士高兴地同意庄士敦就任该职，甚至告诉中国当局"他想不到更合适的人选来担任帝师"[19]。

尽管庄士敦向骆任廷提出恳求，但是不久威海卫的人们就知道了这个好消息。他的华人雇员开始给他发请愿书"……要求到北京在我的手下工作！"[20]他没有答应他们的任何请求，于1月底离开了威海卫。这个在他生活中占有重要位置的租借地就这样被抛在身后，没有任何悲伤与遗憾。新职位带来的兴奋和逃离租借地小吏桎梏的轻松感，远远胜过了同威海卫朋友之间的离情别意。他先直接去上海，在那里住了两周，然后出发去北京。李经迈花大量时间把他介绍给上海的各色人士，他们每个人都对他的帝师工作进行了一些指点。他去逛书店，为溥仪买了一些书，其中有一本儿童经典读物《爱丽丝仙境漫游记》。一份关于皇室家族的报告交到他的手上，并告诉他抵达紫禁城后将要面对的生活礼仪与生活方式。李经迈通知庄士敦，会在紫禁城附近为他提供一处住所，这样他可以享有一定的个人自由。

他抵达北京后的一切活动都被提前安排好了。"有人接站……并立即带我去拜访载涛郡王。他是皇帝的叔叔，据说在满洲郡王中最有学问，（按照李的意思）这并不能说明什么。"[21]李经迈还告诉庄士敦有关他的这位少年学生的大量信息，虽然并非全都准确："从各种描述来看，溥仪是一个天才，也很好动，他经常进行体育锻炼并且喜欢骑马。"[22]随着各种信息填入他的脑中，庄士敦越来越激动，他感到自己将会亲历活生生的历史。

2月22日庄士敦抵达北京，其人生地位迅速发生改变。徐世昌秘书倪文德（音译）在车站上迎接他。接着他被送往北京大饭店休息一日，毕竟从上海到北京一路风尘仆仆。第二天，庄士敦"被带去见总统，还有皇帝的一位叔叔载涛郡王。我还拜访了各位帝师和一位名叫世续的保守派人士，后者是内务府大臣……真希望这些繁文缛节统统结束"[23]。这通礼节丝毫不能缓解庄士敦的紧张情绪。他写信告诉威海卫相关人士"我被告知，皇帝盼着上他的英文课，但一想到要亲自与一个洋人打交道，又吓得发抖！开始我可能会感到很尴尬。我想我会在十天内被解雇"[24]。他的悲观预测自然没有根据，尽管关于溥仪对他的新帝师还不确定的说法似乎是正确的。溥仪本人回忆到，"当我被告知自己将有一位洋师傅时，我感到非常惊讶与不安"[25]。

3月中旬，庄士敦准备搬往宫廷方面为他准备的住处。该住处位于紫禁城北，皇城内，大多数宫廷官员都住在那里。他的房子位于鼓楼附近的张旺胡同，与当时居住在北京的大多数外国人不同，庄士敦完全同中国人生活在一起。他的家距离欧洲使馆区比较远，但他丝毫不担心："这令我非常满意，因为距离是我拒绝欧洲人邀请的一个好借口。"[26]他很快喜欢上这套坚实的房子，里面有多个庭院，房屋足够大，可以"容纳我和我的书籍"[27]。这可不是件小事，自威海卫出发前，他的书籍就已经装满了48只大箱子。这栋房子不仅摆放了大量家具，而且还安装了电话——这种现代化设备在威海卫的住所是不可能有的。[28]他的居住条件比起威海卫寓所已经有了翻天覆地的变化。对他来说，这一切已经足够舒适，待客也不成问题，因为他的第一位客人肯定少不了溥仪的父亲醇亲王，也就是前任摄政王。[29]

庄士敦很快在他的新家定居下来：几周后，这个曾经一度渴望在中国乡间独居的男人，竟然泰然自若地举办晚宴招待皇亲、大臣。庄士敦显然打算充分享受皇室生活。不久，他同溥仪近亲家族中的大多数郡王熟识起来，尤其喜欢载涛郡王。载涛是他遇见的第一位郡王，如李经迈所言，载涛郡王富有魅力与才华。偶尔，载涛郡王会私下来访，同庄士敦愉快地闲聊各种各样的话题。

除了居住条件相当舒适外，他的居住环境还有其他优点："这里安静，有大量空地和树木，我可以在几分钟内抵达北城墙，而且距离北面的田野也很近。"[30]这让他有机会远离城市尘埃，呼吸新鲜空气。

描写溥仪及他和庄士敦之间关系的作品很多，两人之间的共同生活对外界而言充满了神秘色彩。庄士敦经常被各位作家写成"怪人""儒教徒"甚至"英格兰人"！庄士敦在1934年出版的《紫禁城的黄昏》一书中记录了自己的宫廷生活。这本书虽然是在离开紫禁城多年后写的，但仍然是关于这一时期的重要参照，不过他在写作这本书时，的确陷入一种相当浮夸的状态。溥仪在中国监狱接受再教育后写了一部自传，这部自传在讲述生平故事的同时也像是一部关于不幸生于帝王之家的忏悔书。综合这些书籍与文件，以及庄士敦生前在紫禁城写的信件，可以了解到这样一个真实的故事。

溥仪出生于1906年。1908年11月姨奶慈禧太后和伯父光绪皇帝驾崩，于是年仅两岁半的溥仪登基成为皇帝。他的父亲醇亲王成为一名摄政王，但摄政不到40个月，溥仪就在革命大潮下被迫逊位。逊位将溥仪置于一个特殊位置。根据这个弱小政府签订的一项协议《清室优待条件》：他失去了权力但尊号不变，居住紫禁城，岁用四百万元（从未足额支付过）。作为清朝最后一位皇帝，溥仪被朝廷视为"天子"，尽管现在已无"天下"可治。逊位并没有实际削减朝廷规模，礼制照旧，皇帝仍居紫禁城让君主制主义者心存希望。

1917年，张勋在北京复辟，溥仪重新短暂地坐上了龙椅，但这次复辟仅持续了数日。从徐世昌总统批准聘请庄士敦任帝师一事可以清楚，政府内部许多人认为中国最终可能要实行君主立宪制。在这个梦中，北京的许多政客和较为开明的皇室人员支持徐。这座城市充满了谣言与阴谋——总是有人密谋皇帝复辟。这些计划很少有可行性。当庄士敦抵达北京时，大多数君主制主义者意识到发动一次新复辟的时机还未到。自从袁世凯1916年去世，中国的权力日益变得支离破碎，各派军阀割据一方。尽管徐总统努力挽救，但北方政府还是继续陷入混乱中。更糟糕的是，南北双方继续争吵不休。

庄士敦生活的北京是所有这些阴谋和权斗的中心，但这座城市通常不受全国各地骚乱的影响。军阀们一般不去侵犯这座城市，以免触动那里的外国势力；外国列强继续互相争夺在中国的霸权，一如一个多世纪前。紫禁城里的人好像生活在另外一个世界，保皇派掌握着权力，他们想保留所有君主专制传统，所以庄士敦的任命并非受到普遍欢迎。

庄士敦和溥仪都回忆了他们两人初次见面的情景并予以记之。庄士敦在北京住了将近两周后，才第一次见到溥仪。拖延的原因多半在于紫禁城里的生活依然基本沿袭旧制。2月底，"一队宫廷人员来拜访我，说已经请朝廷的占卜师选定了皇帝开课的黄道吉日，他们刚刚奏报完毕。大意是近期有两天适合开课。……这两天都是好日子，让我选择一天"[31]。3月3日是第一个好日子，庄士敦选了它；如果占卜师确定的好日子在数月之后，不知道他会怎么办。

见面这一天，庄士敦第一次见识庞大的紫禁城。当他跨越无数道门槛，经过重重宫殿时，不知作何感想。其规模就令人极为震撼，他后来描述自己仿佛进入了"一个全新的时空"[32]。这些宫阙经过彩绘、描金和精心装饰，到处可见明黄色——皇帝的专用色，从屋顶到溥仪的衣服无一不用它。溥仪本人在紫禁城回忆录中写道，只要回忆起它，"我的大脑里就充满了一片黄雾"。庄士敦也回忆说，进入紫禁城后，触目可及皆是黄色：

轿子上坐着威严的清朝官员，头戴官帽，官帽上镶着红宝石或珊瑚"顶珠"、插着孔雀翎；身穿丝绸长外套，正面绣有白鹤或金雉。朝廷高官都穿着宽袖紫貂袍，上面镶有一簇白毛（取自紫貂脖颈），说明穿戴者受到皇帝的青睐。马背上年轻的皇族和侍卫，身穿宽松的刺绣长礼服，礼服遮住了马鞍和马镫。太监们身穿制服，恭立一旁；身穿长衣的宫廷奴仆随时准备侍候大人下轿或下马，导引他们来到候客厅，然后按照礼节为他们奉上一杯茶；宫廷官员会仔细检查觐见人员名单……事实上，对于紫禁城内宫而言，共和国可能在万里之外而非仅仅数百米远，可能千年之遥而非就在当下。[33]

当他们最终相遇时，相见依然令人望而生畏——这是一次相当正式的活动。3月3日的下午庄士敦早早来到紫禁城的北门。大门上方是黄色双层琉璃瓦，在壮观的屋顶线下是深红色的门墙，用彩绘和描金雕刻装饰。他的马车停了下来，然后庄士敦钻进一顶等候他的轿子里。沿着石板路，庄士敦乘轿穿过城北的皇家花园来到第二道门。这是一栋平房，也是黄色的屋瓦，下面三道拱门入口。庄士敦穿过入口，转向左边，跨过小小的庭院，来到觐见厅——毓庆宫。紫禁城的部分宫殿都很宽大，能够容纳数百人。毓庆宫相对较小，由一个候客厅、一个院子和一个觐见厅组成，觐见厅也用作皇家书房。

紫禁城里的建筑，无论规模与功能有何不同，建筑式样都很相似。地板上铺着丝织地毯；柱子之间安放着雕刻精美的屏风，给每间大厅或宫殿带来私密性；殿内装饰着富丽堂皇的木雕天花板；门框和墙护壁同样精雕细刻，许多雕刻或彩绘或描金。象征着皇帝的龙形雕刻随处可见。这些建筑色彩缤纷而又阴郁，结构简单却又浓墨重彩，建筑本身就像皇帝之位一样充满矛盾。

13岁的溥仪同庄士敦相见时的气派远远盛于他的新师傅："他乘坐着一顶有着黄色丝质帷帘的巨大肩舆，由12位轿夫抬着。"[34]庄士敦头戴高帽，身穿燕尾服；溥仪则"一身帝服，由身穿礼服的众多宫廷人员陪同"[35]。单单礼袍看起来就相当美轮美奂，色彩缤纷的丝绸上有着繁富的刺绣。这队身穿华服者挤满了彩绘描金的觐见厅，呈现出一派富丽堂皇之盛景，同庄士敦的欧洲黑色礼服形成鲜明对比。这位新廷臣的奇装异服也一定令在场的每一位印象深刻。

庄士敦在报告中仅仅描写了这次重要活动的始末，并未提及个人感受：

> 被引导进入觐见厅后，我来到皇帝面前三鞠躬。接着他离开座位朝我走来，按照欧式礼节同我握手。然后他一直站在那里，问了我几个传统问题，主要关于我在中国的职业生涯。当觐见结束后，我退至候客厅；在那里接到通知说，皇帝希望立刻开始他的英语课程，并且在他脱去礼服后会以非正式的方式再次接见我。[36]

溥仪后来私下回忆起这次接见：太监们告诉他洋人很可怕，比如他们会带着大棒打人。当这位少年发现庄士敦是一个普通人时，他如释重负："我发现庄士敦一点儿也不可怕。他讲一口流利的中国话……当时他至少40岁了，显然比我父亲还要老，但他的行动依然灵巧、敏捷。他的背直直的，让我怀疑他的衣服下面是否有一个铁撑子。……他的蓝眼睛和灰头发让我感觉特别不舒服。"[37]溥仪的其他一些回忆则不那么准确，比如，庄士敦在担任帝师前就是威海卫的行政长官。[38]

同各位官员交换意见后，庄士敦最终被允许进入教室。在那里，"我发现皇帝坐在一张桌子旁，桌子上面放着李大人和我在上海为他挑选购买的书籍"[39]。他对自己这位新学生的第一印象不错："我的学生是一位相当不错的好少年，很聪明。为他授课令人愉快。他体格结实，相对于他的年龄（按照西历，上个月刚满13岁）而言，体形较大。尽管紫禁城内，宫廷里的各种荒唐与嘲弄丝毫没有减弱，并且肯定不会有益于他，但就我观察，他似乎没有被这种不健康的环境宠坏抑或腐蚀：这说明他具有良好的品格。"[40]尽管溥仪"不懂英语，也不懂其他欧洲语言……但他似乎急于学习，想法很多"[41]。

还有其他令人惊讶的事情。对这位年轻人迄今为止不同寻常的生活，庄士敦有一点点了解。他认为，溥仪可能一直被屏蔽在许多真实的生活之外，对外部世界一无所知。然而他高兴地发现溥仪被"允许阅读中国报纸，并且显然对每日新闻，特别是国内外政治新闻很感兴趣。他具有良好的地理综合知识，喜欢旅游和探险，了解一些欧洲局势和大战结果。中国政治地位和相对重要性方面的一些虚假或夸张信息似乎并没有影响他"[42]。尽管这令人鼓舞，但庄士敦并没有低估生活在"这样一个极其人为的环境中，自负而又虚幻的宫廷生活"对一个孩子的影响。[43]

庄士敦一贯亲近孩子，考虑到他的单身汉身份，以及他的成长环境，这一点似乎令人惊讶。不止骆家的孩子们喜欢他的风趣与讲故事天赋，溥仪也拜倒在他的魔力之下，尽管溥仪很快就知道庄士敦为他设定了高标准。虽然庄士敦对年轻人有足够的耐心，但他也希望对方有良好的教养，因此当他发现溥仪极有礼貌时，感到宽慰不少。对于这种可贵的特质他总是尽可能予以鼓励。例如，当溥仪非常客气地赠送李经迈一些瓷器，"以感谢李不辞辛苦寻找我这位帝师时！我建议皇帝可以为李写一封英文感谢信附在礼物上，他欣然为之！"[44]庄士敦理所当然感到骄傲，仅仅12天，他的学生就能清楚地写一封英文信，即便他还不能准确理解这些单词。他对这位学生的学习意志印象深刻："许多比皇帝年长的英格兰少年，在经过12天的学习后，尚不能像他那样熟练地写英文。"[45]

庄士敦的高标准也令溥仪印象深刻。皇帝明白，庄士敦不允许别人忤逆他："他只在我父亲和大臣们让步时会脸红……我发现他令人生畏，只好乖乖地跟着他学英文，在他面前不敢像对待中国师傅那样放肆。"[46]很快，朝廷和他的帝师同行都承认庄士敦能够比其他人更严厉地管教这个少年。溥仪听他的话，并且后来承认，他认为"庄士敦在方方面面都是一流的"[47]。部分原因或许在于庄士敦可能是紫禁城内唯一一位一直视溥仪为孩子的人。他总能根据他的年龄去判断，曾这样称赞他的小学生，"我在他这个年龄时，远不及他热爱学习"[48]。

这位苏格兰帝师的影响力被朝廷核心圈的许多人加以利用。不久，庄士敦开始扮演皇家调停人的角色："不仅他的中国师傅，而且他的父亲和叔伯们也经常请我给皇帝提建议，交涉一些他们根本无法做到的事情。"[49]有时，朝廷核心圈外有些人也请庄士敦充当中间人，因为除了帝师，几乎无人可以直接同皇帝进行私下接触。还有一些时候，他们通过帝师向皇帝转送礼物。他尤其高兴的是能够替李经迈向溥仪转交礼物：那是一对银质铅笔盒和两只供他进行英语写作的金笔。[50]

即便在最初的几周里，他同溥仪相处的时间也不仅仅局限于每日上课。一天，溥仪带庄士敦去看他的私人花园，并允许庄士敦拍照。还有些时候，溥仪带领庄士敦参观宫廷房间内的一些艺术品。作为回报，庄士敦带给溥仪"几本*Kokku*（一种日本出版物，里面有许多极好的中日绘画作品）"并安排后续期刊直接寄到紫禁城。[51]

这位苏格兰中年帝师和这位中国少年学生共同分享着某样东西——一种幽默感，这种幽默加强了庄士敦在这间教室的地位。不知道庄士敦是否把库克和月亮的故事分享给溥仪，尽管他很难抵挡住这种诱惑。当然，溥仪有时也表现出一种顽童天分。他们一起画漫画来调剂繁重的课业。一次，向这个少年认真讲解了君主立宪制和君主专制之间的区别后，庄士敦在家中收到了自溥仪处送来的一把剑和一封信，这把他乐坏了。原来，了解到自己曾经是一位专制君主后，这个少年决定通过授予庄士敦可以即行杀人的特权，来向这位洋帝师证明自己掌握了这节课的内容！[52]

没过多久，按照计划，庄士敦决定扩展一下他的课程，不仅仅教授英语——这自然受到李经迈和清政府的欢迎，庄士敦经常向他们汇报自己的授课情况。他一点点地将历史、地理和数学引进这个课堂。看到这些科目被溥仪接受后，他开始讲授"综合课程（当然用汉语），如政治、艺术、诗歌，甚至天文学。几天前，我告诉他现代天文学家关于月亮和火星的一些看法，自那时起他一直用天文望远镜观察天空"[53]。庄士敦甚至引进了英语杂志，利用上面的图画鼓励溥仪学习欧洲知识。庄士敦发现"这些插图为他们讨论发生在世界各国的重要事件，打下了良好的基础"[54]。对于一个少年来说，"杂志中飞机大炮所代表的西方文明，化学工业生产的糖果和茶会礼仪，给我留下了深刻的印象"[55]。庄士敦懂得如何捕捉孩子的想象力，不久他似乎成了一名热心肠叔叔而非帝师。

当这位少年对西方生活越来越感兴趣时，他甚至要求庄士敦给他起一个在非中文文件上使用的英文名字。庄士敦从英国皇室用名中为他筛选，溥仪选了"亨利"这个名字，并在以后许多年里使用它。[56]

尽管这些课程很快变得话题广泛，但庄士敦拒绝教授基督教知识。一位基督复临安息日会成员拜访庄士敦，并"随身带来一大包基督教书籍和小册子，希望我带给皇帝陛下！我告诉他至少有两个原因我不会答应他的请求：首先，我应聘来教授少年皇帝的英文，而非向他传授基督教，如果我充当了皇帝和任何传教组织之间的中间人，那于我就是一种背信行为。其次，我本人并不相信任何基督教宗派的教义，因此我自然不想协助基督教机构向我的皇室学生介绍连我自己都不相信的教义。……我认为他不会再来烦我了"[57]。

庄士敦对皇帝的影响力在朝廷并未受到广泛欢迎，但他在那里确有几位有影响力的朋友。载涛郡王似乎对庄士敦特别倾心。5月初，庄士敦进朝刚刚两个月，载涛郡王就邀请庄士敦乘坐他的汽车去西山游玩。他对这项新发明特别自豪，毕竟汽车可以让他自由穿行在北京城而不必带着大队随行人员。作为一名清朝王室成员，外出通常都由大批随从陪同。应邀乘汽车旅行是一件非常激动人心的事情，因为当时汽车在北京还极其稀缺，乘坐一辆皇室成员的汽车是一种难得的荣耀，所以庄士敦热切地接受了邀请。

据了解，载涛郡王并不仅仅希望得到庄士敦的陪伴。他很快提出一个问题，"他问我是否愿意教他的儿子英文，这个男孩 12 岁（是皇帝的一位嫡堂兄）"，名叫溥佳。[58]虽然必须得到皇帝的批准才能答复郡王，但庄士敦明白只要皇帝批准，他很快就会成为"一名正规教师"[59]。这一批准来得也太快了：庄士敦除了给溥仪上课外，又承担起教育载涛之子的责任。庄士敦"并非特别渴望收这个新学生，但我非常喜欢载涛，不想拒绝他"[60]。从那时起，这位年轻王子每个工作日的上午到庄士敦家中上一堂英语课。自第一次同溥仪见面，庄士敦就一直担心溥仪上课太过孤单与堂皇："甚至连他每日到书房来都气派十足：乘坐着挂有明黄色帷帘的大肩舆，一大队随从陪同。"庄士敦热切地希望在书房中尽可能多地恢复生活的常态。[61]仅仅给溥佳上了几节课后，他就确信溥佳会是溥仪的理想学伴。

他关于溥佳和皇帝一起上课的建议遭到反对，尽管溥仪的某些中文课程都有一个学伴。其他亲（郡）王嫉妒载涛郡王的儿子优先于他们享有这个殊荣，但庄士敦自有办法。从 1919 年秋天开始，这两个孩子一起上课。溥佳的地位虽然提升了，但也为此而遭罪："这个可怜的孩子为了这份荣誉，不得不在每天上课前双膝跪地！"[62]

通常，庄士敦的职责并不繁重，他的生活方式令人羡慕。北京是一个尘土飞扬的城市，为了上课，他改掉了骑马的习惯，"按月雇了一顶严实的轿子，这样可以随时供我使用，我还有一个马车夫。每天下午约 1:15，我乘轿去紫禁城的北门，路上需要 15 分钟。我享有乘肩舆穿越紫禁城的殊荣。（请把这份荣耀告诉威海卫的中国职员！）肩舆由宫廷提供，总是在北门外等候我。乘肩舆大约需要 7 分钟抵达皇帝的住处。我会先被带到一种类似休息室的地方，在那里喝茶直至皇帝下旨召我进书房。每天讲课两个小时，然后在下午茶时分返回我的住处"[63]。

当然，庄士敦不是溥仪的唯一一位师傅。自1911年起，中国的师傅就开始给溥仪讲课；庄士敦了解他的同事。这个中国博学团队由四个人组成，他们在朝廷备受尊重。传统上，尽管庄士敦是一个洋人——地位却高于其他人，部分亲（郡）王除外。帝师来自学术和行政界的精英群体，他们都是拥有很高地位的博学之士。庄士敦"高兴地说，我喜欢这些帝师同行。他们全都官至高位，其中最博学的是陈宝琛，他因为在1890年代敢于上条陈指责慈禧太后应对中国的灾难负责，而被她革职开除。他还是一位杰出的诗人"[64]。同庄士敦相比，这四个人全都垂垂老矣。其中一位在庄士敦抵达北京时已经染病并于1920年去世，第二位不久也离世了，只剩下他喜爱的陈宝琛和朱益藩两位同伴。所有这些帝师皆被一视同仁且深受恩泽，每人在生日时都会收到皇帝及皇室的贺礼，有季度红利也已成惯例。单就这些奖赏就比他作为华务司的年薪多，他现在的收入远远超过行政长官骆任廷。[65]

庄士敦在紫禁城里仅仅工作了数日，便同那里的数千名太监发生了第一次冲突。在抵达北京前，他就猜测可能会同他们发生矛盾，但他没想到这么快他们就对他产生了敌意。他从未指明引发这场冲突的原因，但溥仪的一位传记作家记录到，庄士敦与溥仪相见的那一天，"宫廷太

1923—1924年，帝师陈宝琛、朱益藩与李鸿章的亲戚柳第乾

监围住了他，恭贺他荣任帝师并向他讨吉利"[66]。庄士敦据此向他们索要收据，这实在吓坏了他们。一天后，他写信给骆任廷向他讲述这群奇怪的侍臣：

我已经同太监发生冲突：环境使然，让我远比设想的提前开始了这场斗争。他们知道我是他们的敌人，其自保本能会驱使他们想方设法反对我。我的位置可能不保，但我还不打算放弃，因为我有理由相信总统和至少两位亲（郡）王会支持我。无论何时，如果您听说少年皇帝已被设法带出紫禁城送往颐和园或皇城的某个地方，把他同目前照顾他的这帮太监隔离开来，那就说明我赢了！……不过，除了近在眼前的这场反太监之战，我一点儿也不后悔来到这里。[67]

庄士敦担心这些太监会对溥仪产生不利影响，他们是一群肤浅、谄媚、贪婪之徒。这些溜须拍马者围绕在溥仪周围。任何人，只要有一丝觉察力，都会看到这种不健康的环境非常不利于一个少年的成长。从一开始，庄士敦就不想掩盖他对太监们的看法。作为皇帝的看护人员，"与其有这大群太监，还不如没有"[68]。入朝仅仅一个月后，他就发现他们"已经把我视为敌人。我给皇帝上课期间，一位太监自始至终都在书房里立着！他的主要职责似乎是取来水和毛巾，以便皇帝手上沾染墨水后可以洗一洗——这经常发生！但是毫无疑问他同时在注意听我讲的每一个字"[69]。庄士敦决定改变这种现状，但他明白这种事必须仔细谋划。

他在这场战斗中的第一发炮弹，是雇用"一个可靠的人，帮我探听城里的流言蜚语，发现太监们的阴谋"[70]。为此，他写信给骆任廷要求得到他以前的华人助手孙洪义的帮助。孙洪义是曾经请求随庄士敦一起来北京的手下之一，所以庄士敦确信孙洪义会接受这个新职位。孙洪义被安置在张旺胡同的门房里，庄士敦甚至出资让他的儿子也加入进来。得知这个孩子很聪明，慷慨的庄士敦又出钱安排这个男孩"去这里的一所好学校读书"[71]。将这个孩子送到"一所可以学英语的好学校"后，庄士敦便怀揣希望："如果一切顺利，日后我会送他念国立大学。"[72] 庄士敦珍惜孙洪义的帮助，在为庄士敦搜集信息的间隙，他高效地打理着家务事。

在这座城里有了自己可靠的耳目后，庄士敦开始准备下一步的战斗方案："我煞费苦心地慢慢搜集材料，准备写一份长长的条陈，将宫廷内的各种邪恶和腐败报告给当局，并告诉他们必须通过变革才能完全根除这些罪恶，为年少的皇帝提供一个好机会。我会直言不讳，因为我不仅需要投诉太监，还要投诉内务府官员（他们不是太监，是我名义上的雇主！），所以这份条陈上报后，恐怕我的职位不保。"[73]

当他写这封信时，庄士敦在帝师职位上仅仅干了一个多月，但所见所感已经令他感到恐怖。他原以为会被太监的腐败激怒，这种腐败在紫禁城外已经流传多年。然而，内务府部分成员的愚蠢可笑同样令他厌恶。他正在玩火，与宫廷内某些最根深蒂固的传统相斗，但他决心摧毁他所遇到的这种大规模腐败。他甚至决定——尽管相当危险——把他的条陈送一份给溥仪，"他已经长大而且聪明，能够理解我的批评和建议"[74]。

庄士敦很快意识到内务府手中握有紫禁城的巨大权力，该部门掌管紫禁城生活的方方面面："它不仅是一个负责管理皇室财产的部门，而且也是皇室同政府众多部门打交道的一个机构。"[75]当他认识到，太监作为内务府的一部分，只是内务府本身所带来的众多麻烦中的一个时，他开始痛恨这个部门。他的最终目标是"取消这整个体制或对其进行激烈的变革"[76]，他非同寻常地坚持这一观点。入朝时，他同许多欧洲人一样对君主专制难以苟同，认为君主专制——特别是在臭名昭著的慈禧太后领导下——应对自身的垮台负责。几个月来，他径直向内务府的无能与腐败开炮，称其为"喝干朝廷血液的吸血鬼"[77]。内务府有官近千名，但他未能发现几名好官。甚至连内务府总管世续，他相信也沾染上了弥漫于这个体制内外的邪恶，尽管庄士敦个人认为他是"一个有才干、有棱角的人"[78]。

助长该部门腐败的原因是贿赂体系和各层资金挪用现象，这使得当官成为最令人向往的事情之一。庄士敦计算过，有些官员通过这种方式一年敛财20多万英镑：这在20世纪20年代初是一笔巨款。[79]庄士敦举了一个宫中过节时太监挂灯笼的例子。其成本非常高，"必须抵押一些玉器和瓷器，……才能将大量灯笼挂起来并点亮。然而，如果从北京街上雇些人来干这个活，总成本不会超过10元钱；按照'老习惯'则要花费数千元……但要想剥夺宫廷人员习以为常的这种好处，则很困难"[80]。御膳中也存在类似的过度开支，溥仪写道，在他4岁时厨房每个月要为他烹饪240只鸡和鸭！[81]

尽管还需要些时间才能积累起足够的证据来写他的条陈，但到1919年夏，庄士敦感觉他已经足够了解宫廷生活了，可以给李经迈写一封警示信。他用最严厉的措辞警示说"在我看来，高度人工化的生活不利于皇帝的健康，影响他在体育、智育和品性方面的成长；我真诚地希望通过采取一些措施让他更自然、理性地生活。尽管他是一位皇帝（名义上的），但他也是一个少年。如果忽略了这个事实，特别是在接下来的三四年里对他的影响将相当严重"。

庄士敦相信乡野有助于人的成长，所以他请求李考虑安排溥仪"抛开书本，休假两个月左右，到海边或山间去"。这份请求写得颇有感情。庄士敦继续说：

> 但我想要强调的是，这样去培养一位少年皇帝的重要性，即无论他将来如何——不管是成为一名立宪制君主，还是被迫完全放弃皇室尊严成为中国四万万民众中的普通一员——他都没有理由去责备那些教育和抚养他的人。在我看来，如果必须要牺牲一切，那么至少不要牺牲他的身心健康。[82]

庄士敦的雄辩被置之一边，虽然他的警示充满先见之明，即除非溥仪的生活发生彻底改变，否则他不仅作为一个皇帝，就是作为一个人都将陷入失败之中。事实证明，庄士敦对溥仪的评估惊人的准确。

从他给李经迈的信中可以发现，庄士敦越来越喜欢溥仪了。他非常关心这个少年，对太监和廷臣的活动感到焦虑。他明白几乎没有人真正爱这个年轻的皇帝，盛行于朝廷之中的自私自利只会给溥仪带来伤害。

他对溥仪的父亲醇亲王感到绝望，他感觉醇亲王在儿子的成长中几乎起不到任何作用。关于醇亲王，庄士敦这样写道："恐怕他非常软弱。"[83] 他很快放弃了利用醇亲王给溥仪的生活带来一抹爱意或一丝常态的希望。

有一件事能说明溥仪在朝廷里是多么孤单和受人冷落。庄士敦仅花了数周时间就确定溥仪的眼睛近视，需要配一副眼镜。这个孩子显然每时每刻都受到监督，然而却无人察觉他患了近视，包括他的中国师傅、奴仆和家人，因为没有人像父母那样关爱他。庄士敦建议他立即去配眼镜，却毫无进展。由于视力恶化，溥仪开始头痛欲裂。庄士敦感到绝望："他们似乎并不关心这会有多痛苦或者多影响他的智力。"[84] 直到两年后，庄士敦以辞职相威胁，才得以将一位眼科医师带到宫里为溥仪做检查并为其配制了一副眼镜。当然了，庄士敦带来一位西方人自然引起一阵喧嚣，但此时的他已经不再介意朝廷会怎么看他。

几个星期过去了，庄士敦逐渐开始习惯他的新生活，他的生活方式也开始改变。或许是早期乘郡王载涛的轿车出行吸引着他，他认为座轿已经不足以应付他的出行需求了。这位节俭的华务司曾经满足于骑骡旅行，现在他决定要为自己购买一辆轿车。很快他就付诸行动，在1919年年底，他骄傲地拥有了一辆五座式福特汽车。座轿被束之高阁，因为庄士敦喜欢乘着这辆奢华的新车穿越紫禁城。他吹嘘说这辆车能够节省他三分之二的路上时间——在拥挤的没有机车车道的北京城，这真是一个不错的成绩。更大的成绩是每天开车没有撞伤任何人。他坦承："我自己并不开车，这也是迄今为止没有撞死过人的原因！"[85]

这辆小汽车很快成为他最大的骄傲与快乐。庄士敦尽可能经常去西山度假。此时他喜欢骑马前往，因为骑马便于到相对偏远的地区。不过，他的汽车总是跟随着他。这样的旅行他每个月至少有三次，每次都骑着自己心爱的马儿，孙洪义则骑着庄士敦的另外一匹马。其余的随行人员，包括他的佣人或客人，则乘坐着他的爱车前往。

还有其他变化。在威海卫，庄士敦一直仅有一匹马。现在他有两匹，其中一匹训练有素的骏马是郡王载涛从自己的马厩里挑选出来送给他的。他的房子开始时在他眼里颇为奢华，后来很快被认为不适合客人夜宿，所以他花了几个星期重新粉刷。看起来皇室家族尽其所能让他过得舒心。他甚至在夏季得到额外的假期，因为溥仪在北京干热的夏季不能愉快地学习。[86]

暑假延长让庄士敦有机会将僵化的宫廷礼节从头脑中清除，也让他有时间反省自己的授课。尽管溥仪既聪明又认真听讲，庄士敦还是感到如果溥仪不花时间做作业，光凭每天两个小时的学习是收获不了多少的。不管谁负责溥仪，都会确保为这项工作留出适当的时间。但庄士敦注意到，"似乎没有人去这样照顾皇帝"[87]，所以一切由溥仪本人来决定做什么。期望一个13岁的男孩，在没有任何指导和激励的情况下自觉做作业，是不现实的。关于如何解决这个问题，庄士敦感到很茫然。没有进一步的预习，他认为溥仪的学业不可能得到良性进展。庄士敦再一次确信，溥仪搬离紫禁城是唯一的解决方案。

除非政府比较稳定，否则庄士敦是不可能让溥仪成功搬离紫禁城的。徐总统似乎在他执政的头几个月获得了这种稳定，但这一切很快发生了改变。1917年8月，中国加入协约国阵营。出于回报，西方列强豁免了中国五年的庚子赔款。另外，中国政府还希望作为战胜国之一，在战后和平协议中能够获利。然而，西方列强另有想法：他们认为日本这个国家能够阻止共产主义的日益增长，所以同日本达成秘密协议，日本凭此在战后获得了德国在华北地区的原有特权。

自19世纪起，欧洲列强在对华交往中毫无廉耻可言。他们充分利用中国的软弱与分裂夺取领土和商业利益。清政府试图限制这种蚕食，却引来了灾难性的后果。民国政府同样没有成功。在北京的一位欧洲记者的看法在洋人中并非罕见，他写道："似乎通常并不认为，所谓的'不平等条约'是当时确保洋人在华人身安全、财产安全与贸易权的唯一手段。"[88]鉴于外国政府相信自己有神圣的权力来击毁由中国的无知与傲慢筑成的壁垒，所以中国对此束手无策。[89]徐总统是一位老旧派——软弱、无力抵抗西方列强的逼压，只好同意《凡尔赛和约》，令日本在华势力大增。

1919年，《凡尔赛和约》的签订标志着大战正式结束。五月初，日本获利的消息传到北京，引起一片喧嚣。五月四日，北京学生组织了一次示威游行，反对日本及《和约》条款。抗议和罢工迅速扩展到其他城市，日货遭到抵制。北京的形势变得非常紧张，徐总统被迫宣布在京城实行军事管制。他支持自己的亲日公使，相信中国应当在这份《和约》上签字，但反对势力是如此强大，以至于他最后不得不退让。中国政府从未在《凡尔赛和约》上签字。五四运动，如现在所知，开启了一个新进程，最终使共产主义在中国兴起。

学生示威游行严重削弱了徐总统及其支持者的地位。政府数十年陷于动荡之中。在这种形势下，庄士敦关于溥仪身心健康方面的呼吁自然被忽视。尽管他绞尽脑汁想把溥仪搬出紫禁城，但李经迈和徐总统认为这个冒险不值得一试，庄士敦感到沮丧。他非常了解政治形势，一切就发生在他的家门口。他个人看法是，亲日公使在学生手中属"咎由自取"，尽管他认为北京的学生示威游行"不太像话"。[90]

尽管知道自己无法左右政治局势来为自己和溥仪谋利，但庄士敦仍然设法让溥仪逃离囚笼。特别是当他本人同郡王载涛和溥佳自由旅行时，想到自己一直不能将溥仪带出紫禁城，便心痛不已。他们甚至在严重骚乱时期，设法一起到访上海，沿途旅游观光。最令庄士敦感到好笑的是，郡王隐匿自己的身份，一路上称自己为载先生。如果他能放弃通常的华丽穿戴，效果可能会更好！[91]

在上海，庄士敦向李经迈简单汇报了溥仪学习的进展情况。除了学业进展良好——溥仪正以2倍于正常课程的速度研究中英读本，以及他们关系融洽外，他也别无其他可汇报。甚至由于担心溥仪没有预习时间，庄士敦继续推着他的学生前行。到现在为止，庄士敦已经在帝师职位上干了一年。对他来说，溥仪的英语已经足够好了，可以用来学习一些植物学。政治形势可能还不确定，但庄士敦仍然计划教授溥仪立宪法则，以防万一用到这方面的知识。为此，在1920年2月同李经迈见面时，他告诉李，几个月后他将开始讲授英国史，"重点讲述17和18世纪的宪政斗争"。他继续说："我想向他讲解英国君主立宪制的兴起，或许这方面的良好知识有一天会对他有用。"[92]他对立宪君主的看法同那些宗教观点一样坚定。他坚信并且教育溥仪，君主应当"为人民谋福利"[93]。这些课程对他的学生产生了一些影响，溥仪甚至在接受改造时还回忆到，在庄士敦的指导下"他是如何对学习做一个好皇帝感兴趣，并学习执政的基本原则"[94]。现在回头看，庄士敦的计划似乎是一个童话，但在1920年从纷乱的政治中冒出一个立宪君主似乎不是不可能。立宪谣言频传，伦敦外交部不止一次联系他，询问这些传言是否属实？

1919年的五月危机过后，中国局势不断恶化。在北方军阀袭击北京时，庄士敦刚刚从上海返回。为争夺控制权而发生的冲突一直持续到1920年7月，其间京城的许多人都在担心生命安全。皇室家族"几近恐慌"，只有帝师和内务府总管保持镇定，他们制定了一个应急方案以保证皇帝的安全。他们主要担心：在那段可怕的日子里，守卫北京的派系，即总统小集团分子，"如果面临军事失败或政治清剿，可能会变得胆大妄为，故意刺激……一些人会在北京大搞破坏而不会放过紫禁城"[95]。

庄士敦的冷静表现在，在这一切发生时他为溥仪制定了一个国外旅行计划。他一方面写信给伦敦的外交部告诉目前北京发生的冲突，一方面又兴高采烈地通知他们，他已经为溥仪的欧洲之行拟定了一个大体日程表。难道是他的浪漫主义天性使他相信自己能够在1921年带溥仪访问牛津？在1920年，他肯定认为自己的计划是可行的。

庄士敦面对这些危机几乎乐此不疲。在春季骚乱中，公使馆区被"围困得像一个沙丁鱼罐头，旅馆股票应该大涨起来"[96]，因为欧洲居民前来寻求庇护。他自己的房子距离这片安全区有几英里远，但他拒绝搬迁。他让孙洪义出去"收集传言，供我晚上独自揣摩"[97]。各派军阀为争夺权力形成错综复杂的结盟和反结盟，庄士敦支持曾经为儒学派的那帮人。

不可思议的是，虽然这一幕幕阴谋诡计在他面前上演，但他仍然抽时间进行写作。当然，鉴于他的官方职责，他为皇帝制定的计划和他现在需要从事的大量社交活动，大部头书籍的写作是不可能了。不过，他仍然写了一本小书并在杂志上发表了几篇文章。这本关于中国戏剧方面的小书，仅仅是一种简单的勾勒而已，部分因为时间限制，部分因为他"并非真正痴迷于中国戏剧"[98]。尽管坦承如此，出版商还是施压让他写作，所以该书销量不好也在庄士敦的意料之中。他在1919—1921年间写的大部分文章都以克里斯多夫·欧文（Christopher Irving）这个笔名发表在《新中国评论》（New China Review）上。他一方面聪明地避开了政治题目，甚至采用笔名；另一方面，他的创作题材多种多样，从佛教艺术、中国社会、风俗习惯，到专为激怒他的宿敌传教士。

20世纪20年代北京的正常生活是它最显著的特点之一。有段时间，朝廷官员不知道自己还能多活几日，洋人则为自己的生命诸事担忧。然而，就在这一切混乱中，人们继续聚会、写作，甚至有海外来客到访。1920年秋天，哲学家伯特兰·罗素（Bertrand Russell）同他的伴侣朵拉·布莱克（Dora Black）一起来到中国。庄士敦也算是一个小名人了，在他们停留北京期间，数次同他们相见。庄士敦为他俩举行了一场晚宴，罗素也曾数次到庄士敦家中的图书室查阅资料。通过这几次交往，他们发现彼此都不喜欢宗教机构。[99]有意思的是，庄士敦对罗素和朵拉进行了如此殷勤地招待。这两位当时尚未结婚便居住在一起，上流社会中的许多人认为他俩"越轨了"。有人猜测，庄士敦喜欢蔑视此类保守态度，尽管这样做意味着要款待一位左翼分子，而他并不赞同左翼观点，虽然他俩有相同的宗教观。朵拉后来回忆起在北京的一件趣事："庄士敦先生，身穿礼服，头戴高帽，乘坐一顶华丽的轿子，在紫禁城的黄色琉璃瓦下，穿过重重门庭与院落，在皇帝生日那天向他那位年轻的学生问安。"[100]庄士敦从不肯因为一点内乱而降低规格。

庄士敦参加的这场生日庆祝活动①是那年的朝廷盛事之一，曾为朵拉·罗素带来了巨大的欢乐。这种盛况是一种精心安排的仪式，基于几个世纪的传统。仪式从早上8点开始，持续数小时，身着盛装的侍臣在宫内集合，在冗长的庆祝活动中恭立当值，有音乐和唱颂，仪式在满朝官员向溥仪祝寿时达到高潮。

---

① 译者注：清代称之为"万寿节"。

庄士敦在其中的角色相对较小。风风光光地进宫后，他同其他高级廷臣站在一起观看仪式。这场仪式的规模是如此盛大，以至于活动进行了数小时后，他才看到溥仪出场，进入会客室——在那里他需要向坐在龙椅上的溥仪鞠躬六次，随后是更多礼节。数千人出席，所有的排场与仪式完成后，庄士敦应邀进入溥仪的私宅喝茶，这一天始告结束。不过，庄士敦对紫禁城的这些奇礼怪俗似乎已经颇为习惯。如果还有什么出乎意料，那便是他从溥仪那里收到的巨额赏金让他吃惊不小。万寿节活动结束时，皇帝通常向所有师傅发放赏钱；庄士敦收到了一大笔。

上任后的第一年时光悄然流逝，庄士敦继续受到皇室和总统的款待。1920年7月暑假开始之际，郡王载涛送给他第二匹马。徐总统同样非常关心他，提出为他在西山购买一处房地产。庄士敦深为感动，他知道这需要花费徐世昌数千元钱。他最终同意接受总统的慷慨相赠，条件是如果徐世昌支付房地产钱，那么庄士敦只在中国生活期间拥有它。这个问题解决后，他迅速在此处安居下来。自此，樱桃谷成了他最珍贵的财产之一：他长久以来想在中国有块静修之地的梦想终于实现了。

1920年当庄士敦在西山发现这个小小天堂时，它还只是一块地："这里有许多果树，包括核桃树；还有其他树木，如杨树。地处山中景色很美，自北京出发5个小时即可抵达。最妙的是一条山溪从不枯竭，从这片地产中间穿过。"[101]庄士敦第一眼就喜欢上了这个地方。1920年夏季安排建屋的数周里，他支起帐篷在此度夏。[102]这块地位于一处有着三个小村子的隐蔽山谷里，一条崎岖不平的小路通向这里，春天路边大片果树花开似锦。距离此处最近的一个小村子名叫樱桃谷，所以此地最早也随之唤作樱桃谷。庄士敦决定给这处房产起个名字：它的中文名字"乐静山斋"是溥仪给起的，但庄士敦和许多来客很快称其为"樱桃谷"。庄士敦不仅在这里造了一栋房子，而且还建了庙宇、神龛和亭子。他甚至计划最终要建一个防火图书室来存放他的大量图书。[103]

樱桃谷是一大块地产。庄士敦本人认为它不比刘公岛大，面积有几英亩。多年来，他把它变成了自己的天堂。神龛里供奉着不知名的神仙和他钟爱的诗人塑像。他设计的中国庙宇尤其值得称赞，他在里面安置

庄士敦在樱桃谷的山斋（经乔治·沃森学院和苏格兰国家肖像馆骆任廷收藏许可）

了一尊佛像，这尊佛像是他从当地一个村子里借来的。温暖的夏夜，他孑然一身在庙宇里恬适地安睡，次日在周围一片鸟叫声中醒来。这么多年来渴望拥有一处山中居所的梦想，终于在这里圆满实现了。他在这块地上投入了大笔资金，种树、栽花、铺设小路和观景台。最终，单单这块场地就需要四名园工来打理。他们照管着他设计的这些弯弯曲曲的小径，这些小径让他"即便在这块地上溜达一整天，也不会两次踏上同一条路"[104]。

随着房屋和园地的日益完善，庄士敦开始邀请越来越多的客人来樱桃谷。部分是公使馆的朋友，其他是朝廷人员。他的帝师同行陈宝琛是一位早期访客。在那里的第二个夏天，郡王载涛和儿子溥佳来这里住了几个晚上。他们似乎过得很愉快，庄士敦用镜头记录了这一刻。

然而，即便在安宁的樱桃谷，庄士敦也为自己的安全作了防范。在孙洪义的建议下，他购买了一把左轮手枪带在身上，以防土匪进入他的山间别业。北京的局势没有好转，他在张旺胡同——相对公使馆和紫禁城来说有些偏僻——偏安一隅的轻松态度发生了改变。1920年年底，他最终听从其他人的建议，搬到距离紫禁城较近的菜场胡同。至于正在席

1920年，载涛郡王、溥佳和恽毓鼎先生在樱桃谷（经乔治·沃森学院和苏格兰国家肖像馆骆任廷收藏许可）

卷全中国的这场战争的结果，他的政治立场相当明确："对中国进行预言毫无意义：几乎可以肯定这是一个错误。"[105]他所担心的是溥仪的生命安全。

第十章

一品顶戴（1920—1923）

庄士敦离开威海卫期间，骆任廷显然非常想念他。庄士敦不在，威海卫似乎更加冷清，领事馆官员被借调过来协助行政长官的工作。"一战"结束后，在凡尔赛谈判期间，威海卫归还事宜再一次被提上议事日程。骆任廷在威海卫待了将近20年，他刚到香港时庄士敦还不满5岁。连他本人也意识到退休的时间到了：最终他决定在1921年4月永远离开威海卫。他提前一年向殖民部提出申请，以便他们有足够的时间考虑继任者的人选问题。多年来，官方一直认为庄士敦会接任他的职位，但现在庄士敦在北京过得很愉快。骆任廷代表殖民部温和地试探庄士敦：是否准备返回威海卫？

庄士敦的答复很谨慎："我当然希望能够收到这份聘书，因为这说明殖民部认为我值得提拔。日后如果形势使然，我需要毕恭毕敬向他们讨要一份工作时，这个聘书或许对我有用。我是否接受它主要取决于他们是否打算削减该职位的薪金和地位；倘若削减，或许就不值得我放弃目前的工作，因为加上额外所得，我现在每月收入超过一千元。"[1]1920年夏，溥仪已经擢升他为"类似朝廷顾问之类的角色"。总而言之，庄士敦感到自己"更倾向于维持现状"[2]。

其时，伦敦的殖民部和外交部正在争论骆任廷的继任人选问题。殖民部希望是庄士敦："他可能是殖民部系统中适合该职位的最佳人选——的确，我认为没有其他更合适的人选了。"[3]外交部同样旗帜鲜明："我希望不要考虑让庄士敦先生担任威海卫行政长官一职。作为帝师，他目前的工作很有价值。"[4]他们也估计到，即便把这个职位提供给庄士敦，他可能也不会接受。事实上，1921年年底庄士敦已经为自己的未来做出了决定。退休后他将定居樱桃谷，他感到"在阳光明媚的东方生活了将近四分之一个世纪后，已经不能忍受不列颠岛阴冷的冬季"[5]。与此同时，殖民部也已经决定"在庄士敦结束中国帝师这份临时工作前"[6]不宜让他回威海卫工作。

其间，朝廷方面对庄士敦的关注继续感动着他："整个皇室家族待我极其友善。"[7]当然，徐总统通过购买樱桃谷已经清楚表达了他对庄士敦工作的感激之情。郡王载涛也继续不断地送给他礼物，1920年第三匹马送到他的手中，为此庄士敦不得不送走了自己买的那匹马，以便在狭小的马厩中为这匹新马腾出位置。这还没有完，"皇帝赠给我一匹马……我的马厩只能容纳三匹马，所以我送走了一匹……我不能卖掉它，因为这是郡王载涛送来的礼物"[8]。溥仪除了连续不断地送他陶瓷、宝玉和牌匾等礼物外，还继续给庄士敦赏钱。几乎任何一个重大日子里，庄士敦都会收到一份礼物或赏金："他（皇帝）的生日时，我从他那里收到1 500元的赏金；常规赏金（大约每年四次），每次1 000元。"[9]庄士敦也很大方，每次从皇帝那里收到赏钱时，都会给自己的雇员发奖金。

任帝师的第三个年头，庄士敦已经很好地融入北京的生活中。只要有时间，他就到樱桃谷去。1921年大半个夏季他在那里度过，款待形形色色的客人。其中许多是中国朋友，但更多的是欧洲人。西山日益成为北京外侨的避暑胜地：许多人夏季在那里租住庙宇，以逃离城市的暑热与尘土，随行的自然还有大批佣人；对于那些喜欢锻炼的人，那里有许多平缓的山丘可以漫步；对于其他短暂停留者，如果庄士敦对其感兴趣并进行邀请，那么樱桃谷是一个理想的落脚地。

那年6月，一队英国人在山中徒步旅行。其中一位是艾琳·鲍尔（Eileen Power），这位历史学家第一次到访中国。庄士敦一贯渴望结识有趣的新人，所以鲍尔小姐一行应邀在樱桃谷过周末也就不足为奇了。之后两人的思想火花产生碰撞。艾琳·鲍尔的传记作者日后写道，"庄士敦显然吸引了艾琳·鲍尔——他对古老的中国很了解，这是她热切向往的；而他则欣赏这位同样有着文学爱好的美丽知识女性"[10]。艾琳·鲍尔在樱桃谷自然非常愉快，她注意到庄士敦"沉浸在中国事物中""非常有趣"，并且在她停留期间，他借给她一匹马。[11]返回北京后有朵拉·布莱克和伯特兰·罗素的陪伴，艾琳·鲍尔过得也很愉快。当然，他们曾经到庄士敦北京的家中做客，但她是否在城中再次见过庄士敦则无人知晓。其时，他没有提及他们在樱桃谷的见面，也没有提及此后在北京的任何相见。不过，她并没有被忘记，数年后他俩建立起非常亲密的关系。

庄士敦不是在樱桃谷欣赏美景，就是在北京城溥仪那里。随着溥仪上课越来越正规，他开始醉心于做一名导师而非教师。时间流逝，溥仪对这位苏格兰人也越来越敬慕："他让我感觉到西方人非常聪明、有教养，他是最为博学的西方人士。我认为即便是他也没有意识到他对我的影响有多深。"[12]庄士敦在朝廷内的深远影响引来各种流言蜚语，部分谣言甚至最终出现在中国报纸上。庄士敦听任他的部分行动比如他同内务府和太监的不懈斗争被曲解："我开始习惯中国各类报纸对我本人及宫中事情做出的各种怪异报道。北京的中文报纸似乎从不厌倦对皇帝及其随从的言行举止进行胡编乱造。"[13]

有时他对这些故事纯粹置之不理，特别是一些暗示他们之间存在同性恋关系的谣言，让庄士敦感到可憎可恶。不过，1921年，他两次写信给报社来纠正他们关于溥仪的报道："《北京社论》（*Peking Leader*）（北京一家相当排外的英文报纸）也进行过不实报道。一两天前关于皇帝生日庆典，他们发表了一篇具有诽谤性的社论，并且威胁他如果他'不小心'，就会遭到'毁灭'——所以我以自己的名义给他们发去一封信，对他们进行驳斥。……关于本月皇帝出国的传言（或许您已读到）当然是胡说八道，我已经写信给《华北捷报》（*North China Daily News*）辟谣。"[14]

关于溥仪要离开这个国家的传言开始传入媒体，并不令人惊讶。庄士敦讲述的关于牛津和英格兰的故事一直深深吸引着溥仪："自从庄士敦进宫后向我灌输各种西方文明，这些知识连同我年轻的好奇心，让我对自己的周围环境及自身受到的种种限制感到不满。"[15]庄士敦清楚溥仪的感受，1921年他写道："皇帝越来越渴望出国。……他有自己的心愿并开始着手行动，我祈祷他不久能够如愿。他私下几次向我讲起这件事，希望我届时能够陪他一起去。"[16]

庄士敦没有去阻止溥仪的这些梦想，尽管他给报纸写信否认任何此类计划。他仍然坚信，拯救溥仪生命的唯一方法就是让他离开紫禁城，欧洲之行仅仅是皇室教育的一种延伸。然而，庄士敦正在玩一种危险的游戏——这最终会给溥仪带来灾难性的后果。在试图打破宫廷生活的繁文缛节中，他激发起一个少年的想象力，给他以虚假的希望。庄士敦似乎真的不知道自己在做什么。比如，他向溥仪介绍了电话，试图让他与外界进行一些联系。溥仪请求安装一部电话，朝廷方面的反应自然可想而知："按照祖宗传下来的老规矩，此类事情没有先例。如果安装一部电话，岂不是任何人都可以同陛下通话，这种事情在您先辈那里可从未发生过。"[17]在庄士敦的支持下，溥仪得到了他的电话，并且最终试图用它来逃离紫禁城。

溥仪想逃离紫禁城也很自然。他在那里度过了自己的大部分时光，随着年龄增长，他渴望去看看庄士敦多次向他描述的那个世界。1921年9月，庄士敦看到溥仪因母亲自杀而痛苦。他们母子关系本不亲密，因为自幼他就被剥夺了母亲的陪伴。在他的自传中，溥仪对这件事甚为冷淡，他虽然自责将母亲推入这种境地，却没有流露出丝毫悲伤。他甚至没有提及在生母停灵期间他去做最后的告别，而这是他在成为皇帝后第一次有机会离开紫禁城。[18]他乘坐的汽车沿着士兵林立的街道浩浩荡荡地驶向北府，在那里陪母亲度过了半天时光。那一定是一次痛苦的经历，因为醇亲王福晋通过吞食过量鸦片结束了自己的生命。尽管溥仪对此事保持沉默，但庄士敦却为这个年轻人的举止自豪，因为他"自始至终表现很好"，尽管他"非常痛苦"。[19]

庄士敦试图通过安排欧洲之行来抚慰这位少年。溥仪同庄士敦一样渴望离开北京，伤心的北府之行更激起了他远行的欲望。但令庄士敦恼火的是，溥仪的父亲和祖母继续反对他们的任何行动。[20]其他斗争仍在继续，直到1921年11月庄士敦才终于设法让人检查了溥仪的眼睛。经诊断，溥仪患有严重的近视，遵医嘱，他配了一副眼镜天天戴着，从此他长达两年之久的头痛很快消失了。但同时庄士敦还发现溥仪患有贫血。事实再一次证明，似乎只有庄士敦真正关心溥仪的健康与幸福。[21]

1922年年初，溥仪送给庄士敦一件特殊的礼物，这件礼物代表了他的崇高敬意："几天前颁发了一道'圣旨'（其体式一如从前，只是不再涉及国家事务）。旨意简短扼要……所以我现在是一名真正的清朝二品官员了，珊瑚顶戴！"[22]同时随赐一件紫貂大衣，庄士敦十分高兴："这件紫貂大衣是一件非常华贵的长袍，完全用紫貂皮制成，据说当前市价四千余元。"四千余元相当于一名华务司一年的薪金。[23]他的紫貂官帽，顶上镶有一枚珊瑚顶珠，同样价值不菲。当时，朝廷封赏官袍时，顶珠通常由自己购买。但对于庄士敦，甚至连顶珠都由内务府总管送给他。这是一项巨大的荣誉："我知道之前也有其他欧洲人被封赐为清朝高级官员，比如赫德（Robert Hart），但宫廷人员告诉我，我是第一位被赏穿紫貂大衣的外国人——更别说赏赐大衣了，通常只有极少的中国人或者说只有皇室人员才能获此殊荣。"[24]本质上，这份荣誉只授予皇室亲（郡）王，而极少有其他人。这说明庄士敦不仅受到溥仪的尊重，也受到皇室的尊重。

庄士敦把他华丽的新袍带到樱桃谷，在那里穿上清朝官员的新装拍了几张照片。这是一个令人骄傲的时刻，但也不可避免地给庄士敦的帝师生涯画上了一个句号。距离上一次的华丽上镜已经过去了18年，那一次是他出发去曲阜为衍圣公送国王画像。那时他年仅29岁，身材修长、相貌英俊、神采飞扬。现在的他是一位47岁的苏格兰清朝官员，岁月已在他的脸上留下了痕迹。庄士敦现在看起来老了，忧虑憔悴，很容易被误认为五十多岁。他已经数年没有进行真正艰辛的长途旅行了。北京的悠闲生活已经把一位身材修长的运动员变成了一名略有发福的老者，唯有他那闪闪发光的蓝眼睛依然明亮如昔。

庄士敦世界各地的朋友和熟人都收到了这张照片。他甚至给玛格德琳学院的院长也寄去了一张，同时附有一封信介绍他的职业生涯，解释了自己在宫中的职责并充分阐明自己对该职位的看法：

> 至少理论上，天子的师傅只能由品行方正的杰出学者来担任，所以该职位是普通人可获得的最高职位之一。帝师不仅是我们通常意义上的老师，还是皇帝的心腹顾问（甚至在国事方面），实际上，除亲（郡）王以外，是唯一可被皇帝视为朋友之人。[25]

庄士敦的确极其认真地履行了自己的职责。

随着溥仪的学业不再那么紧张了，庄士敦在越来越多的时间里只是作为他的一个陪伴。当溥仪对自己的反常境地感到沮丧时，是庄士敦跟他谈话，努力让他振作起来。除了国际形势外，他们还讨论中国日益危险的境地。溥仪订阅了20种不同的报纸，这些报纸被定期送进宫中，他们共同阅读并坦诚地讨论中国局势。庄士敦毫不掩饰自己的观点，他认为，"君主制在后期变得非常糟糕，但民国至少比它糟糕20倍"[26]。他告诉溥仪"根据某杂志中的一篇文章，即便反对君主制者也对民国表示失望"[27]。庄士敦相信，君主立宪制有一天可能真的会在中国实现，尽管可能性很小。

随着溥仪日渐长大成人，他对自己的处境越来越不满。有时，他觉得生活无意义，这让他感到沮丧；不能离开紫禁城又徒增他的挫败感。庄士敦尽力鼓励他，同他谈论去欧洲旅行，试图让他对皇宫里无处不在的浪费与腐败做些改变。这位帝师从未放弃试图让溥仪逃离紫禁城。然而，为自由第一次主动出击的是溥仪本人。

1922年6月，徐世昌辞去大总统一职，北方政府陷入一片混乱。在接下来的十二个月里，有六位部长和前后两位总统。拥护君主制的总统下台后，溥仪闻风而动，决定在庄士敦的协助下前往英国公使馆，在那里"他打算向中国民众发布一项声明，大意是他放弃了授予他的头衔和特权……不再接受岁用津贴"[28]。在徐世昌辞职后的那一天，溥仪同庄士敦进行了一次长谈，当时根据溥仪的说法，"亲（郡）王和官员们恳求庄士敦带我去英国公使馆避难"[29]。另一方面，溥仪想立刻去欧洲，他指示庄士敦在紫禁城准备好两辆小汽车带他们去公使馆。溥仪决定宣布放弃手中现有特权后，就从那里同庄士敦一起去欧洲。经过长时间的争论，庄士敦才最终劝服溥仪放弃了他的计划。1922年初，庄士敦就得到保证，如果溥仪处于生命危险中，英国公使馆将在使馆区为庄士敦提供一栋房子供溥仪安全居住。庄士敦费了九牛二虎之力才让溥仪相信，因为他没有性命之忧，所以英国当局不会同意为他提供庇护。[30]

庄士敦几乎同溥仪一样热切希望看到他脱离紫禁城的束缚。庄士敦就像当年渴望生活在普陀寺一样，盼望着欧洲之行。没有人比他更清楚溥仪是多么沮丧，他的生活是多么没有意义。但庄士敦不是16岁的少年，他是精明睿智的管理者，比溥仪更了解西方政治。他同英国公使馆保持密切联系，清楚他们对溥仪的看法，因此他明白溥仪去那里只会尴尬，不会受人欢迎。尽管让溥仪逃离这座城市的希望破灭让庄士敦伤心，但他感到除了阻止这项计划外自己别无选择。他确信他们最终会离开这座"镀金"监狱，但不是逃离而是得到朝廷和政府的同意。

溥仪年仅16岁就被安排大婚这件事清楚表明，溥仪生活的方方面面都已经被预先规划好了。1922年，溥仪的婚礼筹划了数月时间。结婚后，溥仪正式成为一个男人，尽管他在许多方面还是一个孩子。一个男人不需要老师或课堂，所以自1922年3月溥仪订婚后，庄士敦就准备结束他的帝师生涯。三年帝师合同已经完成，他期待着不久之后在樱桃谷开始一种全新的生活。那里有宽大的双层房屋，不少于七栋避暑房，庄士敦颇为浪漫地视之为自己的"小仙境"。[31]然而即便能够退居樱桃谷，离开朝廷和他深爱的溥仪，还是令人悲痛，所以当他被告知"皇室不希望我辞职"并且溥仪请求他继续留任时，他感到无比欣慰。[32]

果不其然，被选为溥仪皇后的这位年轻女子来自一个皇室家族。未来的婉容皇后与溥仪同龄，来自一个古老的满洲贵族。清帝逊位后，她同家人居住在天津。同时，按照传统，溥仪又娶了一位妃子。像婉容一样，她也是满族，但地位较低，结婚时年仅14岁。为皇帝娶妻选妃的这种传统已有数世纪之久。在这件事上他没有发言权，他甚至不能在婚前见未来的新娘一面。庄士敦讲述溥仪是如何"让朝廷——特别是皇太后震惊，因为他对自己不止有一个未婚妻而表示激烈反对"[33]。然而，溥仪的抗议被漠视。

1922年3月溥仪订婚，那个夏季他试图劝说庄士敦帮助他逃往欧洲。溥仪没有提到一旦成功离开中国，新娘的命运会如何，对此他显然缺少关心。婉容在他筹划的西方之行中并不重要。庄士敦解释说这"或许并不完全令人惊讶……鉴于满洲传统，更不必说宫廷礼节，溥仪不可能在婚前见到这位当选皇后"[34]。

经过九个月的筹备，一场盛大仪式——皇室婚礼开始了。每一步骤都有其古老的名字与习俗。在真正的婚礼举行前，先要进行下聘礼、婚约仪式，接受金册和金印，还要向列祖列宗宣布婚讯。所有这些仪式都有着冗长、烦琐的礼节。音乐、游行和精美华丽的宫廷服饰成为当时的风尚。令庄士敦感激的是，尽管他有权穿着他的貂皮大衣，但也被允许在所有这些仪式中穿着欧洲礼服。他的大礼帽还从未像现在这样频繁地戴过。

1922年12月1日，庄士敦观看婚礼庆典时明白，该庆典是这个国家的盛事之一。他肯定猜到（颇为正确）眼前的壮观景象永远不会再在中国上演。婚礼本身就很漫长，皇后凌晨三点开始从家中出发，在骑兵、步兵和乐队的护送下前往紫禁城，另外还有60名提灯笼者、70名旗手、22名轿夫，以及佣人、太监和内务府官员随行。这道奢华、壮观的场景过去一个小时后，迎娶妃子文绣的规模较小一些的队列过来了。紫禁城里冗长的大婚仪式正式开启了长达五天的节日庆典。仪式进行数小时后，所有音乐、唱颂和典礼才告完成。成千上万名侍臣和官员身穿华丽的袍子列队穿城而过，礼物和盛宴是这场古老神秘的仪式的一部分。该仪式标志着溥仪时代的来临，这是皇室华彩在北京的最后一次绽放。

庄士敦，作为参加婚礼的唯一一位外国人，获准写有关婚礼方面的文章，发表在《泰晤士报》和《乡村生活》（Country Life）上。溥仪甚至允许他拍照片（其中包括一张婚床的照片）发表在上述或其他出版物中，配上详细的仪式描写。庄士敦所著的《紫禁城的黄昏》中提到了这次大婚仪式。他在书中对这次婚礼的描写，将紫禁城的生活首次真实地呈现在英语读者面前。庄士敦通过这些文章，让溥仪的名字走进千家万户。这一策略取得了成功，欧洲的编辑们吵着要庄士敦续写故事。[35]庄士敦拒绝了他们的甜言蜜语，计划等尚有希望的欧洲之行成功后再说。

尽管庄士敦对这场婚礼进行了得体描述，没有一丝浮夸，但他私下对这件事一直存有亵渎之意。这整件事显然搞得库克心神错乱："她愤怒而厌恶地离开了北京，因为她未能赢得皇帝的欢心。他同满族女孩的婚礼对这位可怜的老库克来说是一次可怕的打击。"[36]

作为庆祝的一部分，庄士敦劝说溥仪为在北京的外国政要专门举行一次招待会。招待会后，溥仪"脱掉龙袍，换上一件普通的长外衣，穿一条西裤，戴一顶鸭舌帽。当时庄士敦和他的部分朋友正好一起走过来。……庄士敦认出是我时，看见我身上穿的衣服，他的脸变得通红。这让我很惊恐，洋人们失望的表情让我困惑不已。他们离开后，庄士敦仍然大发脾气，他怒冲冲地对我说：'皇上，您这是什么意思？中国的皇帝竟然戴一顶猎人帽！天哪！'"[37]

尽管受到了严厉谴责，但在大婚庆典中溥仪并没有忘记他的老师。庄士敦被授予一品顶戴——这是廷臣难得的一项殊荣。对此，庄士敦像当初受赏紫貂大衣一样高兴，但也不禁叹道，尽管"从此再也不能高升……但满人在封赏荣誉方面待我比殖民部更大方！"[38]他终生一直珍藏着溥仪那天赠给他的银质酒杯。

随着庄士敦的地位提高，住所也发生了变化。新房子"很大、很宽敞，有大院子、车库、马厩和图书室"[39]。这幢房子修筑在景山上，可以很好地看到紫禁城。房屋原主人"是一位精神错乱的满洲贵族，负担不起住在这里的开销。一侧的墙壁铺着黄色琉璃瓦！"[40]民国时期的许多满人已经养护不起他们奢华的房子。作为对这位贵族的小小帮助，皇室接管了这栋房子供庄士敦居住，没有房租。有了新房子，加上日益可观的收入，庄士敦还购买了一辆新的有篷汽车。他购买新车的理由是"北京这样的地方尘土太多，有篷车比敞篷车更舒服"[41]。

随着溥仪成婚，庄士敦的职责正式发生改变。1922年，他已经没有了授课任务，但即便庄士敦因无功受禄而颇感愧疚，皇室——特别是溥仪，此时感到庄士敦已经成为他灵魂的重要组成部分——坚持让庄士敦留任。[42]皇室重视庄士敦对年轻皇帝的影响；几个月过去了，庄士敦越来越成为"一名方方面面的顾问"[43]。尽管溥仪"仍然继续学业"，但现在只是"散乱地"进行学习，并且庄士敦相信他的帝师职责不会持续太长时间了。[44]尽管如此，庄士敦还是有很多值得感激的事情。他的薪水依然很高，樱桃谷仍然是他想去就去的地方。

在庄士敦的指导下，溥仪对他从未见过的这个世界越来越感兴趣。偶尔，这也产生不利影响。1922年，他剪掉了自己的长辫子——自从革命派剪辫后，发辫成了满人保守的标志。他回忆道："庄士敦的唯一评论是中国的长辫子是'猪尾巴'，这足以让我剪掉自己的辫子了。"[45]廷臣持有幻想，溥仪的中国师傅坚定不移地继续留着辫子以示反对。庄士敦自然认为这整件事很搞笑。

庄士敦有一辆小汽车，所以不久溥仪也希望有一辆。经过一番艰苦的战斗，他的愿望终于实现了。这是典型的溥仪生活，虽然得到了这个贵重的玩具，但他实际上并不需要它。成为车主的第一年，他只用过两次车去紫禁城外。每次都是去探望生病的师傅，他们的住处离紫禁城不远。宫墙外这些来之不易的冒险行为没有多少乐趣可言。溥仪每次离开城门都是去看望某位生病或垂死之人，在武装卫队的护送下乘车前往。其余时间，这辆车只能在宫墙内的院落里被随意地开开停停。

庄士敦可能对自己的命运较满意，但溥仪却一直不开心。他的婚姻没有给他带来多少慰藉，他依旧烦恼，谋划离开紫禁城。从一开始，溥仪的婚姻就不正常。新婚之夜他没有理睬自己的妻子。不论是皇后还是妃子似乎在他的生命中都不重要。的确，在溥仪的自传中，更多提到的是庄士敦而非婉容。

庄士敦试图鼓励婉容像他那样走近皇帝，溥仪给婉容取了个英文名"伊丽莎白"。这种做法一度奏效，溥仪夫妇在庄士敦的鼓励下一起度过了一段快乐时光。庄士敦试图协助将婉容的随从同溥仪的随从合二为一。考虑到内务府根深蒂固的保守性，这种计划并非总能成功。不过，他的确设法同婉容的英文老师伊莎贝拉·英格拉姆（Isabel Ingram）建立起友好关系，她成为"我在西山寺庙的女祭司"。尽管庄士敦怀疑"他们之间是否有过真爱"，[46]但是庄士敦尽最大努力去改善溥仪同婉容的关系。庄士敦一生中仅有过两次真正的恋爱，即便礼节允许，中年单身汉也难以在婚姻方面给溥仪多少指导。溥仪大婚时，庄士敦并不开心，"太遗憾了他们这么早就安排他结婚"[47]。

迄今为止，庄士敦在这座城市有大批朋友和熟人。他遇见了大多数来京的权势人物，并同在京工作的许多学者和哲学家相熟。鉴于此，他经常被邀请到大学演讲或者写评论，但他拒绝了这些邀请。在一定程度上，这是因为他认真履行自己的帝师职责，并且认为自己不应太过公众化。也因为一次演讲或一篇评论有可能成为外交雷区，所以他总是希望尽可能远离政治。

有些邀请被拒绝，仅仅是因为接受它们可能会导致冒犯或尴尬。有一次，庄士敦被邀请为胡适的一本新诗集写评论。胡适是一位著名的哲学家兼批评家，曾经留学美国，后返回中国在北京国立大学任教。他和庄士敦经常见面，彼此逐渐相熟起来。庄士敦称他为"一位非常能干的年轻人"，却无法为他写诗评，因为不喜欢他的诗歌。为了不伤害朋友的感情，庄士敦礼貌地拒绝了这次邀请。[48]不过，他的确利用同胡适的友谊把他介绍给溥仪。这是一个根本性的转变，因为胡适是改良运动的领军人物，这次会见简短而客气。庄士敦回忆到胡适对这次召见极为紧张。溥仪记得庄士敦"嘲讽"胡适的部分诗歌"半用英语半用汉语写成"。[49]

庄士敦对佛教一直很感兴趣。1923年，他被任命为新成立的佛教协会的荣誉会长。[50]该协会坐落在江西省牯岭镇，其成立标志着佛教的复兴，在20世纪20年代中国的许多地区很盛行佛教，庄士敦对此大力支持。

溥仪没有类似的信仰可以让自己有所寄托。他继续像囚徒一样待在紫禁城；即便妻和妾也无法平息他的焦躁。他在婚前争取到的电话成了他同外界自由联系的唯一方式。当然，在20世纪20年代的北京，这种新奇的通信设备还很少见。即便如此，还是有不少人拥有电话，其中包括庄士敦。这意味着溥仪可以日夜给他打电话——溥仪经常这样做。对于大半生都与世隔绝的这位年轻人，只需拿起电话就能与外界取得联系，这简直是一种奇迹。

不久，溥仪意识到在他离开紫禁城的计划中，电话可能是一件有用的武器。他第一次企图离开紫禁城时一直依赖庄士敦的协助，但庄士敦让他失望了。现在他有办法自己来谋划一次逃离。1922年夏天，溥仪逃离紫禁城未遂后，便开始谋划又一次逃离行动。他有一个弟弟，名叫溥杰，同他一起在紫禁城跟随几位中国师傅学习。溥杰同父母一起住在北府，因此比他的皇帝哥哥有更多的行动自由。北府也有电话，这让兄弟俩有机会互相交谈、共同谋划。

通过庄士敦，郡王载涛非常清楚溥仪想离开紫禁城。他对此有些同情，1922年他"在天津英租界准备了一栋房子，（溥仪）可以在紧急情况下前往避难"[51]。庄士敦知道这栋房子，但一直希望溥仪只是在合法离开北京的情况下居住在那里。然而，溥仪另有想法，没有庄士敦的帮助，他开始在溥杰的协助下筹划日后在天津的生活："我们逃跑计划的第一步是筹集费用，即把宫中最珍贵的字画、古董运出紫禁城，借口是我要把它们送给溥杰，实际存放到天津家中。"[52]藏好一批珍宝后，下一步就是计划从紫禁城秘密逃往使馆区，在那里"民国当局和廷臣无法接触"他。[53]

在自传中谈到这项计划时，溥仪坚持庄士敦不仅知道这项计划，而且积极地参与其中。庄士敦在《紫禁城的黄昏》一书中则否认自己与这件事有任何瓜葛。另外，在他频繁发给骆任廷的长信中也没有提及这项计划。或许溥仪相信庄士敦在这次行动中会与他站在一起。的确，如果庄士敦感到溥仪有性命之忧，毫无疑问他会心甘情愿地帮助溥仪迁离紫禁城。

庄士敦从未掩饰自己想把溥仪从紫禁城解救出来的愿望。1922年，当南方政党有可能在北方掌权时，庄士敦写道，"皇帝或许会处境不利，不得不离开这个国家——而他本人也急于这样做"[54]。一年后，政治形势非常糟糕，英国外交部说"中国现状混乱""现有政府仅仅是名义上的"。溥仪或许有理由认为庄士敦至少会支持他离开北京的新计划。[55]

庄士敦在外交界同在朝廷一样得心应手。现在他同政府的许多高级官员进行交往，经常参加宴会和外交招待会。1923年2月24日，他出席一次外交活动，根据庄士敦的说法，荷兰公使夫人走近他说，她的丈夫病卧在床，希望马上见到他。去荷兰公使馆的路上，庄士敦被告知，溥杰一直同他们保持联系，请求为溥仪提供一处避风港，然后协助溥仪前往天津。溥仪的说法是，庄士敦建议他接洽荷兰公使（当时是北京外交界资历最高的成员之一），于是溥仪给公使打电话，随后派溥杰代表他进行谈判。

无论哪种版本是真实的，荷兰公使肯定都被要求帮助溥仪前往天津。郡王载涛也知道这个计划，因为他在那里已为溥仪安排好了一栋房子。逃跑时间定在2月26日，但溥仪在离开他的"皇家监狱"时被拦住了。拒绝觐见皇上的庄士敦数日来并不了解整个情况。从发生的情形看，似乎溥仪在仆人和太监面前没有任何秘密可言。溥杰带着沉重的箱子出紫禁城已经引起了怀疑。他自己的仆人可能已经把这个秘密报告给了醇亲王。城门被封起来了，溥杰不能按计划找到一辆进城的车，荷兰公使担心引发一场外交事件，拒绝了溥仪的请求，没有把自己的轿车派至紫禁城城门口。溥仪感到了挫败，很是气愤："从那时起我讨厌看到高高的宫墙。"[56]

被皇室指责参与了这场阴谋的庄士敦，极力否认自己参与其中。随后他开始查明究竟是谁制定了这个计划，为什么溥仪决定在他17岁生日①的前一天采取行动。庄士敦不相信这两个年轻人是这场计划的始作俑者。他最终把矛头指向郡王载涛，但在《紫禁城的黄昏》一书中他并没有直接指名道姓。

那时，张作霖位列中国北方最有权势的军阀，控制着满洲里。张与1917年闹过短暂复辟的张勋有姻亲关系。庄士敦碰巧"知道张（作霖）

---

① 译者注：溥仪出生于1906年2月7日。

和郡王（载涛）关系挺好”[57]。庄士敦花了些时间才弄清这件事情的原委：“君主主义者督军张勋将欢迎溥仪去天津并成为他在那里的监护人。抵津后会很快向他解释，前往满洲里沈阳附近的祖陵进行祭拜是他的责任。……一旦皇帝抵达满洲里……他将置于实际统治者（张作霖）的直接监护下。”[58]

在这件事中庄士敦将溥仪描写成一名无辜的傀儡，可能这也是溥仪为什么后来批评庄士敦自称没有参与这次冒险行动。郡王载涛的卷入确保朝廷会淡化这件事的重要性，但庄士敦清楚其中的含义。满洲是清朝的发源地，如果张作霖成功地恢复皇帝在家乡的王位，那么他将成为北方“军事结构与稳定方面永存的威胁”[59]。当然，整个情形一定让庄士敦非常震惊，溥仪处境可能极其危险。他个人无力使溥仪远离军阀阴谋，只能密切注意，试图用其他活动分散溥仪的注意力。

一个明显的做法是让溥仪参与重组宫廷体制。庄士敦在1922年首次提出该建议，但诸如皇帝大婚之类的事件将此事推至幕后。为了把这个少年的注意力从夭折的逃跑尝试中转移开来，他鼓励溥仪去调查内务府的奢侈浪费现象，去解决太监问题。五个月后，他成功地看到太监制度被废除。

庄士敦知道，紫禁城存在着大量腐败现象。作为内务府的一部分，太监是主要腐败人员，但该部门其他高级成员也概莫能外。确实有成千上万件珍宝存放在紫禁城周围的房间里。有些已经尘封了几个世纪，有些已经被卖掉用来偿还皇家债务，但究竟是哪些被卖掉并不清楚。溥仪后来回忆：“这一切似乎是掠夺皇家珍宝的一场狂欢。”[60]因此首先要查明还剩下哪些，都存放在何处。溥仪下令清点皇宫宝藏，宣布从检查建福宫开始，建福宫是紫禁城最重要的宝库之一。但是在他有机会查看那里的宝藏前，1923年6月27日夜的一场大火把这座建筑毁于一旦。几乎可以确定纵火者是心生不满的太监，大火造成巨大损失。庄士敦称这次大火是“灾难性的”“被毁宝藏价值约10 000 000元”。[61]火灾发生数周后，他把损失情况列了一个清单发给骆任廷：“损失藏品中包括大量纯金佛像（非镀金），一本原版《图书集成》，包括唐代在内的各个朝代的画作与瓷器！这并不能说明宫内已无任何宝藏，仍然有大量同样珍贵或者说更为珍贵的藏品，但损失是巨大的。"[62]他为那些被毁的美丽物件和珍贵的古代历史典籍而惋惜，更不用说建筑本身遭受的破坏了。庄士敦自拟的损失清单中有将近3 000尊佛像，1 000余幅绘画，近2 000件祭坛金饰、瓷器、玉石和青铜器，还有书籍和皇袍。[63]

庄士敦在悲叹这场大火的同时，也高兴地发现它"带来一个好结果——间接导致太监制度的取消"[64]。在同太监的长期战斗中，他没有对溥仪隐瞒自己的观点，反而把孙洪义汇报给他的信息转告他。溥仪写道，"庄士敦告诉我，在他居住的天安门大街上新开了许多古玩店，其中部分店铺据说为太监所有，他们利用店铺来售卖或典当皇家珍宝"[65]。这场大火让溥仪借机对太监采取行动，他一直在"等待一个合适的机会来清除他们"[66]，并且他对他们的背叛行为感到愤怒。7月15日，他下旨驱逐手下的太监并限其一个小时之内出宫，以尽量减少他们进一步破坏的机会，仅有50名太监被留下来侍奉三位皇太妃。[67]对这位逊帝来说，这是一个重要时刻，因为对太监的驱逐比其他任何事情都更能表明，宫廷正不可逆转地进入20世纪。即便庄士敦也承认这是"一件划时代的大事！"[68]他后来不无欣喜地回忆起"一群群宫中太监惆怅地坐在景山和紫禁城北墙之间的校兵场上，三三两两地等着回宫去收拾个人行李"[69]。

庄士敦以自己的微薄之力对这场驱逐进行纪念，同时借此让溥仪从无望的处境中解脱出来，庄士敦在建福宫废墟上安排修建了一个娱乐区。[70]1923年秋天，他尽其所能让皇帝高兴起来。庄士敦教溥仪打网球，网球场也建在这里，还"为他拼凑了一个健身房"[71]。为了鼓励婉容和溥仪更多地在一起相处，他为两人购买了自行车。庄士敦对结果很满意："溥仪还学会了骑自行车，年轻的皇后也骑着一辆！当然他们只能在紫禁城内骑行。"[72]就在几年前溥仪还被大队人马抬着到处走来走去，现在他骑着自行车在宫内自由飞驰一定令人耳目一新。庄士敦甚至命人拆除了门口的台阶，以便溥仪和婉容能够毫无障碍地骑着自行车在建筑之间穿行。

尽管他对许多当权者有不祥的预感，但庄士敦仍像初来北京时一样继续同政府官员进行交往。有些见面较为愉快，尤其令人高兴的是1923年年底欢迎新任总理孙宝琦，孙是前任山东巡抚，也是他的旧相识。他们经常见面，孙宝琦常常问起他的老朋友骆任廷，此时后者已在不列颠安享退休生活。由于孙倾向于君主制，庄士敦不确定他作为一个共和派总理是如何应对的，但评价他是"一位老派的中国绅士，远比革命党好得多"，因此孙深受皇室成员欢迎。[73]对孙宝琦而言，他非常欣赏庄士敦为把溥仪培养成一位适合代表中国的立宪制君主所付出的艰辛努力。

对庄士敦来说，1923年是他任帝师以来最不安心的一年，最后他几乎厌倦了自己的职责："我仍然留在宫内，但实际上已经停止了教学，因为皇帝已经放弃了系统学习。我同他谈了大体情况，帮助他振作起来。……我几次提出辞职，因为我不想白拿薪水，但迄今为止皇帝已经断然拒绝我离开。……当我真正可以离开现职时，我可能会在乡间定居下来，或许在北京也拥有一栋很小的房子，全力以赴完成我手头目前进度不一的12部书。"[74]

尽管庄士敦感觉自己在北京的帝师生涯已经走到尽头，但他仍然对溥仪忠心耿耿，拒绝接受其他聘请。庄士敦已经第三次被提名为香港大学副校长人选，但他拒绝了，声称"仅仅为了更高的薪水而离开溥仪将会令人不齿"[75]。无论如何，他仍然坚持认为自己被港大雇用的机会很小。该职位的一位前任曾经告诉他，他的任命将会遭到"知名华人的反对，因为他们担心我同满洲朝廷的关系将意味着我反对共和派，因此不受学生欢迎！也不受传教团体的青睐，后者因我反基督教而反对我"[76]。

庄士敦感到疲倦，但对自己的命运并没有过分不满。天堂般的樱桃谷在召唤他去那里安享晚年。他收入丰厚，朋友广泛，是溥仪的知己。庄士敦明白自己没有什么可抱怨的。1923年即将结束时，他唯一的希望就是紫禁城这份体面的工作能够再维持几个月。他无法预言自己的这份工作会有怎样的改变，但随着时间一月月流逝，他一直希望陪同溥仪前往欧洲的可能性越来越小了。他永远不会猜到，在不到一年的时间里，将会有怎样的灾难降临到他们身上。

第十一章

梦之终结（1924—1926）

遣散完太监后，溥仪开始关注内务府的整顿事宜，他对内务府的过度开支已经有所了解。他的朝廷远远小于帝国时期，但每年的支出额"甚至比慈禧太后时代还要高"[1]。溥仪只能假设（正确地）这是该部门内部普遍的低效与腐败所致，"庄士敦当然视之为吸血鬼，他的这种观点坚定了我清理它的决心"[2]。得知没有授课任务的庄士敦不想无所事事，溥仪便让他帮助重组内务府。庄士敦首先建议选择一个双方都信任的人来主持这次行动，官员郑孝胥被选中。这一任命完全背离了帝国传统，此类肥缺一贯由满人担任；郑孝胥是一位汉人。由于没有家族或家庭的牵绊，他即刻对该部门进行重组，解雇最腐败的成员。"就职没几天，郑就成为紫禁城里最不受欢迎的人"[3]，但他有庄士敦和溥仪的支持，打算尽全力把改革进行到底。

庄士敦非常尊敬郑孝胥。他是一位老派儒家学者，诚实尽责："三个月内，改革已见成效，宫廷开支每月削减了数万元。"[4]当然，他为此遭到内务府的强烈反对。当郑开始草拟详细的宫廷珍宝清单时，内务府为了阻挠他的计划而告知民国政府，他正在评估这些宝物以便卖掉它们。这个聪明的把戏让政府反对溥仪改革，郑孝胥甚至受到了死亡威胁，但这位勇敢的官员依然继续他的工作。

他和庄士敦互相尊敬。庄士敦从骆任廷那里懂得如何表现得像一名中国官员。他是溥仪最信任的官员，尽管有着种种缺点，但非常诚实。

郑孝胥和庄士敦信奉审慎的财务管理，两人都想一劳永逸地限制内务府的权力。没过太久，这两人便开始计划他们的下一步行动。

削减宫廷开支的一个明显做法是让溥仪带一小队随行人员迁往颐和园。庄士敦多年来一直为此而争取。《优待条例》并没有限制这样的行动，但内务府一直阻挠。他们坚持说，如果溥仪离开紫禁城，他会永远失去他的皇家珍宝，因为颐和园太小了，不足以容纳所有这些东西。庄士敦则不以为然，认为如果能够同政府达成协议确认哪些是国宝，那么"皇室或许将毫无争议地拥有全部剩余珍宝"[5]，这些就可以运往颐和园。于是内务府又争辩说，颐和园条件太差，无法安置皇帝。庄士敦认为这也不是问题，可以重修颐和园。其实，内务府的主要反对理由他们不敢说出来，即颐和园容纳不下紫禁城的全体员工。工作将会丢掉，"薪金或额外收入会减少，挂名的好差事不复存在，迄今为止用以维持一个庞大而无用之机构的资金会被撤回"[6]。

郑孝胥同意庄士敦的观点，即迁往颐和园只会带来好结果。他们两人都感觉实现该目标的唯一途径是让颐和园脱离内务府的管辖。最终的解决方法很高明，郑孝胥向溥仪建议，应该任命庄士敦为颐和园的皇家监管。庄士敦的欢乐之情溢于言表，"相当一部分皇家领土应该完全脱离他们的控制，置于一个西方异邦人的掌管之下"[7]，这一消息给内务府带来的冲击令他兴奋不已。

颐和园是皇帝的乡间园林，距离紫禁城约7英里。每年春天，慈禧太后会带着她的宫廷人员到颐和园进行长时间的避暑。自12世纪起，颐和园就是一处类似宫殿的所在，里面大部分建筑尽管是按照中国传统风格修建，但相对来说比较新。1860年，该宫殿遭到洋人军队的第一次破坏。1900年，为了报复义和团，洋人军队再次洗劫这座宫殿，破坏了大量建筑。慈禧非常喜爱这处园林，1900年后对其进行了大规模重修，部分重修资金挪用了中国海军的专用款项。

不像宏伟的紫禁城，每座宫殿都有其专属功能，颐和园是一处娱乐场所，环湖而建，由一系列园林和小径连接的亭台楼阁组成。例如，它号称有中国最大的戏台。戏台是这个地方最具魔幻色彩的典型代表，三

颐和园的石舫（经乔治·沃森学院和苏格兰国家肖像馆骆任廷收藏许可）

层楼高，其天花板和地板都有活动门，便于超自然的生灵在舞台上出现和消失，宛如幻境。昆明湖是中国最美丽的湖泊之一，美丽的楼阁雕梁画栋，一派迷人的湖光水色。湖上有一座巨大的石舫——从多方面来看，这完全是一个讽刺，本该用于中国海军建设的资金被挪用来修建这座无用的奢侈品。紫禁城内装饰华丽，建筑一座连着一座，而颐和园则由建筑、园林、山丘和绿地汇聚而成，无怪乎庄士敦渴望迁往颐和园。

　　如果说把颐和园从他们手中转交给庄士敦来管理还不足够令人震惊的话，内务府很快就收到一个更令人震惊的消息。任命庄士敦为皇家总管后，溥仪接着宣布自己希望到访颐和园，这自然遭到反对，但溥仪和庄士敦立场坚定。1924年春溥仪第一次走出北京城，溥仪和庄士敦率领一队随从出城，婉容乘坐着第二辆车，六辆护卫车满载民国卫队，另外六辆车满载着内务府官员。

在那之前，父亲在北京的府邸是溥仪去过的最远处，距离紫禁城仅有几分钟车程。真正穿越北京城到乡下去，令他大开眼界。庄士敦写道，溥仪"第一次去郊野，见到他从未见过的颐和园，很是高兴"，这"远远超出他的想象"。溥仪"在园中漫游，愉快地穿行在众多疏疏落落的建筑间"[8]。尽管内务府警告说此地维修状况很差，但他们却发现"毫无破败之相"[9]，愉快的一天在湖上泛舟中圆满结束了。

除内务府外，这一天对所有人来说都是一次巨大的成功。溥仪不再试图冲往使馆区寻求庇护，政府的恐惧也随之消除。他发现了自由的乐趣——尽管是有限制的自由，庄士敦则在朝廷上牢固地树立起自己的权威。下一个任务是管理颐和园以节省财政开支，供溥仪居住。

庄士敦开始在颐和园度过越来越多的时间，最终在1924年8月搬到那里住了一个月。尽管环境怡人，但他的工作并不轻松，"一切并非一帆风顺，我不得不同大量恼人的反对作斗争，甚至受到（匿名信）暗杀威胁！"[10]朝廷官员处处阻挠他。庄士敦大胆引进新举措，例如，进行建筑招标——这对内务府来说是一个相当陌生的概念。修缮建筑，审核附近农田租金，昆明湖的鱼卖给鱼贩，出租狩猎，游客购票入园。庄士敦甚至要求"某些地方商铺，如一家旅馆、一家玉泉苏打水厂、几家茶馆和一家照相馆上缴一定份额的利润"[11]。不超过三个月，他"实际已经成功消灭了年度财政赤字，从而减轻了内务府沉重的维修费"[12]。

他最初把自己的住处安置在颐和园龙王岛上一个美丽的楼阁里，这里是"颐和园瑰宝之一"，遗憾的是距离主建筑群比较远，所以不久他就搬到了颐和园的东段——美丽的谐趣园附近的晴天阁。庄士敦发现在这里可以很好地照料颐和园，精雕细刻的游廊连接着一座座亭台楼榭。这个"宜人的幽居之地"还有"一个围墙环绕的幽静花园，一条奔流的小溪和几处亭台"[13]。

溥仪和他的中国师傅或许一开始就认为任命庄士敦仅仅是为了哄他开心。当然了，1924年的春天世事难料，尽管"历经谎言与谩骂"，庄士敦还是成功地为朝廷引进了一系列改革措施，[14]这耗尽了他全部的行

189

政管理经验。既然无法阻止他的改革，内务府就利用政府中的支持者来试图回击庄士敦。他被指控进行不合时宜的商业活动，最终被迫在《北京日报》上对针对他的这些指控进行反驳。[15]在这种激烈反对下进行工作，实属不易。对庄士敦来说实在糟糕透了，但对可怜的郑孝胥而言则一切难以承受："他英勇无私地奋斗了几个月""最终败下阵来"，请求辞职。[16]

　　庄士敦住在颐和园，这给溥仪另外一种鼓励。最终，他有了定期离开紫禁城的借口。庄士敦希望，溥仪证明自己的行为可靠后，可被允许在没有武装护卫的情况下前往颐和园。毕竟他能伤害谁呢？但政府当局坚持对他进行严密监视，所以每次出行都有六辆车的士兵进行护卫。1924年夏，溥仪和婉容两次去看望庄士敦，玩得很尽兴。他为这对皇室夫妇举办了奢侈的午宴，专门为溥仪建造了三艘划艇，让他"第一次学习划船"[17]。即便这样单纯的事情，也令宫廷官员"惊恐不已，他们看到天子竟然在划桨，而这种体力活本该留给船夫来做"[18]。打破数世纪以来的皇家传统从来都不是一件容易事，但庄士敦固执地决定要尝试一下。溥仪证明他可以在不引起叛乱的情况下，离开这个小小王国——慢慢地，长期套在他身上的枷锁开始稍稍松动了。在这种新自由的驱使下，他甚至于那年的八月同庄士敦一起去西山进行了短暂漫游。

　　即便在颐和园工作最繁忙时，庄士敦仍然不断访问紫禁城。他可以在这两地自由出入。溥仪甚至在紫禁城"御花园里划出一栋房子供我私用，方便我晚上偶尔住宿，白天读书写作，溥仪也会私下来这里见我"[19]。庄士敦对此非常满足，房子是一栋华丽的两层建筑，黄色屋顶，走廊精雕细刻。他可以在这里安静地工作，处理溥仪的所有外交函件（就像他一段时间以来所做的那样），以及随时招待溥仪。在短短的五年时间里，他的生活已从威海卫的苦差中完全脱离出来。

　　颐和园被重组后，溥仪赢得了一点自由，但政治命运很快摧毁了庄士敦辛苦奋斗来的一切。北京政府一直假装自己握有实权，尽管北方各派军阀逐渐仅在对他们有利时才听从命令。至1924年，中国被内战撕裂。随着时间的推移，两派军阀似乎要为争夺国家的控制权而决一死战。

吴佩孚是华东和华中地区最有权势的军阀。庄士敦这样描写吴："即便不像他本人认为的那样是一位伟大的将军，也是一位勇敢的战士；即便不是一位响当当的政治家，也是一位真正的爱国者"。[20]那年吴佩孚的主要对手是张作霖，庄士敦1923年曾指责这位军阀阴谋策划将溥仪带到满洲里。据称，这两人都是亲君主政体，他们在不同时间被朝廷招安。皇室渴望站在胜利的一方，遂平等款待之，但这样做加剧了两个军阀之间的明争暗斗。

1924年秋，吴佩孚命令他的一位将军冯玉祥率部队前往满洲里边境先发制人，防止张作霖在那里侧翼包围吴的军队。吴佩孚对胜利充满信心，希望有一天能够控制满洲里。然而，如庄士敦所言，"吴的最大缺点是对人性判断不准"[21]。冯玉祥非但没有支援吴的侧翼，反而于10月22日进军北京鲁莽地发动政变，外交使馆陷入一片恐慌。英国公使馆向伦敦报告说，冯已经"迫使中国总统和内阁下台"，并且政变后"北京并没有建立起宪政政府"。[22]

首都陷入危机，使馆区挤满了避难者，动荡时期一贯是洋人和富有华人避难天堂的六国饭店人满为患。同时，紫禁城也正在应对自己的小小危机。端康皇妃10月底去世，朝廷为她的葬礼举行官方哀悼。军队包围了皇宫，电话线被切断。虽然紫禁城内安然无恙，但宫廷自然担忧自身安危。当庄士敦11月2日去看望溥仪时，他已经决定要想方设法将溥仪带出北京。溥仪交给他"一捆重要文件和一个装有贵重物品的包裹"[23]，庄士敦后来把这些东西寄存在银行以求安全保管。溥仪还送给他最后一件纪念品——皇室藏品中端康的一枚玉戒指。

次日，庄士敦返回宫廷，第三天依然如此。他发现紫禁城"一派阴森森的样子"[24]。他再一次同溥仪谈起逃跑计划。两人都不确定如何能够获得成功，所有大门都有卫兵把守，但他们仍然怀揣一丝希望。然而这丝希望从未成真。11月5日，一份紧急电报自英国公使馆发往伦敦：

今天早晨军队包围了紫禁城，报告通过庄士敦抵达大人：目的可能是劝告逊位，比1912年那次更为彻底……皇帝的人身自由受到限制。

他的生命被认为处于危险之中。另外，政府希望进一步修订1912年的退位条约，尽管该条约曾在1916年由总统修订过，同时希望逊帝自愿由紫禁城迁往他可能选择的其他任何住处。……此事或许同苏维埃对新临时内阁的影响有关。[25]

当冯玉祥的军队进入紫禁城时，他们带来一份文件让溥仪签字，以修订原退位协议并限他三个小时后离开紫禁城。电话线被切断，他联系不上庄士敦；更糟糕的是，军队只允许溥仪的两位中国师傅和他的父亲醇亲王来看望他。遗憾的是，醇亲王是他在危机中最不想见到的一个人。庄士敦这样描述他：

> 极为不幸的是，醇亲王缺乏坚强的性格。显然他富有善意，但我担心他太软弱，完全处于老派人员的控制下。[26]

醇亲王懦弱愚蠢，对溥仪毫无用处，但武装警卫威胁朝廷，溥仪别无选择。他只能签字承认修订条款，离开紫禁城搬到父亲的宅邸北府。由武装警卫护送至大门口时，溥仪发现五辆车正在此等候将他和他的家人带离紫禁城。在将近300年的时间里，紫禁城里第一次没有一位清朝的皇帝。

其时，庄士敦担心得发狂。他试图在紫禁城见到溥仪，但被冯的军队拦阻在外。他匆匆赶往使馆区，将自己所了解的一切告知英国公使。后来他听说溥仪在北府，且被武装警卫包围时，他的惊恐没有减少。他一直等到黄昏才前往北府，在那里"发现外门关闭，冯玉祥的一队士兵立于门外。我的车停下后，一名士兵走过来，我把自己的名片递给他，告诉他我和亲王有约定。稍微等了一会儿，大门打开，车被允许开进院内。府里的部分仆人立刻认出了我，告诉我大家都盼着我来，皇帝正在等我"[27]。

庄士敦发现溥仪异常平静，但醇亲王却很慌张。庄士敦带来消息说，外国公使馆已经同政府取得了联系，他们确信溥仪的生命不会受到威胁。尽管他尽全力来鼓舞皇家士气，特别是溥仪的士气，但庄士敦承认11月5日那天，溥仪"既焦虑又沮丧"[28]。他不敢保证，政府会信守诺言不伤害溥仪。按照官方说法，溥仪现在是一位普通市民——被软禁在家中。庄士敦担心溥仪的生命安全，但不知如何去营救他。次日抵达北府时，卫兵不许庄士敦进入。接下来的三周里他都没有见到溥仪。

其时，在满洲里，张作霖正在庆祝冯背叛了吴佩孚，庆祝自己接下来的胜利。不过，张作霖不太确定冯会推翻溥仪。他的担心绝非出于公心："事实上，张作霖可能认为如果紫禁城的珍宝需要移交，他本人将会同其他人一样有望成为一名监管人。"[29]一年前，他已经意识到溥仪的政治价值——满洲里潜在的傀儡统治者。令人疑惑的是，他是否关注过溥仪这个人？他的首要考虑几乎可以确定是11月份不仅要控制北京，而且还要控制紫禁城的庞大宝藏。11月23日，张作霖最终率领自己的军队抵达北京。次日，他任命段祺瑞为总指挥，成功压制冯玉祥。

在这些政治阴谋中，溥仪一直在北府接受严密看管。庄士敦继续为解救逊帝而努力，试图寻求到公使馆的庇护。张作霖抵达北京，引发一系列新的外交活动，但无人真正知晓将要发生什么。有些令人惊讶的是，11月26日，英国公使本人给伦敦发去一封电报，宣称"段司令昨天接管政府后的第一步行动就包括取消对皇帝行动自由的限制，庄士敦昨天拜访了他"。次日，张作霖到访英国公使馆，向他们保证他会把溥仪的最大利益放在心上。这个消息让庄士敦有所安心，但他仍然坚信自己必须尽快把溥仪接到使馆区。

庄士敦正在玩一项危险的游戏。他在英国公使馆既无权，其行动又得不到任何真正的支持；那里的麦克利（Macleay）公使并不怎么支持他的计划。尽管没有任何一家公使馆肯帮忙，他还是设法安排溥仪离开北府进入使馆区的德国医院，溥仪可以在那里等待使馆的保护。他的行为不仅是一个绝望者的行为，而且是一位忠诚伙伴的行为，他真诚地相信溥仪在北府"处于极大的危险中"[30]。

11月29日，他们开始行动。庄士敦安排溥仪的车在北府门口等候，借口有点勉强——两人一起出去兜兜风。为了避免逃跑嫌疑，婉容被留在后面，庄士敦许诺日后再把她接到公使馆。一切似乎进展顺利，但在离开北府时，两名武装警卫突然跳上车来。碍于这两位不受欢迎的同伴，庄士敦指挥司机开往使馆区的一家照相馆，借口是他和溥仪想买些物品。抵达照相馆后，卫兵留在车里等候。他们一定想不到之所以选择这家店铺，是因为它距离德国医院仅有一分钟的路程。庄士敦和溥仪买了些东西，离开这家店时庄士敦建议去拜访一位老朋友——德国医院的迪帕医生（Dr Dipper），因为就在附近。令人不敢相信的是，卫兵并没有跟着他们。医院内很安全，溥仪在一位德国医生的关照下被领进了一间空病房，庄士敦则去寻求使馆的帮助。

庄士敦的行动令使馆外交人员大吃一惊。英国公使记录到"年轻皇帝想在使馆区寻求庇护的举动令人始料不及，引起了某种轰动"[31]。自从溥仪被驱逐出紫禁城，已经过去了三周。在那段时间里，庄士敦每天都要到访使馆区。他一定清楚，在为溥仪寻求使馆庇护方面自己没有得到任何保证。或许他相信，只要溥仪在使馆区，外交界就会有人被迫为他提供一处避难所。然而，命运似乎并没有对他这次冒险露出笑脸。他去了荷兰和日本公使馆，但这些公使都不在。接着他转向英国公使馆，麦克利公使对庄士敦的庇护请求冷酷无情："本公使馆从不接受政治难民，我不愿意这样做……除非确属必要。"[32]麦克利显然认为目前的情况并非紧急。事实上，他甚至声称，他认为溥仪目前据以生活的条款"本质上并无令人反感之处"[33]。庄士敦感到绝望，他返回日本公使馆，他知道日本使馆素来承认政治难民。

在庄士敦疯狂地拜访公使馆之际，溥仪变得越来越焦虑。就在那时，他的老师傅陈宝琛和内务府总管郑孝胥一起抵达德国医院，他们建议溥仪应当去日本公使馆。由于担心庄士敦回来还得需要一段时间，同时害怕他的父亲可能会随时出现，从而阻止他的逃跑计划，所以溥仪采纳了他们的建议。在溥仪赶往日本公使馆的路上，庄士敦正在那里会见公使，寻求庇护。经过一番思考，公使表示同意。庄士敦冲回德国医院，却发现溥仪已经离开。整个下午就像一出英国闹剧，虽然"皇帝逃亡在北京引起的轰动仅比他被驱逐出紫禁城小一些"[34]。

日本公使馆位于英国公使馆的正对面。溥仪安全了,庄士敦可以稍事休息。他甚至告诉英国公使馆,他相信"目前危险过后,人们会认为皇帝意在出国,首先是去日本"[35]。果不其然,媒体对溥仪逃往日本公使馆一事大加宣传。日本已经开始利用它强大的力量试图侵占别的国家,特别是中国。事后看来,很容易将溥仪的行动视为某位准备参与日本颠覆满洲计划的人士的行动之一。庄士敦在他的余生坚持认为,1924年从未有过任何此类巨大的政治阴谋。逃跑后的几个月里,他写信给骆任廷:"没有任何日本'阴谋',尽管报纸上的报道完全相反。我们自己的公使馆不想承担庇护他的责任。"[36]英国外交部存留下来的文件证实了这种说法。

皇后和皇妃也来到溥仪身边,他们很快住进日本人提供的住房,虽狭窄但够用。庄士敦失去了他的皇家住宅后,搬进英国公使馆,天天去看望溥仪。溥仪渴望同他一起离开中国,但庄士敦"劝他当下安静地待在日本公使馆,直到冯玉祥将军及其同僚在修订退位协议方面的武断行为所引发的局势得到最终解决"[37]。私下里,庄士敦告诉溥仪如果他立刻离开中国,他会失去留在紫禁城的一切,并且几乎可以肯定自此他再也不能回到中国。尽管如此,溥仪仍坚持想尽快离开北京。[38]

溥仪的焦躁是可以理解的,在与日本人共处期间,他从未离开过使馆区。尽管庄士敦全身心扑在社交活动上,但溥仪一定感到自己只不过从一个监狱换到了另一个监狱。所以他一心想去国外过自由的生活,为达此目的不惜对庄士敦撒谎。

1925年2月,溥仪在日本公使馆庆祝他的19岁生日。庄士敦继续安排他的日程,那个月他按照要求已经为溥仪组织了几次活动。2月24日下午5:45,庄士敦同日本人一起离开溥仪,计划次日照例在上午11点返回。当天晚上7至8点,溥仪告诉随从他要步行去英国公使馆见庄士敦,去参加那里的一个舞会。其实,他离开日本公使馆后,在两名仆人、一名值得信任的官员和"两三名日本公使馆警察"的陪同下,步行去了车站。[39]只带了一个简单的手提包,这群人便登上了去天津的第一班火车。

这趟行程并非没有危险，虽然他们做了一些基本防范："为避免吸引不必要的注意，他们在火车上分散开来，皇上起初坐在一节三等车厢里。"[40]当冯玉祥的部分士兵进入他的车厢时，可以想见溥仪是多么惊慌，"他告诉他们自己是清华大学的一名学生。没有人对他的真实身份表示怀疑"[41]。次日清晨皇后和皇妃离开时则平静得多，这时庄士敦还未抵达日本公使馆。

当庄士敦发现溥仪已经离开北京时，他感到受了伤害，非常生气。在《紫禁城的黄昏》中，他只是顺便提到溥仪去了天津。对于自己的挚友骆任廷，他也只是说"皇帝突然离开前往天津是秘密行为，违背了我的建议"[42]。六年来，他一直是溥仪的导师与知己；对庄士敦而言，溥仪的背信行为是一枚难以下咽的苦果。甚至连他后来提交给英国公使馆的官方报告也写得简明扼要，庄士敦实在难以接受溥仪的行动。他的确认为中国新闻界近期对溥仪的"恶毒攻击"是溥仪想离开北京的部分原因。另外，庄士敦知道溥仪的生命受到了几次威胁，也有人要求处决他。

最令庄士敦困惑的是，溥仪究竟是怎样完成他的计划的。他非常了解这位年轻人——或许当时比任何人都更了解他。溥仪一向过着奢侈骄纵的生活。他连自己的鞋带都不会系，更别提组织一次火车旅行了。不过数小时，庄士敦便悲伤地得出结论：日本人已经安排他逃往天津，他们将"利用他作为政治人质"[43]。他的担心没有错，溥仪先是入住一家旅馆，后来搬进天津日租界的一栋房子而非他在英租界的房子。

2月25日夜，溥仪从天津打来电话，当时他一定非常担心庄士敦会发怒。溥仪在他的书中没有提及这次通话，即没有提及庄士敦对他这次逃往的态度。庄士敦说，溥仪央求他到天津去，但他的答复冷淡："我感觉自己不应采取任何行动，否则可能让人猜测我与溥仪的这次秘密离开有所关联。"[44]私下里，庄士敦暗想"我是否应该……去天津找他"。他越想，受伤的感觉越明显，"无论如何，如果我现在能够离开溥仪，也是一种解脱，因为我不愿离开北京。我已经放弃了带他去英格兰的想法，并且我想，如果日本人想要他，他最好去日本，选择在京都或其附近定居下来"[45]。

溥仪了解庄士敦感到了受伤和愤怒。庄士敦告诉溥仪，因为溥仪不听他的劝告并在他不知情的情况下离开北京，所以他决定辞去帝师一职，[46]溥仪惊呆了，第一反应是"反复召唤庄士敦到他那里去"[47]。但庄士敦对此置之不理，还有那些被溥仪派到英国公使馆"乞求我不要辞职"[48]的信使也吃了闭门羹，庄士敦拒绝撤回他的辞职书。

溥仪继续恳求他，庄士敦最后不得不屈服，于3月9日前往天津见他。庄士敦回到了自己熟悉的地方，那时天津是一个条约港，是一个仅次于上海的国际大都市。如同其他条约港，该城市的部分地区被划分为租界。每个租界，不管是英国的，日本的，还是法国的，都有治外法权，不受中国司法管辖。

天津租界对日本来说尤其重要，因为它在华北地区为日本提供了重要的军事基地。该城内日本控制区域布满了士兵，还有一定规模的商业和外交活动。随着日本很快成为在中国的最强大的外国势力，天津成为它的外交和军事抱负最为明显的地区。溥仪居住在日本租界只是说明了日本的实力。

庄士敦前往天津并在那里住了四日。他继续保持冷淡与疏远，拒绝溥仪在自己住处为他提供一个房间，而是自费住在一家旅馆里。他们就庄士敦辞职一事继续进行争论，溥仪拒绝接受。庄士敦最终返回北京，理论上他的皇职还在，有些联系太过强大，无法断开。溥仪把自己两周前逃离北京，以及抵达这里后在日租界所发生的一切，全都告诉了他。

在天津耳闻目睹的许多事情警醒了庄士敦。溥仪免费住在日本人提供的舒适住宅——张园内。溥仪只是把他的新家描写成一处"占地三英亩，包含一栋大房子"[49]的宅地。庄士敦在一份报告中补充到"溥仪目前居住的这栋房子近期入住过孙逸仙"[50]。尽管溥仪不再受紫禁城内那些繁文缛节的限制，但他依然没有太多自由，这令庄士敦忧虑："该宅邸内一向有六名（日本）警察站岗，几位侦探负责看守各条通向它的路口。"[51]要想进入该宅院，必须拥有日本人签发的通行证。溥仪似乎从一个监狱转到了另一个监狱。

1926年在天津张园留影。后排站立者自左至右依次为：庚子赔款委员会主席威灵顿勋爵与夫人，庄士敦爵士；前排为溥仪与婉容（Ko Tim-keung友情提供）

庄士敦没有时间去考虑现在围绕在溥仪身边的这群人：以前的侍臣和官员。他感觉他们的影响就像溥仪以前在紫禁城的生活一样不利于溥仪的健康。他建议溥仪："皇帝目前最英明的做法就是在天津尽可能朴素、低调地生活……避免一切不必要的公开露面"[52]。他警告溥仪不要卷进各种阴谋，并表示不同意溥仪的行动计划，说继续考虑访问欧洲是不明智的。当这位前任帝师告诉溥仪，他甚至"不再怀有他可能在牛津好好待上一两年的希望"[53]时，溥仪毫不怀疑庄士敦的感情。

溥仪被庄士敦的话压垮了。其时，庄士敦仍然对他以前的指控感到愤怒，给李经迈写了一封对他进行负面评论的信：

掩盖这一事实是无用的，即他在北京使馆区的近期逗留并没有增加他在此处洋人中的威望。……不像皇后（富有魅力），他缺乏天然的尊贵与魅力；他无疑拥有优秀的品质，却不能被陌生人立刻感知。由于缺乏着装品味，他还给我带来了大量麻烦与尴尬。在这些或那些方面，他经常顽固地令人恼怒，听不进去建议。[54]

最后一句说明庄士敦是多么了解溥仪，这些缺点确实会导致他垮台。私下里，庄士敦特别担心溥仪的将来，但他相信自己已竭尽全力警告溥仪不要卷入政治阴谋。他仍然相信当时日本人没有计划利用溥仪在日租界的存在来捞取政治资本，另一方面他担心中国军阀们的阴谋。溥仪告诉庄士敦，张作霖已经派来一位代表欢迎他"到张的'势力范围'去，邀请他访问沈阳，可以自由占用那里古老的皇宫"[55]。溥仪认为这个计划极好，尽管他"来天津的目的原是为了出国"[56]。庄士敦一再强调，在天津安静地生活是最好的方式，因为没有人确知张作霖的真正目的是什么。

事实上，庄士敦对张作霖的建议举棋不定。离开天津后，他再三考虑："如果可能，张的确想发动（大家猜测已久的）政变——帮助皇帝重登皇位，先在沈阳，（如果一切进展顺利）然后在北京，这不是绝对不可想象的事情。……或许他认为巩固和扩展自己权力的最安全方式，就是以傀儡皇帝的名义实行君主立宪制。"庄士敦继续想："如果张司令确实是对皇帝心怀善意，并非打算利用他达到自己险恶的目的，或许可以建议皇帝接受邀请去沈阳。"[57]不过，由于知道溥仪并不可靠，所以当他们在天津见面时，他没有向溥仪提起这个建议。3月13日，庄士敦闷闷不乐地返回北京，一如四天前他闷闷不乐地离开这座城市。

随着溥仪离开北京，庄士敦再次处于事业的十字路口。他在这座城市没有房子，起初同使馆区的英国官员住在一起，把从家中和紫禁城公事房里取回的书和行李存放在他在北京所能找到的任何地方。最麻烦的是，他没有工作。大约一年的时间，他一直在领取殖民部的小额津贴，这笔津贴把他留在殖民部，但不能保证给他一份工作。威海卫仍然由领事馆的官员来维持，但英国政府相信很快就要把这块租借地归还给中国了，所以那里没有他的位置。他只有50岁，还有几年才到退休年龄，必须对自己的未来做出一个决定。

最初，似乎庄士敦有许多选择。1924年年底，他曾经收到伦敦大学教务主任的一封信，问他是否愿意成为东方学院汉语教授职位的候选人。因为当时仍然受聘于溥仪，所以他的答复相当含糊其词："我认为自己目前还不能去英格兰，但是如果我能够去……我会很高兴接受这个职位。"[58]他最终没有申请，该职位由他人获得，但这次邀约至少说明在不列颠他没有被忘记。

起初，他对自己的前途没有丝毫顾虑。早在1925年春，"另一份工作机会出现在我的面前——与庚子赔款管理事务有关。麦克利想知道他能做什么，似乎我的名字在外交部已经与这份工作联系在一起。如果这份工作可以让我留在中国，并且能够经常前往我的山斋，那里现已成为一块宝地，在北京的外国人中很有名，那么我可能会喜欢这份工作"[59]。不过，庄士敦决定不去相信运气，他给殖民部写信询问"是否能在外交部驻华部门或殖民部其他地方为我找到一份合适的工作"[60]。遗憾的是，这两个部门都未能为他提供合适的职位，因此庄士敦被迫无奈地询问"是否可以回到威海卫华务司的实质性工作中，直到该地归还给中国"[61]。

这似乎有损于庄士敦的身份地位，在靠近北京政治中心令人兴奋的六年岁月之后，重回威海卫成为一名小吏的想法无法让庄士敦高兴起来。在等待答复，同时也在等候庚子赔款基金会的消息期间，他返回樱桃谷自我疗伤。在那里，"1925年夏初的时光在无所事事中度过（除了一些私人文学作品）"[62]。溥仪继续尝试与他和解，而庄士敦随着不满溥仪行动的怒气日趋消减，"偶尔会去天津看望皇帝"[63]。溥仪依然逼他回来，最终庄士敦答应重新考虑他以前的辞职要求。

此时，英国公使麦克利正在敦促庄士敦返回溥仪身边，因为在威海卫为庄士敦安排一个职位几乎毫无希望。1925年6月，庄士敦正准备返回天津受聘于溥仪之际，在一次短暂的北京之行中，他"听说公使馆工作繁忙，人手严重不足"[64]。他的第一冲动就是要求立刻返回威海卫替换一名使馆人员，但是他担心这样的提议会被误解为企图通过暗箱操作得到他的老职位。因此，他主动帮助公使馆，在这个城市的酷暑中分文不取地工作着，甚至"在公使馆华人雇员罢工期间"[65]，工作担子异常繁重的情况下，他也毫无怨言。

在英国公使馆帮忙期间，庄士敦得知当时主管威海卫的领事官员拉塞尔·布朗（Russell Brown）正准备休假。庄士敦立刻察觉到这是一个返回威海卫的机会，"不必担心因此损害某位领事官员的利益"[66]。庄士敦意识到这个请求的敏感性——威海卫自1921年起一直被视为领事部门的独占地，而非庄士敦的雇主殖民部——他将自己的这份申请书抄送给全体使馆人员，以便众所周知。布朗立刻表示反对，说"他希望尽可能长时间地待在威海卫，打算放弃他本应享有的假期"[67]。

在这种情况下，庄士敦只好撤回自己的申请。他不说自己为何改变主意，只是在1925年8月写信说"他撤回了自己要求返回威海卫的申请书"。如果他们知道他撤回的真正原因，殖民部的反应或许会更和善。[68]事实上，他的这一转变在伦敦激起了一片愤怒，一位官员写道"这令人厌倦，为他做任何事都太难了……适合庄士敦先生的职位实在太少了"[69]。自1925年3月起，殖民部就一直帮他物色一份工作，但没有成功，他的态度实在毫无助益。

令其生活更加不快的是，英国公使麦克利清楚地向庄士敦说明，他返回威海卫"会给领事部门造成极大的不便，会打破公使馆已经制定的交还威海卫后的善后计划"[70]。庄士敦对自己在威海卫的前途没有了丝毫幻想。在公使馆最为困难的时期他施以援手，却没有得到真正的感谢，于是庄士敦选择尽快离开。

庄士敦在上海找到了一个职位，他赶到那里继续商谈此事。这份工作是"拟办的一家中文报纸"的编辑。[71]庄士敦写了一份关于该拟办出版物的报告，其中对它的可行性表示质疑，结果该计划被束之高阁。此时已是1925年的秋天，庄士敦已经将近一年没有薪水，寻找新工作方面也再无进展。

庄士敦开始感到绝望，他不想离开中国，但他的资金快用完了，他需要找点事做。溥仪继续向他施压，要求庄士敦回到他那里。带着顾虑，庄士敦回到天津，告诉溥仪他准备暂且留在溥仪那里。[72]溥仪很高兴庄士敦又回到自己身边，尽管他警告说，只要英政府为他提供一个职位，他就会随时离开。除了对再次成为皇室一员感到懊丧外，还有一个问题，溥仪只能每月付600元的薪水并提供住处。这与紫禁城的黄金岁月已大不相同，那时的赏金定期如薪金。但庄士敦留在了天津，出于他对溥仪的忠诚，以及很高兴溥仪仍然视他为朋友。[73] 他理解溥仪的尴尬处境，并表示"我实际已不可能接受定期薪水"。[74]

1925年年底，庄士敦搬到天津英租界的利德尔大厦。他继续定期去看望溥仪，仍然建议他忘掉海外旅行计划，安心过平静的生活。他试图拓宽溥仪在这座城市的生活圈子，因而把他介绍给"英国领事和英国驻军指挥官"[75]。如果庄士敦一直待在天津，不好说溥仪会发生什么。这位苏格兰人一贯能让溥仪安静下来且经常提供合理的建议。但随着财政日益困难，即便他也一定对溥仪的前途感到绝望。无论如何，庄士敦注定不会留在溥仪身边。为溥仪工作仅仅数周后——时间太短，还不足以让溥仪的新生活发生任何明显改变——庄士敦便接到英国政府为他提供的一个新职位。

自从1900年庚子拳乱，英国因自身利益受损而每年从中国得到赔偿。这是一个令人厌恶的协议。随着清政府的倒台，自然引起民国政府的不满。"一战"期间，随着中国参战并加入协约国一方，庚子赔款暂停。战后《凡尔赛和约》签订，决定利用赔款项中累积的资金"为英中两国利益服务"[76]。所以筹建了庚子赔款委员会，由巴克斯顿伯爵威灵顿阁下任主席来探讨该笔资金最佳使用方式。

这笔资金不可小觑。1926年，每年金额达到50万英镑。按照指示，该委员会"（向中国）返还赔款的主要目的，是为了借此发展中英两国之间的友好关系"[77]。为此，该委员会决定访问中国，妥善操作；他们需要一位会讲汉语的英国官员来担任他们的秘书。

庄士敦是显而易见的候选人。外交部对他进行了极力推荐："庄士敦先生学识渊博，精通汉语。担任帝师一职时……在数次同中外人士打交道的过程中，展现出惊人的机智与老练。"[78] 他们措辞强烈，甚至建议应当让庄士敦填补委员会成员空缺。但这很快被认为不是一个好主意，

"他同满人的关系令其不适合担任该职务"[79]，所以庄士敦成为该委员会秘书。

庄士敦除了接受这一职位，几乎别无选择。因为他已经告诉伦敦，自己将接受殖民部或外交部提供给他的任何工作，所以他理当接受。从一开始，他就对该职位没有多少热情。一方面，薪水低于其预期，仅有1 000英镑。另外，这只是一个临时职位，为期仅一年。

1926年2月24日，庄士敦在上海同该委员会成员见面。在这个团队内有一些熟悉的面孔。骆任廷的老朋友——曾在汇丰银行工作的查理斯·艾迪斯（Charles Addis）爵士是其中一员。还有一个小小的中国代表团，哲学家兼诗人胡适位列其中，庄士敦在北京同他相处友好。该团队计划把庚子赔款基金用于教育、医药、河流保护、开垦荒地和公路与铁路建设方面。为此，他们先从上海到天津和北京，然后再返回上海于3月15日举行第一次正式会议。

庄士敦的职责就是对他们的旅行和全部审议情况进行记录——工作要求虽然不是很高，却让他相当忙碌。在访问汉口、南京、杭州、北京、上海和天津之前，单单在上海就召开了8次会议。截止到最后审议，他们在中国各地共举行了50多次会议。到6月中旬这一切结束时，他对整个过程已经彻底厌倦。他到过无数学校和工厂，做过数百页的笔记。他称这项工作"在25年前会非常适合他"[80]，现在显然已不再适合。

该委员会的中国之行结束了，庄士敦被派往英国完成他们的报告草稿，他对这项工作的看法更尖锐："我从事着一份令人极其沮丧、不快和丢脸的工作……与庚子赔款事宜相关"[81]。他对该委员会及其工作非常失望，以至于决定绕道温哥华和纽约返回伦敦。这恐怕是前往不列颠的最长路线，他利用横跨太平洋的时间来为该委员会撰写最终报告，希望不会有"太多工作留在伦敦去做，我敢说一两个月后我将自由地返回中国"[82]。

自从溥仪被驱逐出紫禁城，已经过去了十八个月，这一切混乱对庄士敦造成了伤害。目前工作的纯粹世俗化和对自己前途的极端不确定性让庄士敦士气低落，他在给骆任廷的信中有些伤感地写道："您不会认出我，我现在是一个衰弱的老头，腿脚不便、两眼昏花，简直是一具残骸。"[83]这样低落的心境已经持续几年了，即便在悠闲的海上旅行中，在豪华的"加拿大女王（*Empress of Canada*）"号轮船上，也无法提高他的士气。

庄士敦的伦敦之行仅仅用了两周时间，其报告被委员会全盘接受，尽管他的工作——此后被称作《威灵顿委员会报告》——没有得到任何感谢。距离最后一次访问英国已经过去12年，他决定到伦敦之外转一转。或许他盼望重返亲爱的牛津看一看，但实际上他去了约克郡，"这是一次'伤感的旅行'——重温40年前那些深爱而又记忆犹新的场景（那时我年仅11岁），自那之后再也没有见过"[84]。他在北约克郡的旷野中舒缓地漫步，访问湖区，然后返回伦敦进行赔款委员会的最后一轮工作。

中国团队中的两名成员胡适和王博士（C. C. Wang）也抵达伦敦参加最后会议。据说他们是庄士敦唯一在社交场合交往过的委员会成员："两个晚上以前，我们三个人一起去牛津街中国餐馆吃饭，或许我们会经常去那里。我发现自己开始'想念'中国，虽然那个国度目前充满恐怖。我渴望到自己的西山仙境去，尽管此刻它极有可能已经遭到强盗和匪徒的抢劫和破坏。"[85]想重返中国的愿望促使他在委员会工作刚一结束，就离开了伦敦。10月份他再次成为一名自由人，并迅速订好了回程船票。

庄士敦想在离开前最后看一眼欧洲，计划先到意大利去，从那不勒斯驶往中国。他的旅行日程表明他在伦敦的时间长于预期，这让他自1919年分别后第一次有机会去看望骆任廷。骆任廷与夫人夏天在伦敦之外度过，但他们在伦敦保留着一套房子，留作一年中的其他季节使用。10月份，庄士敦和骆任廷爵士一起喝茶、吃饭，重续友谊。再次见到骆氏家人令庄士敦非常高兴，特别是玛格丽特给他留下了深刻印象，"她已经出落成一位迷人的年轻小姐。邓巴顿（一位好法官）说，沃金肖女士非常嫉妒"[86]。

不仅玛格丽特让沃金肖女士大发脾气，还有庄士敦在伦敦悄悄见面的另一位老朋友也让她嫉妒。1921年被庄士敦和樱桃谷深深吸引的年轻历史学家艾琳·鲍尔，目前在这座城市教书。作为伦敦经济学院的一名经济史讲师，她是一位有影响力的学者，庄士敦似乎也同样被她吸引。同艾琳·鲍尔及骆任廷一家的见面都太短暂了，在深爱的玛格德琳学院他也只能停留几天的时间。由于乘坐的轮船12月13日驶离那不勒斯，所以他在伦敦的"最后一次放纵"是在海外社团举行的男士晚餐。包括骆任廷在内的老朋友，都被邀请到他包租的一间雅室里，"这样我们可以高谈阔论、随意喧哗"[87]。他的好玩天性还没有完全消失。

"我或许要永远离开伦敦了"，然而他在伦敦的最后时光难以预料："昨天我'奉命'去了白金汉宫，发现国王非常友善、健谈。沃金肖女士试图在大雾中进入白金汉宫，但遗憾的是被及时驱逐了。昨天我还去了殖民部，他们现在想把我派回威海卫担任行政长官！"[88]庄士敦惊呆了！他毫不犹豫地接受了他们的派遣，在返回中国的漫长旅途中，他将有足够的时间来回顾自己的决定。

第十二章

威海卫行政长官（1927—1930）

庄士敦带着几十年来从未有过的对不列颠的美好回忆返回中国。或许重返威海卫的兴奋让他变得柔和，他显然"发现英格兰比我预想的要令人愉快得多，或许因为中国近来变化太大"[1]。他情绪高昂，因为4月初才需要到威海卫开始工作，所以在返回华北的途中他到访香港。在香港，作为塞西尔·克莱门迪（Cecil Clementi）的老朋友，他住在宽敞的港督府。克莱门迪1925年即被任命为香港总督，庄士敦声称他是一位"出色的总督"[2]。

庄士敦同克莱门迪一家愉快地度过了三周时间，努力适应新环境。在香港期间，他甚至"第一次乘坐飞机，我非常享受这次飞行，一点儿也不晕机！"[3]随后他继续采用传统的交通方式——乘轮船和火车北上。即便那时，他也没有直接去威海卫，因为在就任新职前，他需要去见一个人：溥仪。庄士敦已经原谅了他，他们的重逢充满欢欣。当庄士敦抵达天津时，他讲到"溥仪急于见到我，在我还未能拜访他之前，坚持先乘车来看我！"[4]

庄士敦发现朝廷处境堪悲。没有日本的支持与资助，溥仪在资金上难以为继，他可能经常面临离开天津的威胁。军阀继续在全国混战，致使中国经济瘫痪，十几年来南北方一直互相争斗。庄士敦认为"如果南方势力扩展至北方，溥仪或许不得不离开中国；倘若如此，他可能会去日本"[5]。这不是一个光明的前景。庄士敦将整个混乱局势向骆任廷做了概要论述：“在您收到这封信时，（张作霖）或许已成为亡命徒，或许会成为中国总统。”[6] 尽管一切都不确定，但庄士敦毫无遗憾地离开了天津以及他昔日的学生，回到令他愉快的威海卫。溥仪伤心地为他送别，庄士敦非常感动，在他离开天津时，溥仪送他礼物并登上怡和洋行的轮船为他送行，全体船员都为之激动。[7]

骆任廷1921年离开租借地时，原以为庄士敦会很快接替他成为一名行政长官。殖民部当时欣然同意待庄士敦完成帝师任期后再承担行政管理之责。这个令人惊讶的决定，说明威海卫在未来几年里仍将处于英国统治之下。事实上，《凡尔赛条约》已经迫使英国考虑在1921年将威海卫交还给中国。那年年底，殖民部甚至决定，既然中国许诺尊重外国财产权，外国纳税人可加入地方政府机构，允许英国在刘公岛为自己的舰队保留一块夏季疗养地，那么应该立刻交还威海卫。[8]

随后在1922年成立了一个委员会来处理这次交还事宜。中英两国达成协议，准备了一份交还文件等待签署。交还日期原定于1924年10月22日——正是冯玉祥进军北京推翻政府，威胁溥仪的那一天，所以归还威海卫事宜自然被延期。政治局势在接下来的1925年没有任何好转，但领事馆似乎很高兴继续掌管这块租借地，直至威海卫可以被交还给一个稳定的中国政府。

英国驻北京公使麦克利对此项安排非常高兴，以至于当殖民部决定让庄士敦返回威海卫时，麦克利耍了一个小小花招。他“利用自己对庄士敦先生的影响力”，在北京见到庄士敦时，随口说到，届时是否能在威海卫为他提供一个职位可能“有些疑问”[9]。这是一个谎言，庄士敦在后来发现事实真相时自然大发雷霆，甚至连殖民部也不得不承认“在这件事上，麦克利太亏待庄士敦了”[10]。当后来在伦敦得知自己将被任命为威海卫行政长官时，庄士敦写信给麦克利：“我认为您向我隐瞒有关……我的威海卫职位的那份电报，是不仁义、不公平的。”[11]

庄士敦决定不去计较这件事，毕竟他得到了自己想要的职位。他不知道的是，麦克利在幕后继续强烈反对这件事。最终外交部插手，坚持让庄士敦返回威海卫。即便如此，他们还是没有勇气告诉当时主管威海卫的领事官拉塞尔·布朗，他将被取代。他们把这个消息留给麦克利来传达，也不无道理。

这一低劣的小插曲说明政府部门高层之间的内斗是多么微不足道。然而，殖民部坚决捍卫他们的观点：对庄士敦来说，该职位"与他的才干以及他对中国及中国人的深厚了解是最佳匹配"。[12]此外，庄士敦"对如何治理威海卫有自己的想法"，他不想让一个英国公使坏了他的好事。[13]

1927年3月31日，庄士敦回到阔别八年的威海卫。一个居民悲叹："一切都被削减，唯恐交还之日不期而至。英国警察现在也不太热心，毕竟他们只会提前一个月得到通知，自然想从威海卫得到尽可能多的东西，以免它们留给中国。"[14]英国学校已然关闭，许多英籍侨民已经离开租借地，甚至连政府官邸看起来也疏于照管，"它就像搁浅在岩石上的一艘船，空空如也，无任何趣事，无任何访客"[15]。关于威海卫前途的不确定性已经持续多年，当地深受其害，甚至连庄士敦的心中也是一片茫然。他知道自己将入住官邸，但不知会住多久？"或许我还未抵达，交还即已发生！"[16]

尽管威海卫破旧不堪，庄士敦还是发现有些事情一如当年。他向骆任廷汇报说："我真的不认为你我这样为了让威海卫'月亮小姐'规规矩矩而不断努力有什么作用。她还是像从前一样坏。"[17]庄士敦受到当地人的热烈欢迎，当地中国商会为他举行了欢迎宴会。[18]在那次欢迎会上，"几位发言人明确表达他们并非迫切希望回归"[19]。几天后，庄士敦也同他们一样希望归还晚一点来临："拖延越久，我越高兴，因为重返故地令人愉快，特别是这里的人们依旧友好如昔。"[20]

庄士敦决定充分利用他在威海卫的时间。他独自居住在政府官邸，没有骆任廷一家的陪伴，他从来都不太习惯，但还是设法相对轻松地继承了前任行政长官的欢宴传统。仅仅六周后，他便抱怨："我似乎已经花光了一半招待费（150英镑）"[21]，政府官邸的客人感受到了他的热情好客。有人观察到"庄士敦先生继续在官邸里我行我素，我想他一定是春风得意，我不相信他的招待费能够支撑太久"[22]。

生活在威海卫还有一个好处。庄士敦重返中国内地之时，香港等

1927年4月5日，当地华人在国王旅馆欢迎庄士敦返回威海卫（经乔治·沃森学院和苏格兰国家肖像馆骆任廷收藏许可）

地抗英情绪普遍高涨，大罢工日益盛行，所以当他发现"这里没有丝毫抗英情绪"[23]时颇感轻松。当地居民一致认为，"中国人非常喜欢庄士敦——在最后时刻，还有一位行政长官对这里感兴趣且不会从中谋私利，这实在是一件幸事"[24]。其他地区的混乱状态似乎并没有影响到山东省这个角落："很高兴发现自己在中国还能身置一个没有中国人怒视和唾骂的地方！"[25]不过，庄士敦非常清楚山东其他地区的骚乱随时都可能蔓延到威海卫。他承认："在骚乱持续期间我会很担心，因为自界外传来的抗英宣传异常猛烈，我们这里仅有一支极小的英军部队可以抵御。如果租借地内没有这么多英国妇女和儿童，我会稍感轻松一些。"[26]

在一场场宴请间隙，庄士敦出去转了转："来威两周后，我骑马在租借地转了三天，在碑口庙的圣树下午餐，在荒凉的温泉汤旧宅里住了一晚。"[27]但他没有多少时间来怀旧，还有工作要做——归还是在明天还是一年后不得而知。领事官在这里设法实现了预算平衡，但以牺牲基础

1906年圣诞节，庄士敦在碑口庙（经乔治·沃森学院和苏格兰国家肖像馆骆任廷收藏许可）

设施为代价。庄士敦不久就发现"鉴于财政紧缩政策，该地正陷入衰败状态，如果就现状进行交还，恐怕大英统治在中国人眼里也不过如此。官衙破败失修；公路匮乏，现有道路需要大量整修；公共健康与卫生措施需要关注"[28]。

庄士敦很快意识到，如果他不尽快申请更多资金用于改善威海卫状况，就会失去他所拥有的有利条件。他清楚自己在殖民部一度享有很高的声誉，他比任何人都了解在该租借地该干什么和能干什么。他在回来后的第一个夏季就意识到威海卫可能具有某种战略重要性："军方说他们想派来一个营，还要求我们为康复期的士兵准备营房。"[29]这增加了他申请更多资金的筹码。实际上，自1898年以来，威海卫在英帝国眼中第一次变得如此重要："鉴于中国现状，战争部①近期发现本租借地有利用价值并且可能会继续利用。"[30]同时，"外交部认为必须有一个可与之交涉的中国政府，才能交还它（威海卫）"[31]。只有殖民部希望现在立刻交还，但即便殖民部也认为这可能需要5年时间，因此他们同意庄士敦借此机会为该租借地尽最大的努力。

虽然花费了数月时间，但庄士敦呼吁把威海卫作为一个特例的请求最终得到殖民部同意。该年年末，他获批修建新路，连接本租借地各个区域。接着，他申请获得一笔资金"用于购买2辆警用摩托车和1辆警

---

① 译者注：即后来的陆军部。

用卡车"[32]。威海卫已经通电数年，现在庄士敦又在租借地各处安装了电话系统。慢慢地，他把威海卫拽入20世纪。甚至连殖民部也注意到他取得的显著成绩，一位高级官员写道"庄士敦先生令我印象深刻，他讲究实际，可以胜任更高职位"[33]。

那年夏季，士兵的大量涌入让威海卫活跃起来："一支英国军团（米德尔塞克斯郡）、上海防卫队的几百名康复士兵、加强舰队来来去去的舰艇、四处活动的间谍以及其他形形色色令人担忧的事情，让我远比往常年份的威海卫管理者要忙碌"[34]。军用飞机首次飞越租借地上空，机动车辆在威海少数几条机动车道上行驶。庄士敦对于飞机的出现很激动，但担心汽车会破坏本地区的宁静："我曾反对引进机动车辆，但不得不让步，以服从军事需要。"[35]

自战争以来，刘公岛海面呈现出最繁忙的景象："两艘航空母舰，许许多多的驱逐舰，整个的中国舰队①及潜艇把海港塞得满满的。"[36]作为地方行政长官，招待八方来客是他的东道主职责，庄士敦尽最大努力进行社交应酬："不到三个月的时间我就花光了全年的招待费，并且已经给国内写信询问是否可以追加额度！……米德尔塞克斯军团乐队正在官邸的花园聚会上演奏美妙的音乐。"[37]同将军和校官同宴成了家常便饭。多年来，威海卫从未焕发出如此生机与活力，特别是一向吝啬的英国财政部将他的招待费补助增加了1倍。那个夏季，庄士敦情绪高昂："我坐过飞机，也乘过潜艇。我的一号管家宣称，即便给他100元，他也不会这样去尝试！"[38]他难得如此开心。

在所有这些活动中，他一直同溥仪保持联系。抵达威海卫后不久，庄士敦便将溥仪的一名手下安排到自己这边"以充当他和溥仪之间的联系人，如果我不想通过邮局同皇帝进行联络的话"[39]。这使得他们彼此可以定期保持沟通。溥仪尽管财政窘迫，可仍然继续送给庄士敦礼物，这其中包括信件和一幅送给皇仁学堂的纪念轴。庄士敦初返威海卫

---

① 译者注：当时的中国舰队与印度舰队、大西洋舰队、地中海舰队等同属于英国海军，亦称英国远东舰队。

1927年，庄士敦、正华务司李（C. R. Lee）与威海皇仁学堂的全体教职员工，手持溥仪亲笔题赠给该校的卷轴《培根埃宝》（经乔治·沃森学院和苏格兰国家肖像馆骆任廷收藏许可）

时，他本希望"如果这里没有发生与军事行动相关的骚乱，他（溥仪）或许可以过来同我共度这个夏天，他非常渴望来这里"[40]。至于英国政府对这样一次来访会作何反应，我们只能猜测，尤其是庄士敦并没有向他们提及这件事。一开始，他没有想到溥仪来威海卫可能会引起任何麻烦，或者会引发一场外交事件。幸运的是，他保持了清醒的头脑。几个月后，庄士敦写信给骆任廷告知自己因溥仪希望到访威海卫而陷入的困境："皇帝本人想过来同我住在一起，但我不得不委婉地解释我担心英国政府会不同意。"[41]不过，苏格兰人的精明未曾离开过庄士敦："我保留着他的亲笔信：或许有一天它们会延迟我进入济贫院的时间。"[42]

溥仪最终一再恳求，庄士敦只好寻求殖民部的意见。在发给伦敦的一封密函中，他声称自己认为"陛下想来威海卫的念头是极不妥当的……特别是在先皇的亲戚和忠实随从中，有几位坚信他们可以利用他为自己谋取政治或金钱利益，其阴谋诡计常常让他成为密谋焦点"[43]。

对溥仪来说，遗憾的是殖民部在这件事上赞同庄士敦的看法。

那时，庄士敦知道"日本人和某些中国君主制主义者阴谋邀请年轻的皇帝前往沈阳登基成为伪满洲国皇帝"[44]。1928年，庄士敦相信溥仪不知道这个计划，但如果溥仪问起他，他准备给出如下回答："我应该建议溥仪拒绝接受，为了他自己，也为了中国的和平与统一。……鉴于他的软弱性格和他成为伪满洲国执政的条件，可以确信在沈阳他不过是日本人手中的一个傀儡。"[45]庄士敦当时对传言的分析，事后被证明惊人的正确。

冬天远比夏天安静，但他依然非常忙碌。自该年年初，本租借地边境一直有匪乱，他下令武装警察进行巡逻，这导致发生第一批人员伤亡："他们（土匪）数次越过我们的边界，向我们的警察开火，数名警察受伤。"[46]激烈的内战在山东其他地区发生，威海卫很幸运没有遭受到更多破坏。不过，即便如此，"全省在大土匪张宗昌的控制下一片混乱，威海卫挤满了避难者。我几乎同张发生冲突，因为他拒绝引渡某些他称之为布尔什维克的人士，他真正想要的是他们的金钱！"[47]

至秋季，政治局势已经发生变化，但混乱依然盛行。这对于像庄士敦这样在一线工作的人来说，实在糟透了。在伦敦外交官看来，中国局势简直一片混乱："张宗昌已被……干掉。烟台……在某位暴徒手中，该暴徒显然对'国民'政府没有任何忠诚可言。日本人仍然占据着山东的部分地区，其他地区则由国民政府进行着名义上的统治。整个乡间人口减少，生活赤贫。"[48]在这期间，英国继续徒劳地尝试着把威海卫交还给中国。

英国舰队在秋初离开，夏季来威疗养的数百名康复士兵也随之离开。只有一个连（大约150人）继续驻扎在这里，保护本租借地免受正在山东交战的中国军队的破坏。这是回威海卫后繁忙的第一年，尽管面临着来自内地方面的威胁，庄士敦仍然热爱这里的每一分钟。他充分利用相对平静的冬季时光进行写信，给骆任廷寄去一张官邸圣诞照片，照片中拍摄的建筑景观是以前的行政长官从未见过的，庄士敦解释说："这不是我拍摄的，而是'阿格斯（*Argus*）'号的一名军官乘水上飞机拍摄的。"[49]

早些年，冬季的威海卫处于安静的睡眠状态。庄士敦决定在他主政期间让威海卫有所变化："我要在圣诞节宴请全体外侨，由于官邸太小，我会在军官食堂①设宴。大约有60个人，我的厨师说他需要做5个李子布丁！我从伦敦进口了许多最新款的薄脆饼干（以前从未见过）。"[50]确保大家都能享受一段美好时光。

担任行政长官的第二年年初，庄士敦仍然不知道自己将会执政多长时间。伦敦方面的官方看法是："除非国民政府在山东施行有效管理，否则我们无法将威海卫真正交还给中国。"[51]在庄士敦看来，这是不切实际的。中国这样的形势，没人能够预言和平还要多久才能实现。他认为理清这团政治乱麻需要数十年时间，因此建议伦敦"一旦山东拥有一个像样的政府，英国就应当放弃威海卫"[52]。

庄士敦明白想让伦敦当局同意他的观点不是一件容易事。不过，只要归还问题不明朗，他就决定尽力为威海卫做点事。他鼓励农民种植更多庄稼。当地主要经济作物花生获得了丰收，其他庄稼也形势喜人。在他上任的第一年年底，威海卫的财政盈余状况良好。这是一个惊人的转变，在很大程度上巩固了庄士敦在伦敦作为一名优秀管理者的声誉。

威海卫的繁荣带来了进一步改善。庄士敦引进了机动客车，首次为租借地人民提供公共交通；修建了更多公路，把乡村和爱德华港连接起来。威海卫人安居乐业，不必遭受战争和饥荒的威胁，自然支持他们热情的行政长官。所有这些改革与改进令人放下戒心，不过，"当地仍然没有归还要求"[53]。庄士敦对当地人的情绪无可奈何，但他全身心地相信威海卫应当属于中国而非英国，因此他继续向伦敦殖民部陈述自己的观点。

至1928年年底，看起来他要如愿以偿。国民政府在南京成立，似乎这是一个足够稳定的政府，英国政府可以与之谈判交还事宜。庄士敦高兴地汇报：

---

① 译者注：即原华勇营大楼。

既然我们已经同南京政府谈判并签订了一项条约，承认该政府为中国政府，似乎没有理由继续拖延，除非南京政府鉴于山东这一部分不在他们的控制之下而提出延迟，尽管他们可能不愿意承认这个事实。不过，我认为这种阻碍仅仅是暂时的，除非又一轮大规模的内战爆发，一切又重回大熔炉，否则我认为威海卫在 1929 年回归中国是可能的。[54]

这次，他仅仅在归还时间方面估计错了。

庄士敦又一次面临离开威海卫后将去哪里的问题："我当然希望在幽静的西山山斋定居下来，但我怀疑在土匪横行、混乱不安的年月里是否可行。或许某日某夜我的房子会被烧毁，书籍遭到灭顶之灾。"[55]

1926 年当得知自己要返回威海卫时，庄士敦不得不想办法维持樱桃谷，他清楚自己在威海卫期间没有机会再来这座山斋。1927 年 2 月，短暂访问北京处理个人事务期间，他把山斋租给英国公使馆的同事托尼·乔治（Tony George）。乔治在接下来的 18 个月里定期前往樱桃谷，确保花园得到照料并支付佣人工资。庄士敦很高兴这一安排，乔治真心喜欢这个地方，这让庄士敦确信在自己离开期间花园不会荒芜。1928 年底乔治调离北京时，庄士敦立即向英国公使馆提出将这座山斋作为通译生的一处基地。

这些见习生像他一样非常喜爱这个地方。其中一位后来回忆他们是如何同中文老师到那里"继续学习"，他记得其中几位老师"热情地融入山中生活，喜欢在山石溪流间吟诗漫游，常常赋诗留念来答谢我们"[56]。对各方来说，这都是一种理想安排。庄士敦仍然希望他最终能够"回到那里居住"[57]，他不知道何时能够如愿；至见习生占用山斋时，他就开始担心"我想恐怕返回英格兰是我唯一的出路"[58]。

1928 年年底，伦敦大学计划聘他为汉语教授，这坚定了他重返英国定居的信念。不过，该职位到 1930 年 7 月 30 日才会出现空缺。庄士敦说："我或许在一年半后死去。"[59]在聘任委员会任职的骆任廷，并没有因为此类悲观想法而改变自己的观点，他催促庄士敦报名申请。庄士敦担心："我怀疑自己是否具有相应的资格。我并不是一位真正的汉语学者，仅仅认识几个汉字而已，……涉猎了大量与汉语无关的课题，我从未把自己的兴趣仅仅局限于汉语本身，也永远做不到这一点。"[60]尽管庄士敦一反常态地缺乏自信，但骆任廷劝他认真考虑这个职位。

得知该职位的现任教授布鲁斯（Bruce）可能到1932年才退休，这个计划遂被庄士敦置之脑后。无论如何，殖民部发给他一封友好私信，"美言我在威海卫的管理工作，他们希望在归还后对我的任命可以发挥我在中国及中国人方面的'独有知识'"[61]。此外，他还有更紧迫的问题。1929年年初，威海卫人"更忙碌、更焦虑，因为山东这块地方已经爆发新内战。……也有迹象表明一场新的抗英斗争开始了，对我们的指控之一就是我们没有履行诺言将此地交还给中国……一直拖延至今。可能最后我们不得不结束，但殖民部不能说我没有提出警告"[62]。庄士敦所能做的就是尽全力推动殖民部早日同中国进行谈判，这并非易事。

1929年11月俯瞰威海卫。这张照片是那一年庄士敦送给骆任廷的圣诞礼物（经乔治·沃森学院和苏格兰国家肖像馆骆任廷收藏许可）

有些实际问题需要处理。自英租之初就一直生活在威海卫的英国公民，开始索赔因归还而导致的种种财务损失。比尔是一位难缠的校长，在庄士敦担任华务司时就谴责庄的反基督立场，他因自己的学校关闭已经得到了 1 000 英镑的赔偿，1926 年他用这笔赔偿金将学校改建成了一处夏季旅馆。令庄士敦不悦的是，比尔现在打算就该旅馆进行再次索赔，殖民部同样拒绝了他的无理要求。[63]

1929 年的年底比年初更让人高兴。庄士敦终于收到了香港大学颁发给他的荣誉学位——十年前授予的。那年 10 月，他写信告诉骆任廷有一位非常特殊的客人来访："目前同我在一起的这个人远比沃金肖（即库克）女士迷人，她是艾琳·鲍尔小姐，对其杰出事业的描述您可在《名人录》中找到。"[64] 鲍尔小姐作为经济史学家成绩斐然，这显然令庄士敦印象深刻："她正前往日本参加太平洋会议，随后去纽约哥伦比亚大学讲课。"[65] 租借地居民对他们的行政长官在官邸内宴请宾客早已习惯，但这些来客通常成双成对。艾琳·鲍尔年仅 40 岁，富有魅力，单身，没有年长女伴陪同，她在官邸的两周时间自然成为爱德华港的街谈巷议。在她第一次到访官邸期间，庄士敦还没有"听说比尔夫人及其他当地女士（对这位迷人来客）的看法"[66]。数周后，当艾琳再次回到官邸时，他很快听到了这些饶舌。

圣诞节，庄士敦组织了例行庆祝活动，这已经成为威海卫社交活动的一个重要特色。除了单独为孩子们举行活动外，还为外侨举办圣诞聚会。1930 年岁初，他为中外居民组织了午餐活动，整个节日期间艾琳·鲍尔都是他的客人。对于她的陪伴，信中庄士敦的高兴之情溢于言表："伦敦大学的阿诺德·托因比（Arnold Toynbee）教授圣诞节前与我共度一周，他是一位非常令人愉快的博学之士，善于交谈。同样的评论甚至更适用于我近期的另一位来客——艾琳·鲍尔小姐，她在这里过圣诞。"[67]

庄士敦相当诙谐地记录了当地女士对自己这位女客的反应："如果我不是一个糟老头子，估计全威海都会说闲话！关于衰老为数不多的好处之一是不容易成为诽谤的对象：尽管格雷沙姆（Gresham）小姐（一位当地传教士）……曾严肃地问我，是否同自己的一位外甥女住在一起？当我说她不是我的外甥女而是我的一位好朋友时，她长长地'噢'了一声以表达她的强烈不满。"[68]庄士敦毫不气馁；毕竟，他说"我们需要做点事来为威海卫提供一点谈资，我想我们成功了"[69]。

庄士敦已经好多年没有真正的女性伴侣了。现在他56岁，受到这样一位活泼聪明的年轻女士的关注，一定让他既陶醉又受宠若惊。对于艾琳来说，她"显然痴迷于庄士敦博学的'中文'，他是那类一贯吸引她的'年长者'"[70]。庄士敦没有记录1929年他们共处期间的谈话内容，但他热恋她；艾琳后来写到"在威海卫他非常爱我"[71]。艾琳去日本参加会议，在那里她向托因比透露庄士敦曾向她求婚，但似乎她在这件事上还有些动摇。庄士敦当然没有透露半点风声，即便对骆任廷他也仅仅写道，"艾琳不可能第三次来访，她已经前往纽约讲课，课程结束后她希望返回伦敦工作"[72]。

尽管他俩彼此吸引，但庄士敦不确定艾琳会做出怎样的决定。她在美国期间，他们一直保持联系。他写信给骆任廷，希望她在返回伦敦后能去看看他们，发表她"对威海卫和库克的最新感言"[73]，但这一切只是说说而已。关于他自己的未来，他计划"同我的书籍一起在某处定居下来，我手头有大量未完成的手稿，可以找时间和机会把其中一些写完。如果没有特别的原因让我生活在英格兰，那么我可能会定居在一个阳光更为明媚的地方"[74]。他甚至告诉殖民部，将威海卫交还给中国后他不打算继续工作，而是希望退休。

艾琳离开，至少是暂时离开他的生活后，庄士敦得以将精力再次集中到归还事务上。由于中国政府不停变换，致使谈判拖延多年，现在几乎可以确定威海卫将于1930年被交还给中国。1930年4月中英两国达成协议，将10月1日定为交还日。庄士敦对这一时间安排特别满意："我们的驻军有阿盖尔郡和萨瑟兰郡高地军团的一个连，如果今年交还，我希望自己会在风笛的吹奏中离开码头！"[75]但是即便距离交还之日仅有数月时间，庄士敦还是被告知，一旦中国政府再次失去对山东的控制，便停止归还进程。

庄士敦开始筹划移交工作，但在此之前不忘先找点乐趣。在交还协议签订前不久，他以行政长官的身份给骆任廷写了一封正式函件：

我荣幸地告知您，根据我的指示，爱德华港的一条街道（也就是说，从水仙花湾附近的这座桥到现已被威海中学校舍占据的旗杆点）已被命名为骆克哈特路，以纪念您对这块租借地的管理岁月。[76]

随着归还日期的临近，庄士敦开始忙于仪式安排，设法为英国统治30年积累起来的所有政府物资寻找地方。他问骆任廷想要什么。这位前行政长官只提出了一个要求：如果可以，希望行政长官办公室常年悬挂的那幅租借地丝织徽章由他来保存。庄士敦答应"把它带走或寄回家"[77]。他信守诺言，这幅象征威海卫的鸳鸯镶框画现在已经成为爱丁堡骆任廷收藏品的一部分。

殖民部总是渴望给人留下深刻印象，为确保庄士敦像一位王国骑士一样交还威海卫，1930年6月这位苏格兰来的洋大人被封为爵士。像往常一样，庄士敦不在乎这份荣誉："库克问我她现在是否可以称自己为'沃金肖夫人'，当我断然否决时，她勃然大怒。"[78]

随着归还临近，庄士敦再次陷入似乎无穷无尽的招待中。那年夏季典型的一天包括"一场海陆军阅兵活动；在官邸内举行家庭聚会；一场正式的午餐会；在新公园里为大约250名中欧人士举行另一场家庭聚会，由'康沃尔（Cornwall）'号英舰乐队和阿盖尔/萨瑟兰风笛手进行现场演奏。年迈的总董们大口大口地喝光了一杯香槟酒和一杯红葡萄酒，变得激动起来"[79]。除此之外，他还让自己的夏季常客做东。最令人难忘的有小说家兼诗人斯特拉·本森（Stella Benson），庄士敦预料她的到来会像艾琳·鲍尔一样引起流言蜚语："她有丈夫，但我告诉她如果她只身前来，她会因我而成为众矢之的，但她毫不犹豫地接受了我的邀请！"[80]

从许多方面看，本森都应该是庄士敦的理想客人。1920年她第一次来中国，作为洛克菲勒基金会医院和医疗机构的一名秘书在北京工作。

几乎可以肯定他和她在那时见过面，并且发现彼此有几样共同点。自孩提时代起，她也为自己创造了一个充满虚构人物的幻想世界，她还梦想着有一天退休到西山去写作。[81]那年夏天她在官邸住了一个月，但那次访问并不像想象中那样成功。庄士敦不停地谈到艾琳·鲍尔，尽管他没有告诉她计划订婚之事。本森是一位聪明而又独立的女性，似乎憎恨庄士敦除她之外还仰慕别的女人。她对他的论断令人不敢恭维：

> 我相信如果他一直像自己的同类那样过着正常的生活，那么他会令人愉快，但这个世界让他拥有一处领地来管理——他从未遇到过像自己这样的人，不论学识方面还是公务方面——他总是认为自己独一无二，回避所有对他独特性的挑战。[82]

语气相当粗暴，她似乎把他当时在威海卫的生活误解成他过去的典型状态。另一方面，她在庄士敦自认为独一无二方面判断正确。

距离正式交还威海卫还有不到六周的时间，殖民部对此仍然战战兢兢。内战仍然在山东各地激烈上演，伦敦方面的感觉是"只能为威海卫的中国居民感到遗憾"[83]。另一方面，庄士敦感到不管英国是否保留这块租借地，混乱是不可避免的。总的来说，在混乱之前离开这里是更为明智的举动。

庄士敦的观点很流行。9月底，南京的中国政府派了一队官员到威海卫准备接收事宜。他坚持归还的做法让他在租借地不受欢迎："目前普遍认为庄士敦爵士想回国，正在设法摆脱这个地方。只要能够顺利交还，他才不在乎这里以后会发生什么。"[84]严格来说，这不是真的，但可以理解那些多年来一直生活在威海卫的人们的感情。

不管当地人怎么看，庄士敦不想偏离自己的既定方针。他继续为归还做准备，安排打包他的行李，结束自己在中国的事务。就在中方官员抵达之前，他甚至设法到天津看望了溥仪并向他做最后告别。他发现这个流亡朝廷一如既往地充满阴谋诡计，但他却无法摆脱对这个年轻人别样的依恋。在他离开威海卫期间，伦敦传来最终消息：归还一定会发生，要做好最后安排。

一位专员奉命来接替庄士敦的工作，他被称为徐上校。两人相见时庄士敦有趣地发现，溥仪被驱逐出紫禁城时徐一直是冯玉祥的核心圈成员。尽管身处对立的政治阵营，但这两人似乎相处非常融洽。

英国在交接仪式中度过了它在威海卫的最后几个小时。10月1日上午10:15，来宾和观众聚集在官邸前的平台上。无论本地的中国人还是欧洲人都不喜欢他们即将看到的场景："天气糟糕透了，西风劲吹，异常阴冷，阵雨绵绵，中国人立刻说这不是一个好兆头。"[85]

来宾齐集十五分钟后，徐上校在15门礼炮的欢迎声中登上爱德华港码头。码头上列有100名英国士兵和水兵组成的仪仗队，一支海军乐队高奏欢迎曲，士兵们身穿苏格兰方格呢短裙，光彩照人。接着徐上校乘车抵达政府官邸，庄士敦在那里迎候他。为迎接新主人的到来，小小的威海卫上演了一场精彩秀。在官邸旁组织了一次检阅活动，有乐队、1名号手、100名水兵和50名身穿苏格兰方格呢短裙的士兵组成。徐上校伴着英国国歌的旋律登上平台，这是英国国歌在威海卫的最后一次演奏。

1930年在威海卫交还仪式上，庄士敦一一介绍中国商会会员（经乔治·沃森学院和苏格兰国家肖像馆骆任廷收藏许可）

历史性的时刻终于在上午10:45来临，庄士敦用中英文宣读了交还条约的部分内容。他感情浓烈，"其告别辞的结语朴素——'我全心全意祝你们健康、幸福、繁荣'——把消极抛到一边，一如扯下面具"[86]。当中国旗帜升起时，乐队演奏中国国歌，中英两国旗帜一起飘扬。米字旗降落时，英国战舰自海港处鸣放礼炮，成群的士兵列队离开阅兵场。为纪念这一时刻，中国人赠给庄士敦一只"光彩夺目的银杯"[87]。这时，他已无法控制自己强烈的感情。他"随后匆匆离开，没有同任何人握手告别……所有人都认为他不会转身做最后告别了"[88]。他最后的确没有挥手告别。交还后仅仅一个小时，庄士敦便乘坐"三明治（*Sandwich*）"号英舰驶离威海卫，前往上海。威海卫重新回归中国。

第十三章

庄士敦教授（1930—1935）

庄士敦一直希望当他离开威海卫时能够有机会再去看看樱桃谷，可惜未能如愿。相反，他从上海立刻搭乘"日本皇后（*Empress of Japan*）"号于11月底抵达英国。有两个紧迫原因让他马不停蹄往回赶：一是艾琳·鲍尔同意嫁给他；二是他已经决定申请伦敦大学东方学院中文教授一职。

1928年该职位第一次向他伸出橄榄枝。两年后，他颇为惊讶地收到该大学一位董事的来信问他："是否愿意考虑接受中文教授一职?"[1]考虑到三个月后就要离开威海卫，庄士敦回复"我很乐意进入候选人名单"[2]。骆任廷此时仍在学校董事会，他把该职位的所有信息都寄给了庄士敦。该职位的应聘资格——"首先要有良好的汉语口语水平"——这一点他可以轻松达到，年薪1 000英镑对他的养老多有补益。[3]

庄士敦在11月的最后一周抵达伦敦。短短几天后，他便写道："我不知道自己要在这里待多久，但我已经开始想念中国。"[4]不过，这种思念之情很快离他而去。12月份，他和艾琳·鲍尔宣布订婚，他为她买了一枚戒指。他俩计划在1931年1月尽快结婚。然而，从一开始他们的关系就不甚融洽。

庄士敦在伦敦郊区的里士满（Richmond）租了一栋房子，里面摆放着他的许多中国家具。他还购买了新兴年轻设计师贝蒂·乔尔（Betty Joel）设计的现代家具，乔尔是20世纪30年代伦敦一位非常时尚的年轻英籍设计师，对庄士敦来说这是一个相当奇怪的选择，不过这位年轻设计师的婚前名字是玛丽·斯图尔特·骆克哈特。艾琳·鲍尔发现庄士敦在家居布置方面天主教口味太重："她惊恐地发现……毫无品味的小配件和装饰品，同现代家具及皇帝送给他的珍贵的中国门帘和手工制品混在一起，像一个大杂烩。"[5]对他们的婚约来说，这不是一个最佳起点。

1931年，事情没有得到好转。关于结婚日期，庄士敦不止一次改变主意，艾琳对他们的结合也开始有了自己的看法。1931年春，庄士敦忙于到全国各地看望自己多年未见的朋友，很少关注自己的未婚妻。他仍然不能确定自己是否会得到伦敦大学东方学院中文教授职位。如果失败，几乎可以肯定他会离开英国。这是事业颇有声望、颇为忙碌的艾琳·鲍尔最不愿意听到的消息。最终，1931年夏天他们延迟婚期。一年后艾琳解除了这份婚约，双方都没有太难过。他们继续保持着亲密的朋友关系，或许两人都意识到这从来不是天作之合。庄士敦早已习惯自己的生活，唯一令人惊讶的是艾琳这么久才提出分手。

1931年初，庄士敦向伦敦大学申请中文教授一职并随信附上一份书目，这份书目包含了他写过的大多数文章，但丝毫未提那两本可能已经引起巨大争议的书籍：《一个中国人对基督教世界的呼吁》和《致一位传教士的信件》。[6]

这个任务完成后，他开始投入到伦敦忙碌的生活中。庄士敦应邀进行演讲，向皇家地理学会和中亚学会演讲威海卫专题；在皇家亚洲文会会议上朗读论文；同骆任廷及其家人经常见面；同艾琳保持着断断续续的联系。他开始逐一打开行李包，把东西安置在里士满的房子里。图书室照例是个大麻烦，他承认整理书籍需要花些时间，因为他需要定做书架以安置15 000多卷藏书。[7]这期间，书籍暂时堆放在几个房间的地板上。

他花大量时间与老朋友重叙旧情：玛格德琳的洛夫迪、阿米蒂奇和戴尔，还有前任港督内森（Nathan）。海峡殖民地现任总督克莱门迪正在英国休长假，春天庄士敦在玛格德琳见到了他和他的家人。庄士敦的姐姐娜尼仍然健在，他继续给她寄钱进行小小的贴补。虽然他已经返回英国，却无意去看她，不过庄士敦同她的女儿罗斯玛丽相处融洽，后者已经出落成一个大姑娘。当他搬进里士满的房子时，她与他同住数月，帮助理顺一些家庭事务。颇令他惊讶的是，庄士敦发现自己很喜欢这个外甥女。从此以后她"比其他任何一位家族成员都更常见到他"，他们"一向相处很好"。[8]

3月份，庄士敦通过面试成为伦敦大学东方学院（现为亚非学院）的中文教授。该校创立于1917年，主要向殖民官员及其他打算在中国工作的人士提供汉语教学。[9]当时对前殖民官员来说，获得这样的职位并不难，但这次庄士敦的主要竞争对手是在该校任教的一名专业讲师伊万杰琳·爱德华（Evangeline Edwards）。两人都参加了职位面试，任命委员会对候选人进行了长期讨论。骆任廷当时是该委员会成员，庄士敦后来了解到"有些人为使另一个人当选而不顾一切"，遂写信感谢他："您为我……而战。"[10]当然，这"另一个人"就是爱德华小姐。即便庄士敦也很快意识到自己可能"身陷一种不友好的氛围中"[11]，事实证明的确如此。

东方学院应该已经意识到他们得到了什么。庄士敦刚刚获得任命，便告诉院方他需要休假五个月去中国。他已经应邀成为各大学中国委员会代表团成员之一，该代表团是根据威灵顿委员会报告中的提议成立的。毫无疑问，这个要求令学校感到茫然，但中国委员会提出承担前任教授布鲁斯代理庄士敦期间的讲课费用，于是学校表示同意。

那年8月庄士敦出发前往中国，六周后抵达上海。代表团考察了北京、南京、苏州和宁波，考察教育计划以便提供财政援助。除了流利的汉语外，庄士敦对这个代表团的贡献似乎并不大。他前几年在《威灵顿委员会报告》中提出的建议大部分被1930年中英双方达成的协议所取代，这导致原本用于中国教育方面的赔款转移到工业方面，大幅削减了教育经费。庄士敦在这个过程中心灰意冷。多方面看来，这趟中国之行对他来说仅仅是看望了昔日的学生溥仪。在这次访问中，庄士敦两次前往天津看望他。当时盛传溥仪要到满洲里去，报纸猜测庄士敦来中国与此有某种联系。报纸报道虽非正确，但庄士敦不得不勉强同意溥仪的看法：满洲里或许不比天津差，尽管他对北迁持保留态度。在南京期间，中国的财政部长也同庄士敦进行接洽。庄士敦分析道："他显然想从我这里套出'满洲君主'计划，自然他一无所获，但我非常担心自己昔日的这位皇帝学生目前正在被人利用，利用完必然会被毫不犹豫地抛弃。"[12]

庄士敦的分析再次完全正确。日本人借口满洲没有战争，溥仪在那里会更安全——庄士敦声称该借口"相当荒唐"——日本人实际计划把溥仪迁往满洲。[13]1931年11月溥仪被偷偷带出天津，先在旅顺受到日本人的接待，然后于1932年初抵达满洲，成为日本主子的一个傀儡。

庄士敦最后在1932年初返回伦敦任教授一职，这些职责应当在他的能力范围之内。按照要求，他每周授课多达14个小时，管理着一个小小的系部门。从一开始，这就是一场灾难。爱德华小姐和布鲁斯教授都在这个部门，前者现已晋升为副教授，后者则被降为按小时付酬金的语文教员。庄士敦没有时间关注他们，当然他们两人以前都是传教士这个事实也无助于改变他的态度。

庄士敦应当是一位鼓舞人心的演讲者，他应邀在全中国各地就与中国有关的许许多多话题进行演讲。如果是单次演讲且题目吸引他时，他是出色的，但当按照要求进行系列讲座时，他感到既烦人又无聊。有一次，他中场删减了一连串的讲座，理由是"他在这个主题方面已经讲得太多了，此外，单单为了避免重复，他就已经把自己搞得筋疲力尽"[14]。当时有一个政策是："校内面向教职员工的讲座对公众开放"。庄士敦认为这是一项繁重的苦差，"没有人愿意大老远跑到苏斯伯里广场听一个小人物的连篇废话"[15]。

他对待学生也同样令人捉摸不定。那些具有真正才华的学生受到表扬和鼓励，一位年轻的女学生"热情地学习中国诗歌"，庄士敦"每周额外辅导她一个小时"仅仅因为"她的痴迷"[16]；另一方面，那些没有天分的学生则被诋毁为浪费他和他们自己的时间。当骆任廷把自己近期出版的《汉诗精选》送给庄士敦，让他分发给学生时，他只分发给自己钟爱的那些学生。[17]他在任职之初确实做过一些努力来鼓励他的学生。

226

为解开中国诗歌的神秘面纱，他带来一些自己的书，"每周二同员工和学生们一起喝下午茶"[18]，但最后他实在不适合这份工作。一年后，他开始讨厌这份工作。

不过，学校长假让他多年来第一次有时间进行写作。他在庚子赔款委员会任职时一直非常忙碌；在威海卫期间，即便在冬季他也没有时间进行文学创作。1925年夏他开始着手记录自己的紫禁城岁月，但直到1932年才有机会完成这本书。他疯狂地写，整个复活节假期没有任何打扰，为了完成创作，他像一位"隐士"般生活。[19]整个夏季也不停笔，"摒弃所有伦敦事务，因为我在艰苦创作"[20]。他的辛苦得到了回报，1932年年底完成初稿。仅仅一年后，《紫禁城的黄昏》出版面世。他把这本书题献给溥仪，两人在天津见面时，溥仪曾经为这本书写了一个简短的序。

在那个创作之夏，唯一打扰他的消息竟然来自满洲。1932年3月，日本人任命溥仪为伪满洲国执政，宣布伪满洲国"独立"，一劳永逸地撕毁了外国政府之间达成的不以直接入侵而分裂中国的协定。日本的侵略行径遭到全世界的谴责，因为它把中国东北一大片重要地区变成了受日本殖民统治的地区。仅有很少国家，在外交上承认"满洲国"。

庄士敦一直怀疑日本人对溥仪的动机，但即便如此，他对他们的谴责却异乎寻常地温和：

> 不幸的是，日本人现在竟然食言。同样不幸的是，中国人数次打破了他们对满洲皇室的誓言。前皇帝原谅他们所做的一切——甚至原谅了他们中的粗野人士1925年想不经审判而处决他（如果当时抓住了他，他们会这样做的！）的企图，直到1928年他们野蛮地抢劫了皇陵……这是他所不能原谅的。[21]

当提到1928年抢劫皇陵让溥仪"对中国恢复理智的希望……破灭"时[22]，庄士敦在报纸上重申了这一观点。

这年年底庄士敦准备搬家。这一年，他定期给骆任廷的老朋友何东写信。庄士敦清楚自己所在的部门一直缺少资金，所以希望何东能够为伦敦大学的中文教授一职提供资金支持。何东渴望得到爵士身份，遂"明确暗示庄士敦，如果能够得到爵士名位，他或许可以资助教授职位！"[23]

何东也渴望在英格兰拥有一栋房子，提出如果庄士敦愿意充当他的房客，他会买一栋。庄士敦对此欣然同意："虽然这将让我花费更多——房租是我目前的双倍——并且我还需要多雇一个佣人，但我的书籍从此就不愁没有地方存放了。"[24]何东决定要买的这栋房子位于克佑的莫特莱克路，邻近克佑公园，是外伦敦最令人愉悦的地方之一，路两旁树木成荫。这栋砖房确实壮观，卧室数间，浴室至少三间——在该时期的英格兰式房屋中属于少有的奢华。庄士敦有足够的空间来布置自己的藏书室，所以对这一安排非常满意。

尽管溥仪现在被国际社会诋毁为日本的傀儡统治者，但庄士敦同他的牢固联系并未因此而中断。他们继续保持通信，庄士敦在克佑的第一位访客就是溥仪的妹妹郑夫人和她的丈夫。在自家花园里，庄士敦同这家人照了合影，骄傲地招待他的"小公主"[25]。这家人同庄士敦一起住了一年多，他带他们到英国各地去参观，包括苏格兰。他们的第一个孩子出生在庄士敦家中，同这家人共处的日子让庄士敦想再去看看溥仪。1934年夏天，他决定去做这件事，尽管他知道自己需要向学校请一个学期的假，但他是如此渴望见到溥仪，以至于决定"如果必要，我会把自己该学期的全部薪水付给临时代课老师"[26]。

同皇室的亲密关系给庄士敦带来了麻烦。伦敦的中国学生很不喜欢他，因为他同溥仪和伪满洲国有联系并且接待了溥仪的妹妹。[27]庄士敦情绪很激烈，尽量少去中国学生多的地方，比如中国协会，"因为我不喜欢去自己不受欢迎的地方"[28]。对一位中文教授来说，被排除在中国场所之外实在荒唐，但庄士敦对这种敌意表示蔑视。丝毫不在意外界对他的看法。

1934年3月当他的皇室客人启程返回满洲时，庄士敦承认"我会非常想念他们"[29]。他们将回到溥仪那里去，令许多中国人感到恐惧的是，

1933年，庄士敦在伦敦克佑家中招待"小公主"郑夫人（韫龢）一家（经乔治·沃森学院和苏格兰国家肖像馆骆任廷收藏许可）

溥仪就在那个月登基成为伪满洲国的皇帝。这件事若发生在数年前，庄士敦会非常生气，但现在他似乎感觉溥仪有权获得这个称号，甚至发去一封加冕"贺电"[30]。庄士敦对溥仪登基的看法并非受人欢迎，因为人们普遍认为溥仪自己甘愿充当日本的爪牙。就连1932年曾经采访过溥仪的谄媚记者伍德海德（Woodhead）也没有隐瞒日本对溥仪的控制，提到溥仪对日本的"热情上贡"，以及他同他们的"友好私人关系"[31]。1933年采访他的另一位记者称溥仪"有名无实，是（他的大多数同胞所憎恨的）外族人的傀儡"[32]。

1934年初《紫禁城的黄昏》出版时，庄士敦无疑感到他对溥仪的支持得到澄清。这本书获得了友好的书评，并且比他创作的其他任何一本都热卖。在这之前，他在紫禁城的角色仅仅为相对封闭的"中国迷"圈子所知。现在他的故事家喻户晓，他也随之小有名气。仅仅数月，该书便发行第四版，在美国同样热销，另外还被翻译成日文。

在乐享《紫禁城的黄昏》一书带来的名声时，庄士敦完成了自己的下一部也是最后一部作品《中国近代儒学》（*Confucianism in Modern*

China)。这本书基于上一年冬天他在布里斯托尔大学的一系列讲座，所以不难完成。他在这个系列讲座中度过了愉快的时光——这是伦敦大学所无法比拟的。主要原因是布里斯托尔大学的副校长是他的老朋友洛夫迪。令人高兴的是，他终于能够通过讲座来报答洛夫迪的慷慨友情。

他的主题是儒学在中国仍有用武之地，"对中国的现在与将来会有重大价值"[33]。对此，他除了从中国哲学与文学中寻找论据，还从普罗提诺到歌德等广泛作品中寻求支持。另外，还借机对中国的混乱发表自己的看法。面对学术界听众，他以1919年以来的学生运动为例来阐述他所看到的目前正威胁这个国家的种种罪恶。他宣称学生们"已经闯入官衙，砸毁家具，用桌子腿袭击高官，让内阁部长们流血流泪，迫使遭受打击的受害者在中国的土地上屈辱地向洋人寻求保护"[34]。在一系列儒学讲座中，这些观点是否完全恰当还有待讨论。不过，这的确表明他对中国的看法已经发生了很大变化。他继续敬畏中国的语言与文化，但目前的政治局势却让他彻底厌恶，热爱已谈不上了。

《紫禁城的黄昏》一书的成功发行给庄士敦带来了不菲收入。他决定用这笔钱为自己购买一处房产。当然，名义上他还拥有樱桃谷，但他怀疑自己是否还有机会再去那里。樱桃谷的房产仍然由英国公使馆的见习生占用，但土匪在西山的活动也日益猖獗。尽管1934年他还不知道该地很快会被废弃，陷入破败的境地，但他决心在英国寻找一处新的隐居之地。

虽然庄士敦不是一位了不起的人物，但他很快意识到要想在英国获得真正的安静，要么买一处较大的宅子，要么买一座小岛。大宅园想都不用想，即便《紫禁城的黄昏》一书的版税滚滚而来，他也买不起一栋足够大的房产来确保绝对不受干扰的生活，所以他不得不考虑购置岛屿。他最初在海峡群岛搜寻，但看中的小岛被别人抢了先，"一个女性（不是沃金肖女士）先我下手买去了它！"[35]在英格兰失败后，他出人意料地决定前往苏格兰为自己买一处隐居地。

1930年回到英国后，又过了一年，庄士敦才冒险返回自己的出生地。他发现在那里的边境地区进行短期度假令人愉快，从此大多数夏天庄士敦都到苏格兰乡间旅行数日。1934年7月，他（自童年起）第一次去苏格兰高地度假，"希望能够偶然发现一处可用来隐居的岛屿，或租或买，来逃离伦敦和东方学院的浮躁生活"[36]。他有两处房地产可看。一处是作家康普顿·麦肯齐（Compton Mackenzie）在西海岸夏尔湖（Loch Shiel）有一座小岛要售卖，他从来没有去过那么远的地方。在西部的阿盖尔郡，他的首访之地是"一座低价出售的小岛……在克雷格尼希湖（Loch Craignish）——一个位于阿德里希格（Ardrishaig）和奥本（Oban）之间的海湾。它属于波塔洛赫的马尔科姆（Malcolm of Poltalloch），现在显然已经破败"[37]。

他选择先去克雷格尼希湖，因为他了解这个地区和那里要售卖的岛屿："自从少年时代在一艘游艇的甲板上看到这片岛屿，我就渴望拥有它们。"[38]他的美好记忆没有出错，庄士敦一见到克雷格尼希湖上的岛屿，就立即爱上了它们。主岛低矮平坦，"当我需要安心读写时，这里实在是一处理想的静修之地"[39]。该岛名叫艾琳·罗恩（Eilean Righ）——国王之岛（the Island of the King）——距离礁岸仅数百码（1码=0.914 4米），各方面都很完美。岛长约两英里，海岸线长达4.5英里：不至于大到使人迷路，但也不是小到让人一目了然。还有其他优点：这里环境优美……房子虽然是一幢简朴的小小农舍，但有一个大大的谷仓，可以轻松改建成宽敞的图书室。[40]他决心购买下来："邓巴顿和库克第一眼就喜欢上了这座岛屿。"[41]甚至在他尚不知投标是否成功之前，他就计划"搬到岛上，监督运行维修与改造，并在那里一直住到夏季结束"。[42]

9月份，庄士敦已经购买了艾琳·罗恩岛，花费1 600英镑，并定居在那里。他甚至印制了带有题头的信笺，骄傲地向骆任廷写信述说自己的小小高地产业："我拥有三个小岛，这是最大的一个，上面建有房子。虽然仅仅是简陋的农舍，但有谷仓毗连，可以改建成房屋的一部分，届时我将拥有一个大房间来充当图书室——像功能齐全的弹子房一样大。"[43]岛屿靠近海岸意味着"可以在10分钟内划船到大陆，水面一向平静无波"[44]。真是再完美不过了。离开樱桃谷这么多年，庄士敦终于为自己找到一处新的隐居地。

庄士敦搭乘新开通的航班，从格拉斯哥飞回伦敦，气派十足地回来了。这是他第一次乘坐飞机航班，却相当失望："从格拉斯哥起飞的这趟旅行相当无趣。第一段海上旅程还可以，即先乘船到贝尔法斯特，然后经曼恩岛去英格兰；但从我们离开兰开夏郡那刻起，一直到距离克罗伊登不到半个小时航程，我们一直在大雾中穿行，什么都看不见。我们本打算中途在伯明翰停留，但飞行员辨不清它的位置！"[45]

他返回伦敦后发现布鲁斯已经去世，布鲁斯是他的手下也是前任中文教授。庄士敦从来不太喜欢这个人，写到他的离去"给我们带来了一个大麻烦，因为他一直负责全部初学者的教学工作。我们将在学校开会讨论如何找人接替他的工作——否则爱德华小姐和我将不得不突破我们每周的最大课时量，我会很快发现难以承受这压力而不得不辞职"[46]。由于学校没钱，所以找人接替布鲁斯并不是一件容易事。庄士敦被确切告知，财政状况非常糟糕，根本不可能聘请一位讲师来帮助爱德华小姐和他。[47]

庄士敦陷入绝望。一方面他已经购买了艾琳·罗恩岛，他不能丢掉这份工作；另一方面，想到增加的课时，特别是针对初学者，真是令人无法忍受。他提出自己承担布鲁斯替工的薪水，尽管他的附加条件是，如果需要他承担这样一位讲师的全部薪金或费用，他请求学院在本学期末接受他的辞呈。[48]最终学院妥协，一名大四学生承担部分初级教学工作，骆任廷的一位中国朋友负责另外一些教学工作，但庄士敦仍然感觉自己的教学任务太重。

在该大学一起工作的同事都感到庄士敦很不开心。庄士敦显然不是这个职位的最佳人选，他在中国内外都有广泛的人脉，但很少利用他们为学校谋利。慢慢地，学校的上层人士意识到庄士敦不得不走。开除一名教授并非易事，需要花时间为庄士敦找一个退出理由。最终，学校干事罗塞蒂设法引进一条规定，即所有教授必须在60岁退休。按理说，这项巧妙策略会在1934年10月迫使庄士敦辞职。庄士敦相信这项规定是"为了与大学规定保持一致而出台的"，所以他起初并不担心它的出台。[49]

当意识到学校的财政状况越来越糟而非越来越好时，庄士敦提出按照新的退休规定，在1934—1935年学期结束时退休。学校管理机构拒绝了他的提议，但告诉他尽管他们没有接受他打算在本学期末（即次年九月份）辞职的请求，但决定推荐他届时再连任一年，而不是通常的五年。[50]许多人如果处在庄士敦这个位置上，会把这种短期任命视为一种羞辱，但庄士敦留恋罗恩岛的夏季，向骆任廷保证"没有任何摩擦"[51]，非常满意这一安排。的确，此时他似乎更关心聘任一对年轻的高地夫妇在艾琳·罗恩照料他而非他的学术前途。[52]

庄士敦的想法错了，因为诋毁庄士敦的人不打算轻易让步。他们试图继续把他赶下台，并在11月份的一次管理委员会会议上建议"不应该向学校申请让庄士敦爵士在本学期结束后连任中文教授一职"[53]。显然，庄士敦留在学校的日子屈指可数："我对学校急于开除我一点儿也不感到惊讶。从一开始我就感觉周围环境极不友好，有些员工，我不愿提及他们的名字，从一开始就让我感觉自己是一名不受欢迎的闯入者。"[54]虽然他在其部门的管理工作受到了正确的批评，但庄士敦完全没有屈服。他认为，部门管理实际上就是"我'管理'着爱德华小姐和我本人——并且该小姐一直明确表示她无论如何都不认为自己受我管辖"[55]。骆任廷为支持庄士敦，提出辞职要离开管理机构。庄士敦劝阻他不要这样做，并向他保证自己会在聘期内辞去该职位。

庄士敦离开混乱的伦敦，在艾琳·罗恩岛过圣诞和新年。尽管他购买此地仅仅三个月，但已经将此地收拾得很舒服了："虽然房子还没有完工，但图书室、书房、两个卧室和一个浴室已经准备就绪，自来水和电灯也已安装。我的藏书和家具已经抵达，一箱书掉进水里，但被打捞上来，损失不大。"[56]在坎贝尔夫妇的帮助下（这对夫妇应聘来照顾他），开始把家收拾得井井有条。

一如既往，他首先担心的是他的藏书。在藏书中占有重要地位的是在紫禁城期间溥仪赠给他的那些中文书籍，其中一部分尤为珍贵，因为"它们是在皇宫内为皇族和皇室成员专门印制的，在市场上根本买不到"[57]。庄士敦还有其他一些钟爱的书籍也摆放在架子上，1 734册中国百科全书占据了房间的一个区域，还有1 500卷佛教经文，250册《山脉志》，1 200册《中国文学史纲要》。没多久就把这个大房间填满了。有了这些书，庄士敦感觉艾琳·罗恩岛可以真正被称为他的"家"，他讨厌在一月份离开岛屿前往伦敦。

1935年的第一学期开始了，但庄士敦的任期问题还未解决。不过，庄士敦依旧毫不担心并向骆任廷保证："不必担心我离开学校，因为这样我反倒有更多时间同我的书籍相伴。"[58]然而，骆任廷却不打算就此罢休。他尽管重病缠身，已经卧床数周，还是以口述的信件为庄士敦寻求支持。他同管理机构的其他一些成员相信，罗塞蒂在拒绝同庄士敦续签合同方面太过草率。在庄士敦支持者的一致反对下，罗塞蒂最终被迫让步。1935年1月，学院决定将庄士敦的任期再延长两年。[59]

之后，庄士敦要求请假两个学期去看望溥仪。他计划这次访问已经有一段时间了，但在他的任期合同刚刚确认后六周就提出这项请求，被认为是一种有意冒犯。不过他不在乎，还经常向朋友谈起他是如何计划"甩掉东方学院的工作，他讨厌它（困境时除外）"[60]。对庄士敦而言，他在数月前就已经决定了这次满洲之行，系里的考虑无关紧要，阻挡不了他的行程。考虑到庄士敦海外访问的声望，伦敦大学除了同意他的请求外别无选择。

第十四章

最后时光（1935—1938）

在动身去满洲前，庄士敦在艾琳·罗恩岛度过了他的春假和暑假。1935年4月，他的来客中有一位伊丽莎白·斯帕肖特（Elizabeth Sparshott）夫人，她是第一次访问该岛，和女儿杰西卡（Jessica）一起来的。庄士敦告诉骆任廷，斯帕肖特夫人是一位寡妇，他向她们尽地主之谊。这是他第一次为这个女人撒谎，但不是最后一次，这个女人成为他一生中最后一位恋人。

伊丽莎白·斯帕肖特1893年出生于伦敦，特比特（Tebbitt）是她的娘家姓。24岁那年，即第一次世界大战期间同汤姆·斯帕肖特结婚。一年后，也就是1918年，女儿出生，但这次婚姻并不长久。庄士敦描述道："她是一位战时新娘，婚姻从一开始就不美满。我相信他（汤姆）并不支持她，多年前她就离开了他。"[1]伊丽莎白·斯帕肖特第一次见到庄士敦是在1934年《紫禁城的黄昏》出版后，她给在大学工作的他写信，"要求见作者一面"[2]。庄士敦喜欢这位高挑、健美的女性，两人慢慢熟识起来。

1935年春，他和她很亲近，并邀请她到他苏格兰的住所去。为不失体统，她的女儿也接到邀请。[3]其间天气晴朗时，庄士敦便组织野餐活动。在这小小的岛屿岸边，他们观看海豹嬉戏，寻找海蛎子。斯帕肖特还记得她的第一次岛屿之旅："我们很多时间都一起待在图书室里，当时他甚至还未全部打开行李，于是我们一起取出书籍归置完毕。"[4]人人

235

都说，伊丽莎白·斯帕肖特是一位害羞、相当安静的女子。对庄士敦而言，与她分享自己心爱的图书室实在是一种乐趣。这是一位没有多少学术背景，甚至对中国也不太了解的女子，但她显然吸引了庄士敦。他深深地爱上了她。

伊丽莎白回应了这份爱，尽管当时她同汤姆·斯帕肖特还维持着婚姻关系。这段婚姻早在她遇见庄士敦之前就已经破裂，但在20世纪30年代婚外情还是一件很耻辱的事情，所以庄士敦说她是一名寡妇。无论如何，庄士敦绝不是一位囿于社交规范的人，他显然不在乎她的婚姻状况。

他们在艾琳·罗恩岛度过了更多的时间。至夏天，这栋房子的状况已经相当好，所以庄士敦在去满洲期间，把它租给了他在中国时期的一位老朋友维吉尼亚·索斯科特（Virginia Southcott）。像伦敦的房子一样，艾琳·罗恩岛上的房子家具摆设也是中西风格混搭。与艾琳·鲍尔不同，伊丽莎白·斯帕肖特喜欢这种奇怪的组合。餐厅不仅有欧洲风格的核桃木椅子、餐桌和边柜，而且还有一面中国锣安放在木架上。休息室里有一个巨大的皮质长沙发和一个陈列柜，但所有装饰品——象牙、玉石、珐琅和银器都是中国物件。[5]这些年来，溥仪除了送给他一块雕刻着山景和皇家题名诗的绿色玉石、几个玉罐和扇子外，还送给他几件皇家藏品中的精美中国瓷器。[6]在休息室旁边的小小陈列室里，庄士敦陈列着花瓶和玉石，都是自己搜集或别人送给他的，还有一些中国字画和一个小小的银质神龛。

起居室里也是相似的混搭风格，欧式皮椅和桌子配中式手工艺品和摆件。庄士敦还委托贝蒂·乔尔制作了更多的家具，其中包括鸡尾酒柜。当然，庄士敦没有在里面储藏鸡尾酒，而是摆放着伪满洲国皇帝送给他的礼物，几件玉器和瓷器[7]。这栋房子的其他地方，特别是卧室和浴室里，有他钟爱的橡木家具。

这是一栋令人舒适的房子，专为休憩而设计。除了中国绘画外，修饰墙面的还有照片。这些照片或是庄士敦在旅行中拍摄，或是他见到的名人，每个房间都挂着几幅。餐厅墙上有几张玛格德琳时期的合影，他对这段青春岁月有着美好回忆。[8]

7月底，庄士敦离开艾琳·罗恩岛去看望溥仪。溥仪现在身为满洲国皇帝，决意向他的前任帝师证明，自己迁往满洲是一项多么正确的决定。不过，他在自传中没有提及庄士敦同他在一起。或许，鉴于他的再教育身份，他不想回忆这段在他统治生涯中为数不多的快乐时光。

庄士敦从南安普顿前往日本，1935年8月底抵达横滨。从那里前往长春，长春被日本入侵后成为伪满洲国的新首都。庄士敦很高兴能够再次见到溥仪。他一向喜欢显摆地位，况且还没有原谅中国人对待皇帝的方式，所以他毫不费力地为皇帝的新位置鼓掌。溥仪和日本人对他一视同仁，他回忆道："'满洲皇帝'设国宴款待我，总理和内阁大臣全体出席。在'满洲国'逗留期间，我显然是皇帝的客人。"[9]庄士敦度过了一段美好的时光。

伪满洲国的朝廷虽然比紫禁城逊色，但它仍然富丽堂皇。长春，从一开始就没有天津那种国际氛围，也远不如北京。它是一个小城镇，没有独特的建筑。当溥仪初来这里时，甚至找不到一栋大建筑来容纳整个执政府。溥仪自己的公署是一座普通的二层建筑，楼上有一个阳台。看起来更像一栋坚固的维多利亚式房子，而非帝宫。1935年，这座城市的人口主要是日本人和俄国人——自尊自爱的中国人是不会选择居住在这里的。简而言之，长春是一个偏僻的地方。

溥仪的寝宫是原来的吉黑盐务稽核处办公楼，这座砖木建筑多年前由俄国人建造，带有庭院和高墙。除非他去外廷办理政务（由日本士兵陪同）或举行典礼，否则他不会离开寝宫。他再次沦为囚犯，这次是被软禁起来，虽然表面上他仍然保持着得体的穿着。溥仪身穿欧式服装，昂首阔步，身上挂满勋章，活像个无能的将军。他几乎无公可办，日本人希望他偶尔仪式性地出现一次，确保他有大量诏书签署，除此之外，不管他去哪里都有日本士兵监护，只要他不给日本当局惹麻烦，那么他就可以继续做皇帝。这种生活令人悲哀，庄士敦的出现一定让他欣喜。

尽管溥仪在他的书中没有提及庄士敦来访，但庄士敦的一些影响却延及他的满洲岁月。他开始倾向佛教，成为一名素食者。他的一位侄子回忆道，"到处都有佛像，他会在佛像前冥想几个时辰"[10]。或许是庄士敦建议他向佛教寻求慰藉，这也不是不可能。溥仪对他的前任帝师自然继续保有深厚的感情。不过，当溥仪一再请求他"以顾问的身份留在这里时"，庄士敦拒绝了。他在伦敦的教授职位当然不足以让他离开，但是有了伊丽莎白·斯帕肖特的陪伴则大为不同。在启程来满洲之前，他已经深深吸引了她，但他打算回来后继续加强两人的关系。同溥仪共处四个月后，他挥手告别。这是他同溥仪的最后一次见面。

离开满洲，他踏上了漫长的回家路途。其间，庄士敦比昔日了解了更多远东情况，因为他第一次访问了爪哇和巴厘，还有法属印度支那的吴哥寺。[11]他在远东的最后一站是泰国。在他悠闲旅行时，东方学院似乎对此茫然不知。他显然没有做好后续安排就离职而去。爱德华小姐只是被留下来承担他的工作，庄士敦在休假期间明显缺少对学校的关注。返回英国后，他直奔艾琳·罗恩岛，直到暑期开始才跨进大学的校门。

教学工作虽然已经重新开始，但他继续散漫为之。有一次，他答应同克莱门迪共度周末，后者现已退休，住在伦敦附近。庄士敦认为，为了最大限度地陪陪朋友，他应该"在工作日就去"，并且立即决定同时去看望骆任廷。[12]讲座遂被随意放弃或取消；教学在他的生活中显然无足轻重。1936年4月，他通知大学他不会要求延长聘期。自此，他对这项工作更加松懈，"为了午宴和游园会而不去参加学术委员会议和教务会议"[13]。自1936年4月至1937年6月，他偶尔来到学校，但也是身在曹营心在汉。

1936年的夏天庄士敦也是在艾琳·罗恩岛度过的。伊丽莎白·斯帕肖特在这里度过了一段时间，甚至同其他客人同住。她似乎已经成为他的理想伴侣。她支持他、崇拜他，适应他的各种情绪与古怪行为。他夸口说，当她在场时，"我甚至不允许客人打扰我的生活，也不总是同他们一起用餐！"[14]

斯帕肖特满足他的一切需求。她帮他安置从溥仪那里带回的礼物，其中包括一匹铜马。她甚至在图书室度过很多夏日时光，"几乎为每一本书配置藏书标签"[15]——这是一种奉献精神，因为她称庄士敦的书籍为"他的第二生命"。他们一起对这栋房子进行了修缮和扩建，在一系列工程上支出 7 500 英镑。她还动用了自己的部分资金，把它花在岛上，以满足雷吉（庄士敦）的部分改善设想——两个新房间、门廊、庙宇、中央暖气系统、无线电、冰箱，等等。[16]他们甚至给部分房间命名为：帝室、威海卫室和竹室。

房子外架起了一个旗杆：庄士敦骄傲地升起了伪满洲国皇帝的旗帜。仿照记忆中的樱桃谷，他还修建了一座小小的寺庙，种植了数百株鸢尾——这是他最喜爱的花卉。在斯帕肖特的资金协助下，钱花得很潇洒。庄士敦购买了七艘船，其中包括两艘摩托艇，以便他和客人在岛屿和大陆之间来回摆渡使用。[17]他的挥霍没有就此终止。去最近的村庄阿德芬（Ardfern），只能乘船。去最近的城镇洛赫吉尔普黑德（Lochgilphead），每周三天有公共汽车直达。这意味着邮件只能在公交车抵达阿德芬的三天里运送，这给当地邮递员带来了巨大的不便，因为庄士敦每订购一批书籍，他都不得不运送数英里才能抵达岛屿码头。运送其他供应品也同样麻烦。因此庄士敦"买了一辆机动卡车，将煤和笨重行李从码头运到家中，并将其命名为'库克'"[18]。

奇怪的是，库克在这封——也是他最后一封写给骆任廷的信中复活了。他现在非常迷恋伊丽莎白·斯帕肖特，同她生活在一起，他们俨然一对已婚夫妇。庄士敦耽于新欢，发给朋友们的信件愈来愈少。一些人看到她很快乐，她声称自己"真心实意地爱上了雷吉——全身心地去爱"[19]。庄士敦的堂兄道格拉斯·约翰斯顿对此评论：

> 贝蒂很爱雷吉……为他可以放弃一切。雷吉非常喜欢她，我相信他最终会开心起来，他的悲观也慢慢消散。……她是个地地道道的好人，毫无私心。[20]

其他朋友则没有这么吹捧。在庄士敦的问题上一贯慷慨大方的艾琳·鲍尔，称斯帕肖特"头脑简单""得意时容易忘形"[21]。她的评判不是没有根据，因为斯帕肖特参加过鲍尔的几次演讲并在现场向鲍尔做过自我介绍。

了解并崇拜庄士敦的一些人用最刻薄的语言诅咒伊丽莎白·斯帕肖特。骆任廷家人不喜欢她，玛丽·斯图尔特·骆克哈特认为她令人讨厌。当这家人发现她是一位有夫之妇后，变得怒不可遏。虽然庄士敦没有告诉别人斯帕肖特准备同丈夫离婚，但他的确对骆任廷讲过。骆任廷知道事情真相后，明确表达了自己的反对意见。当时，离婚会引发巨大的丑闻。庄士敦在法庭上将被定为有罪方的事实，使骆任廷非常沮丧。他们两人一生中第一次发生了激烈争吵。

　　骆任廷不想同斯帕肖特发生任何瓜葛。1936年冬，当庄士敦带着斯帕肖特去骆任廷位于伦敦的家中时，骆任廷已经生命垂危。庄士敦没有见老朋友最后一面。骆任廷一家不能原谅斯帕肖特破坏了两位老人的关系。1937年2月，骆任廷去世，生前未能同庄士敦和解。[22]

　　其他朋友同样不赞成这种关系。维吉尼亚·索斯科特在庄士敦前往满洲期间一直居住在艾琳·罗恩岛，庄士敦曾经问她"同他和斯帕肖特一起进餐，她的印象如何？"[23]1916年，她在威海卫第一次认识庄士敦。在北京期间互相到过彼此家中，此外她还数次前往樱桃谷看望他。她直言不讳地告诉他，"应该去好好地了解一个人……她为什么会如此猛烈地追求他"[24]。然而被爱情蒙住眼睛的庄士敦对她的意见听而不闻，一如漠视骆任廷的意见。

　　当在东方学院的工作结束时，庄士敦毫不掩饰地松了一口气。他立即清空了自己在伦敦的住房，把一切东西都搬到艾琳·罗恩岛。最后，他把自己那件珍贵的紫貂长袍陈列在帝室的一个玻璃柜里，尽显华丽。那年的秋冬季节，庄士敦向斯帕肖特讲述他的非凡人生。在冬天结束前，她已经全部了解了溥仪、樱桃谷和威海卫。在一起生活了将近一年，"确信我们是合适的"，他俩决定结婚，这意味着她首先要离婚。[25]斯帕肖特期望能够尽快离婚，以便在1938年10月份，在庄士敦64岁生日前后和他举行婚礼仪式。庄士敦并没有公开这件事，一年前庄士敦第一次告诉骆任廷他的计划时，骆任廷的反应仍然让他记忆犹新。这次，"他唯一的担心是离婚事件被公开"[26]。

　　尽管有此担心，庄士敦和斯帕肖特仍然继续生活在一起。他视她为妻子，"只缺名分而已"[27]。即便对于不囿于常规的庄士敦来说，这也是一次勇敢的冒险。因为她，他已经失去了几位亲密的朋友；其他人则把斯帕肖特比作一只咬住猎物的鹰，而猎物是不会逃脱的。[28]在艾琳·罗恩岛，情况也好不了多少。当地人感到震惊，坚持称她为他的"女管家"或"斯帕肖特总管"[29]。当地人不接受她，这无疑伤害了他。或许正是这个原因，1937年圣诞节期间他遣散了所有佣人，只留下斯帕肖特和杰西卡一起共度佳节。

庄士敦身穿溥仪赏赐的紫貂长袍（经乔治·沃森学院和苏格兰国家肖像馆骆任廷收藏许可）

这应该是一次真正的庆祝，因为"她的存在让雷吉感到生活的真实与自然"[30]。两人都知道下一年他们将成为合法夫妻，不再需要这样遮遮掩掩。位于艾琳·罗恩岛上的住房被收拾得井井有条，只要愿意，庄士敦可以随时躲进自己的书房，他知道亲爱的"贝蒂"会在他出来时等着他。圣诞节那天只有他们三人在这个安宁的小岛上。然而，次日庄士敦病了，在床上整整躺了一天。

接下来的几天庄士敦仍然病着，但到一月初已经大有起色，斯帕肖特和杰西卡回伦敦了。此后，他独自一人躺在床上给老朋友如艾琳·鲍尔等人写信，但从未对他们提起自己的病况。如斯帕肖特以后所述，"他不希望别人知道他生病的消息"[31]。到了二月初，庄士敦仍然无法摆脱这种时好时坏的病情，遂去爱丁堡看医生。庄士敦需要做一个肾结石去除手术，斯帕肖特自伦敦来到爱丁堡的护理中心看望他，并在手术期间一直陪着他。

离动手术还有两天的时间，庄士敦写信给他的律师，"我被告知这不是一个大手术，但为了安全起见，最好做好一切准备"[32]。斯帕肖特也明白，此时"他总是想到死近在眼前"[33]。1938年2月20日，庄士敦进行了手术。在某种程度上，手术取得了成功，结石被去除，但庄士敦的一只肾已经丧失功能，毒素已经侵入他的肌体。尽管如此，斯帕肖特还是决定返回伦敦，她在那里甚至听了艾琳·鲍尔的几个讲座。直到3月初，庄士敦的病情严重恶化，她才返回爱丁堡。她在他的病榻旁陪他度过了最后两天，3月6日庄士敦去世。

三周前给律师写信时，庄士敦已经把他所有的事情都安排得井井有条。他重新写了自己的遗嘱，对葬礼提出了要求。按照他的心愿，仪式悄悄进行。遗体在爱丁堡他父母墓地对面的沃林斯顿火葬场火化。简单的葬礼在他去世两天后的下午3点举行，没有任何宗教仪式，只有伊丽莎白·斯帕肖特和他的律师尤安·罗伯逊参加。葬礼特意在讣告发布之前举行完毕，确保庄士敦能够按照自己的遗愿尽可能安静地离开这个世界。带着他的骨灰，尤安·罗伯逊和伊丽莎白·斯帕肖特长途返回艾琳·罗恩岛。3月10日，在庄士敦所拥有的三座岛屿中最小的姆卡帕金岛（Isle MacCaskin）上，他的骨灰被撒在了他所热爱的土地上。

这是一个肃穆的时刻，孤零零的风笛手吹奏着最后的哀乐。罗伯逊和斯帕肖特一丝不苟地执行着他的遗愿，但庄士敦肯定会哈哈大笑并责备"沃金肖女士"搞砸了一切："这位风笛手来自克雷格尼希，是麦克莱恩人。……风很强劲，骨灰刮回到吹笛人的脸上。不过，后来他向旁边的人说道，同样的收费他不介意吃第二口灰烬！"[34]

在发给律师的最后一封信中，庄士敦要求把自己的死讯通知某些指定的人。用电报通知斯帕肖特和他的侄子道格拉斯，艾琳·鲍尔、戴维·希特利（在爱丁堡的一位老朋友）、溥仪、克莱门迪和洛夫迪全都是用信件通知。其中有几人是在讣告首次登报前收到信函。艾琳·鲍尔则是在《泰晤士报》上读到他的讣告时，才获知庄士敦去世的消息。这种震惊实在太大了！她近期不仅收到他的一封来信，而且还在几天前自己的一场讲座中见到了斯帕肖特。她感到"极度震惊与悲痛""几乎不敢相信他已经走了"。[35]

其他朋友同样大吃一惊。骆任廷一家没有被列入他的通知名单中，自小就崇拜他的玛丽·斯图尔特·骆克哈特同艾琳·鲍尔一样，也是意外地得知了这个消息。洛夫迪和克莱门迪要幸运一些，在读到讣告前收到了律师信件。洛夫迪的反应同那些离开玛格德琳学院后就很少见到庄士敦的老同学一样，只不过他一直同他保持着友谊。他悲伤地写道，"庄士敦的去世是学术方面的一大损失，给那些爱他的人带来大大小小的打击"[36]。

待庄士敦去世的消息众所周知后，他所加入的协会组织也表示了他们的哀悼之情。皇家亚洲文会声明他们"失去了一位朋友，我们一贯珍视他的帮助，他的学识与襄助对我们非常重要"[37]。甚至连不列颠海上钓鱼协会也向这位"令人尊敬的会员"[38]表示了哀悼。

在他的亲人中，只有娜尼和她的女儿罗斯玛丽在世。罗斯玛丽听到这个消息后"非常震惊"[39]。娜尼的反应不出所料以自我为中心："雷吉的离去让我倍感孤独。尽管他一向忙得没有时间与我相聚，但我知道他在那里，我还有亲人。他很善良，每周给我一英镑。现在他走了，一切又将重新开始！"[40]但当她发现他的遗嘱中没有给她留下任何东西时，她的悲伤变得不那么强烈。

报纸上的讣告千篇一律。每则讣告中都提到他和溥仪的关系，并且分别用"有天赋""饱学之士""才华横溢""学者、作家、旅行家兼实干家的罕见组合"来描述他。所有这些描述都正确，但对于熟悉他的人来说，这些话语仅仅触及他性格的表面。

庄士敦要求对他去世消息的保密让几位好朋友感到伤心。围绕他的遗嘱又引起进一步争议。庄士敦原计划把他所有的克雷格尼希湖财产留给苏格兰国民托管组织（保护名胜古迹的私人组织），条件是他的妻子（斯帕肖特夫人）可以在她的余生或她所希望的时间里占用这栋房子，监管他所有的动产。[41]遗憾的是，她的离婚未能及时办理。事实上，她的离婚判决在庄士敦去世一个月后才生效。不过，庄士敦相信她会尊重他的心愿，因此倘若他们结婚，根据他原先的计划，将把大部分遗产留给她。[42]

除了一小部分遗产——给他的外甥女200英镑，给他的堂兄戴维·希特利和艾琳·鲍尔各50英镑——伊丽莎白·斯帕肖特得到了其他所有一切。她经济独立，因此庄士敦认为她会忠实地执行他的遗嘱。首先，对遗嘱可能持不同意见的人是娜尼，事实上她的确立即进行辩驳，尽管并不成功。直到弟弟去世，她像他的高地邻居一样，一直以为伊丽莎白·斯帕肖特仅仅是他的一位密友或管家。

庄士敦去世后三天，娜尼给律师写了一封信，对她的女儿罗斯玛丽能够继承一份小小遗产表示感激。在这封信中，她关注庄士敦的个人财产和投资。她写道："如果他有投资，鉴于中国的混乱局势，应该也不会多，但他的贵重物品却值得一提。"[43]住在伦敦舅舅家中时，罗斯玛丽显然注意到了房中那些精美的物品。娜尼现在想追查这些东西，"他还有若干特别珍贵的明朝花瓶（2只），是'满洲国'皇帝送给他的；其他物品中包括一件巨大的紫貂长袍，伴随这件长袍他曾被授予某种奇怪的中国爵位"。娜尼想知道，如果这些东西被卖掉，她是否有可能得到其中的一些收入。[44]

当最后得知遗嘱条款时，娜尼怒不可遏。尽管斯帕肖特对媒体讲了她同庄士敦的关系，以及他们如何计划结婚，但也无济于事。娜尼满腔怒火地给律师写了一封信："您或许应该把斯帕肖特夫人的事情告诉我，而不是让我从《每日邮报》上得知真相。……如果您早告诉我，至少我可以不让它登报……单单为了我的女儿（她对舅舅评价很高），我也要维护弟弟的名誉。"[45]娜尼或许是一个见钱眼开的人，但许多人对伊丽莎白·斯帕肖特的看法同她一致："这个女人在玩弄他，让他成为大家的笑料。……这个女人一定对他施了魔法，她应该被沉到湖里去。雷吉所做的是他自己的事，但她无权剥夺他对自己家人的权利。"[46]

在向家庭律师开炮的同时，娜尼向庄士敦遗嘱的另一位受益人发去同样一封尖酸刻薄的信件，痛斥斯帕肖特夫人。她甚至写信给艾琳·鲍尔，后者照例很慷慨，把自己获得的50英镑遗产转赠给她。可以想象，伊丽莎白·斯帕肖特对娜尼的反应很惊愕，尽管她坚持自己确信庄士敦"没有'忘记'她：他明确希望将一切交付信托"[47]。为了让娜尼收敛一点，斯帕肖特最终每周支付给她一英镑，这是庄士敦自母亲去世后资助娜尼的数目。这笔小钱足以安抚娜尼。

尽管庄士敦有遗愿，但她从未把他的岛屿或财产交付给托管组织。在他去世那天，她就给他的律师写了一封信，要求他即刻同托管组织进行谈判，"查看这些岛屿，并断然拒绝他们"[48]。尽管托管组织清楚地表明"他们可能准备接管岛屿"[49]，但她决定卖掉它们，把收益据为己有。很快——有些人会说简直快得惊人——她就了解到庄士敦留给她的所有资产。娜尼发现斯帕肖特"没花太多时间就从岛屿中赚到了钱"[50]。斯帕肖特甚至要求律师看看能否从樱桃谷获利，但她遗憾地得知1937年此地已遭劫掠，随后很快沦为一片废墟。[51]

拆分、卖掉地产后，斯帕肖特开始进行最后也是最疯狂的举动。庄士敦曾要求她为他写一本传记，并给了她大量素材。[52]多年来，他不仅保存着自己的所有旅行笔记，而且还保存着已完成和未完成的手稿及大量信件。其中有溥仪来信——从紫禁城少年时代一直到他成为"伪满洲国皇帝"期间的来信。还有来自骆任廷和克莱门迪这样的杰出殖民官员的来信。庄士敦给大量中欧人士写信：他的通信勾勒出中国历史上关键的四十年的独有风貌。

如果有这部传记，一定会引人入胜。然而，斯帕肖特决定不去写他的故事，因为她没有天赋，再者，无论如何，她太伤心了，无法触碰他的回忆，更无法重拾所有那些伤感、私密的细节来完成写作。[53]有人或许期望她尝试遵从他的遗愿，要么把所有这些文件归置起来，留待日后一位传记作家在她的指导下使用它们，要么像处理书籍那样，把它们赠送给某家学术机构或图书馆。然而，她竟然把它们全部毁掉了。

她用了一个多月的时间才将"海量文件焚烧殆尽，将图书室清理一空"[54]。这批文件的损失即便在今天也是无法估量的。所有他的文档都被她投入艾琳·罗恩岛的炉火中。信件、笔记及他毕生研究成果都被付之一炬。伊丽莎白·斯帕肖特为自己的行为进行辩解："当一个女人为一位男子做出巨大牺牲（她的名誉）时，她可能感觉深陷其中，以至于很长一段时间无法自拔，无法碰触他。"[55]庄士敦的朋友们难以认同她的行为，尽管她从感情方面进行了合理的解释。

庄士敦去世五个月，他的房子便被清理一空，岛屿被卖掉，家具通过拍卖被分散到各处。缴纳遗产税后，伊丽莎白·斯帕肖特还剩有5 000英镑。她保留着少量遗物。紫貂长袍还存放在玻璃柜里，溥仪赠送给庄士敦的所有礼物她都保存着。具有绝妙讽刺的是，她把他的珍贵藏书送给了东方学院——一个令他憎恨的学术机构。最初的捐赠条款上写明：要为全部藏书编制一份目录，且作为一个独立单元入库，名称为"庄士敦爵士遗赠品"。[56]即便这一要求最后也没有实现，这批藏书从未被逐一编目；今天，根本无法准确分辨哪些图书是庄士敦的遗赠。

至1938年夏，伊丽莎白·斯帕肖特已经把庄士敦的财产分散到四面八方。两年后，战争在即，她把剩余的遗产——紫貂长袍、瓷器、玉器及溥仪赠送给庄士敦的其他礼物——存放在伦敦。战争期间，大多数库藏集聚的泰晤士河沿岸地区，受到德国炮弹尤为猛烈的轰炸。几乎可以肯定，她精心保存的珍宝在大规模空袭中也未能幸免于难。

一生中，庄士敦尽量抹去自己对家人的回忆。在他去世后，斯帕肖特也同样尽力抹掉他的个人生活痕迹。她似乎不想同任何人分享庄士敦，几乎达到了此目的。然而，令她无法预测的是，其他人的行动打破了她这种令人遗憾的企图。具有讽刺意味地是，溥仪首先开启了这一进程，这位没出息的年轻人从未掌控过自己的命运，曾经如此依赖庄士敦，现在第一个开始回忆庄士敦。1945年，苏联进入中国东北击败了日本关东军，溥仪作为苏联战犯被关押了四年多，直到1950年被移交给中国监狱。在这所中国监狱关押9年后，作为改造过程的一部分，他被鼓励写下自己的故事，这部因此而产生的自传再次重现了庄士敦。

其他朋友也没有忘记庄士敦。洛夫迪保留了庄士敦寄给他的所有信件，从恣肆的学生时代到艾琳·罗恩岛上的最后岁月。今天，洛夫迪家人仍然很好地保留着这些信件。尽管最后不欢而散，但骆任廷从未忘记他的朋友兼同僚。庄士敦给他写了600多封信件：这些信件也被玛丽·斯图尔特·骆克哈特精心保存着，并最终把它们捐赠给父亲所在的爱丁堡母校。这些信件，再加上英政府乐于保留大部分官方文件的习惯，确保庄士敦作为朋友、学者、帝师和政府官员的形象留存了下来。

如果他的遗产被善待，如果我们有幸阅读庄士敦的个人文档，他的人生故事或许会以另外一种方式讲述。即使在今天，他仍然被认为在20世纪中国史上占有重要地位。如果他的遗愿实现，他在那段历史中的角色或许会被更加充分地了解。不过，庄士敦的基本形象几乎不会有多少变化。庄士敦是一个不可思议、难以相处的古怪之人。他既令人发笑又令人恼怒，既开明又偏见。但最重要的是，他的一生不可预料。总而言之，他是一个谜。

注　释

第一章　可见之路（1874—1898）

1　1861年的苏格兰人口普查中，罗伯特在自己的职业一栏填写了作家。

2　《苏格兰法律评论》（*The Scottish Law Review*）第18期（1902）第229—230页和《苏格兰法律时代》（*The Scots Law Times*）第10期（1902—1903），1902年7月19日。W. S.是指苏格兰资深律师群体。

3　康斯坦·玛格丽特·弗莱明·约翰斯顿（Constance Margaretta Fleming Johnston）出生于1873年5月5日。

4　1891年的苏格兰人口普查登记中，列出了哥什·班克住宅的留宿佣人名单：园丁、厨师、贴身女仆和家庭女仆各一人。

5　苏格兰档案馆CS318/50/175，第1卷，第23页，《已扣押财产》中记载着该家族购买力方面的大量信息。

6　苏格兰国家图书馆骆任廷文卷，第9卷，1908年5月27日庄士敦发给骆任廷的信件。

7　苏格兰国家图书馆骆任廷文卷，第9卷，1908年5月25日庄士敦发给骆任廷的信件附件。

8　洛夫迪家族文卷，1897年8月2日庄士敦发给洛夫迪的信件。

9　苏格兰国家图书馆骆任廷文卷，第10A卷，1926年8月20日庄士敦发给骆任廷的信件。

10　罗伯逊律师事务所文卷，第39盒，第1件，1934年8月16日庄士敦发给R. A.罗伯逊的信件。

11　洛夫迪家族文卷，1897年9月29日庄士敦发给洛夫迪的信件。

12　罗伯逊律师事务所文卷，第16盒，第2件，1912年9月25日庄士敦发给罗伯逊的信件。

13 苏格兰档案馆CS318/50/175,《已扣押财产》中的债权人名单,1903
年1月14日。

14 罗伯逊律师事务所文卷,第16盒,第2件,1912年5月1日庄士敦
发给罗伯逊的信件。

15 苏格兰国家图书馆骆任廷文卷,第9卷,1906年1月9日庄士敦发给
骆任廷的信件。

16 苏格兰国家图书馆骆任廷文卷,第9卷,1908年5月27日庄士敦发
给骆任廷的信件。

17 洛夫迪家族文卷,1900年10月6日克莱门迪发给洛夫迪的信件。

18 洛夫迪家族文卷,1896年12月30日克莱门迪发给洛夫迪的信件。

19《仙后:一部三幕儿童歌剧》,庄士敦创作,查理斯·约翰斯顿配乐。
(爱丁堡L.格雷公司,1892年11月)

20 同上,第7页。

21 1903年3月19日的《苏格兰人报》。

22 洛夫迪家族文卷,无日期,庄士敦发给洛夫迪的信件。

23 罗伯逊律师事务所文卷,第16盒,第2件,1912年9月25日庄士敦
发给罗伯逊的信件;洛夫迪家族文卷,1897年10月7日庄士敦发给
洛夫迪的信件。

24 苏格兰国家图书馆骆任廷文卷,第10卷,1915年9月22日庄士敦发
给骆任廷的信件。

25 洛夫迪家族文卷,1897年3月30日庄士敦发给洛夫迪的信件和1900
年11月6日克莱门迪发给洛夫迪的信件。

26《牛津记忆录(1894)》,《托马斯·洛夫迪回忆录》,萨拉·玛卡姆夫
人誊录,第29—33页(《玛格德琳学刊》,牛津,1983);《牛津和玛
格德琳的回忆》《托马斯·洛夫迪回忆录》,萨拉·玛卡姆夫人誊录,
第39—45页(《玛格德琳学刊》,牛津,1984)

27 洛夫迪家族文卷,1898年8月2日庄士敦发给洛夫迪的信件。

28 同上。

29 苏格兰国家图书馆骆任廷文卷，第9卷，1910年5月18日庄士敦发给骆任廷夫人的信件。

30 苏格兰国家图书馆骆任廷文卷，第9卷，1911年3月16日庄士敦发给骆任廷的信件。

31 苏格兰国家图书馆骆任廷文卷，第9卷，1910年6月2日，发给联合帝国俱乐部的申请函。

32 洛夫迪家族文卷，1898年8月2日庄士敦发给洛夫迪的信件。

33 洛夫迪家族文卷，1897年9月29日庄士敦发给洛夫迪的信件。

34 同上。

35 洛夫迪家族文卷，1897年3月30日庄士敦发给洛夫迪的信件。

36 洛夫迪家族文卷，1898年8月2日庄士敦发给洛夫迪的信件。

37 1897年9月24日，娜尼同特里（W. E. H. Terry）结婚。参见维多利亚档案馆，维多利亚殖民地伯克地区婚姻登记，1897年。

38 洛夫迪家族文卷，1898年8月2日庄士敦发给洛夫迪的信件。

39 同上。

40 同上。

41 洛夫迪家族文卷，日期不详（1898年9月），庄士敦发给洛夫迪的信件。

42 同上。

43 同上。

44 苏格兰国家图书馆骆任廷文卷，第9卷，1908年5月25日庄士敦发给骆任廷的信件。

45 洛夫迪家族文卷，1899年3月29日庄士敦发给洛夫迪的信件。

46 廖乐伯《中国通商口岸：贸易与最早的条约港》[香港：三联书店（香港）有限公司，2010]对这些港口进行了很好的调查。

第二章 来自中国的召唤（1898—1903）

1 洛夫迪家族文卷，1899年3月29日庄士敦发给洛夫迪的信件。

2 洛夫迪家族文卷，1899年12月27日庄士敦发给阿米蒂奇的信件。

3 洛夫迪家族文卷，1899年3月29日庄士敦发给洛夫迪的信件。

4 同上。

5 同上。

6 骚乱程度一直是一个具有争议的话题。当时的记载可在以下三处地方找到：苏格兰国家图书馆骆任廷文卷，第36卷，骆任廷在这一时期的日记；彼得·韦斯利–史密斯（Peter Wesley‑Smith），《不平等条约1898—1997》（*Unequal Treaty 1898–1997*）（香港：牛津大学出版社，1980）；帕特里克·H.哈斯（Patrick H. Hase），《1899年的六日战争：帝国主义时期的香港》（*The Six-Day War of 1899: Hong Kong in the Age of Imperialism*）（香港：香港大学出版社，2008）

7 史奥娜·艾尔利，《蓟与竹：詹姆斯·斯图尔特·骆克哈特爵士传记》（*Thistle and Bamboo: The life and Times of Sir James Stewart Lockhart*）（香港：牛津大学出版社，1898；2010年由香港大学出版社再版）。

8 洛夫迪家族文卷，1899年10月28日庄士敦发给洛夫迪的信件。这些委员会的许多议员信息可以在梅·霍德斯沃思（May Holdsworth）与克里斯托弗·穆恩（Christopher Munn）合编的《香港名人传记辞典》（*Dictionary of Hong Kong Biography*）（香港：香港大学出版社，2011）一书中找到。

9 洛夫迪家族文卷，1899年10月28日庄士敦发给洛夫迪的信件。

10 同上。

11 同上。

12 同上。

13 同上。

14 洛夫迪家族文卷，1899年9月6日克莱门迪发给洛夫迪的信件。

15 同上。

16 同上。

17 洛夫迪家族文卷，1899年10月28日庄士敦发给洛夫迪的信件。

18 同上。

19 洛夫迪家族文卷，庄士敦发给克莱门迪的信件，无日期。

20 同上。

21 英国国家档案馆CO129/300，1900年7月18日第23018号电报。

22 洛夫迪家族文卷，1900年10月6日克莱门迪发给洛夫迪的信件。

23 英国国家档案馆CO129/301，1900年12月28日第519号函件。

24 苏格兰国家图书馆骆任廷文卷，第1卷，1906年7月26日庄士敦发给骆任廷的信件。邓恩夫人是一位基督教精神疗法者。

25 庄士敦《从北京到曼德勒：自华北地区穿越四川和云南抵达缅甸的一次旅行》（伦敦：约翰·默里，1908）第6页。

26 《苏格兰人报》罗伯特·弗莱明·约翰斯顿的讣告，1902年7月14日，第6页。

27 苏格兰档案馆CS318/50/175，第9号答辩书（Production Book），H. K. 希尔斯（H. K. Shiells）的被告证词。

28 苏格兰档案馆CS318/50/175，第9号答辩书。

29 1903年3月19日的《苏格兰人报》。

30 苏格兰档案馆CS318/50/175，第1卷，第49页。

31 罗伯逊律师事务所文卷，第16盒，第2件，1912年9月25日庄士敦发给罗伯逊的信件。

32 同家族朋友贝尔夫人及20世纪30年代认识庄士敦的其他人士的访谈中证实了这一点。

33 《从北京到曼德勒》在献给戴维·普莱费尔·希特利（David Playfair Heatley）的题词中，庄士敦把自己描述成一位"被放逐的朋友"。

34 洛夫迪家族文卷，1902年11月13日克莱门迪发给洛夫迪的信件。

35 教区委员会的圣·巴尔德雷德教堂报告和1903年的月计账户，第9页。

36 罗伯逊律师事务所文卷，第16盒，第1件，1916年8月29日查理斯·约翰斯顿发给R. A.罗伯逊的信件；罗伯逊律师事务所文卷，第39盒，第3件，1939年4月14日斯巴肖特发给E. B.罗伯逊的信件；第一次世界大战期间征兵登记卡（Draft Registration Card）（1917—1918）。

37 庄士敦的《从北京到曼德勒》，第328页。

38 洛夫迪家族文卷，1902年11月13日克莱门迪发给洛夫迪的信件。

39 同上。

40 庄士敦的《从北京到曼德勒》，第25页。

第三章　南华务司（1904—1906）

1 英国国家档案馆CO521/5，第61号函件，1903年11月27日约翰逊（Johnson）发给卢卡斯（Lucas）的备忘录。

2 英国国家档案馆CO129/322，1904年4月21日第169号函件；英国国家档案馆CO521/6，第30号和第9号函件；苏格兰国家图书馆骆任廷文卷，1904年5月，行政长官的来客簿。

3 英国国家档案馆CO521/20，1919年1月25日第9号函件中的附件。

4 洛夫迪家族文卷，1904年6月13日庄士敦发给洛夫迪的信件。

5 庄士敦（化名狄奥多里克）的《东哥特族狄奥多里克的末日及其他诗章》（伦敦：辛普金·马歇尔出版公司，1904），第40页。

6 英国国家档案馆CO521/6，1904年8月15日第62号函件。

7 庄士敦的《山东纪行报告：从威海卫到孔墓》（威海卫，1904），第5页。

8 同上，第6页。

9 同上，第7页。

10 英国国家档案馆CO521/6，1904年8月27日第65号函件。

11 庄士敦的《山东纪行报告》，第9页。

12 英国国家档案馆CO873/136，1904年9月1日庄士敦发给骆任廷的信件。

13 庄士敦的《山东纪行报告》，第3页。

14 同上，第16页。

15 同上，第17页。

16 同上，第18页。

17 同上，第19页。

18 同上，第19页。

19 同上，第27页。

20 孔德懋和柯兰合著的《孔府》（伦敦：Corgi Books，1989），由弗朗西斯·伍德（Frances Wood）作序，第4页。

21 同上，第8页。

22 庄士敦的《山东纪行报告》，第28页。

23 同上，第29页。本书作者也感谢孔珍妮及其儿子孔垂旭在2008年的交谈中帮助深入了解孔氏家族族长的职责。

24 庄士敦的《山东纪行报告》，第29页。

25 孔德懋和柯兰合著的《孔府》，第10页。

26 庄士敦的《山东纪行报告》，第20页。

27 同上，第26页。

28 同上，第31页。

29 同上，第33页。

30 同上，第33页。

31 同上，第35页。

32 同上，第34页。

33 英国国家档案馆CO873/136，1904年9月12日庄士敦发给骆任廷的信件。

34 机密印刷品，庄士敦的《评述山东》（香港：Noronha and Company，1904），第13页。

35 同上，第6页。

36 英国国家档案馆CO873/136，1904年9月12日庄士敦发给骆任廷的信中完整记录了他同巡抚的数次会见情况。

37 英国国家档案馆CO521/8，1905年4月7日内森（Nathan）发给卢卡斯的信件。苏格兰国家图书馆骆任廷文卷，第63卷中有一份该报告。

38 陈玉心的《大英律治在威海（1898—1930）》（伦敦：Wildy, Simmonds & Hill Publishing，2008）对该地的法律体系进行了综合描述。

39 英国国家档案馆CO521/8，第20号函件《1904年年度报告》中《政府秘书报告》第1页。

40 英国国家档案馆CO521/8，第20号函件《1904年年度报告》中《政府秘书报告》第13页。

41 英国国家档案馆CO521/7，1904年11月14日，第75号。

42 苏格兰国家图书馆骆任廷文卷，第9卷，1906年6月26日庄士敦发给骆任廷的信件。

43 英国国家档案馆CO521/8，1905年1月11日，机密件，CO571/4。

44 英国国家档案馆CO521/8，1905年4月7日内森发给卢卡斯的信件。

45 同上。

46 英国国家档案馆CO521/8，1905年6月5日的电报，1905年6月6日斐德斯（Fiddes）写给卢卡斯的备忘录。

47 英国国家档案馆CO521/8，关于1905年4月15日第20号函件之备忘录，1905年5月22日考克斯（Cox）发给卢卡斯的函件。

48 英国国家档案馆CO521/8，1905年4月15日第20号文件，第17页；《1904年年度报告》。

49 1905年1月1日骆任廷发给女儿玛丽的信件。这些信件存放在苏格兰国家图书馆和威海市档案馆。

50 庄士敦的《从北京到曼德勒》，第8页。

51 苏格兰国家图书馆骆任廷文卷，1905年4月4日，行政长官来客簿。

52 这些例证引自英国国家档案馆CO873/145。

53 苏格兰国家图书馆骆任廷文卷，第9卷，1906年6月26日庄士敦发给骆任廷的信件。

54 英国国家档案馆CO521/9，1906年2月13日第15号函件。

55 英国国家档案馆CO521/9，1906年2月14日第24号函件，斐德斯发给卢卡斯的备忘录。

56 英国国家档案馆CO521/9，1906年2月12日埃尔金（Elgin）发给骆任廷的电报。

57 英国国家档案馆CO521/9，1906年2月14日第16号函件中的各种备忘录。

58 英国国家档案馆CO521/9，1906年2月14日的电报，1906年2月14

日、2月16日斐德斯发给卢卡斯的备忘录。

第四章 经验教训（1906—1907）

1 该诗节今天仍被引用。1997年，作者甚至在当年7月11日《伦敦晚报》（*Evening Standard*）"日记"栏目中读到它。

2 苏格兰国家图书馆和威海市档案馆，1906年2月10日骆任廷发给女儿玛丽的信件。

3 同上

4 伊莎贝拉·伯德的《长江流域及更远地方》（*The Yangtze Valley and Beyond: An Account of Journeys in China, chiefly in the Province of SzeChuan and Among the Man-tze of the Somo Territory*）（伦敦：约翰·默里，1899；1985年由 Virago 出版社再版），第191页。

5 许多旅行家出版了他们的旅行记录。读者可在巴伯尔、伯德、吉尔、利特和莫理循名下的书目中找到许多此类书籍。

6 巴伯尔的《华西旅行与研究》（*Travels and Researches in Western China*）发表在皇家地理学会增刊，第1卷，第1部分（伦敦：约翰·默里，1882）。

7 苏格兰国家图书馆骆任廷文卷，第9卷，1906年1月6日庄士敦发给骆任廷的信件。

8 苏格兰国家图书馆骆任廷文卷，第9卷，1906年1月9日庄士敦发给骆任廷的信件。

9 苏格兰国家图书馆骆任廷文卷，第9卷，1906年1月22日庄士敦发给骆任廷的信件。

10 同上。

11 苏格兰国家图书馆骆任廷文卷，第9卷，1906年2月12日庄士敦发给骆任廷的信件。

12 同上。

13 苏格兰国家图书馆骆任廷文卷，第9卷，1906年3月5日庄士敦发给

骆任廷的信件。

14 苏格兰国家图书馆骆任廷文卷，第9卷，1906年2月12日庄士敦发给骆任廷的信件。

15 苏格兰国家图书馆骆任廷文卷，第9卷，1906年3月5日庄士敦发给骆任廷的信件。

16 同上。

17 苏格兰国家图书馆骆任廷文卷，第9卷，1906年4月7日庄士敦发给骆任廷的信件。

18 同上。

19 同上。

20 同上。

21 同上。

22 同上。

23 庄士敦的《从北京到曼德勒》，第147页。

24 苏格兰国家图书馆骆任廷文卷，第9卷，1906年4月7日庄士敦发给骆任廷的信件。

25 庄士敦的《从北京到曼德勒》，第156页。

26 P.弗莱明（P. Fleming）的《在"鞑靼"旅行》（*Travels in Tartary*）（伦敦：The Reprint Society，1941），第344页。

27 苏格兰国家图书馆骆任廷文卷，第9卷，1906年6月26日庄士敦发给骆任廷的信件。

28 同上。

29 同上。

30 庄士敦的《从北京到曼德勒》，第194页。

31 苏格兰国家图书馆骆任廷文卷，第9卷，1906年6月26日庄士敦发给骆任廷的信件。

32 同上。

33 庄士敦的《从北京到曼德勒》，第320页。

34 苏格兰国家图书馆骆任廷文卷，第9卷，1906年6月26日庄士敦发

给骆任廷的信件。

35 同上。

36 同上。

37 苏格兰国家图书馆骆任廷文卷，第1卷，1906年8月24日庄士敦发给骆任廷的信件。

38 同上。

39 苏格兰国家图书馆骆任廷文卷，第1卷，1906年7月26日庄士敦发给骆任廷的信件。

40 同上。

41 苏格兰国家图书馆骆任廷文卷，第1卷，1906年8月24日庄士敦发给骆任廷的信件。

42 苏格兰国家图书馆骆任廷文卷，第1卷，1906年9月14日庄士敦发给骆任廷的信件。他的诗歌《仁慈》始于哈里·格雷厄姆（Harry Graham）的《冷嘲热讽集》（*More Ruthless Rhymes For Heartless Homes*）（伦敦：爱德华·阿诺德，1930）。

43 英国国家档案馆CO521/10，1907年5月14日第14号函件。

44 英国国家档案馆CO521/8，1907年9月25日第32号函件。

45 苏格兰国家图书馆骆任廷文卷，第9卷，星期四（约1907年，无日期），庄士敦发给骆任廷的信件。

46 洛夫迪家族文卷，1907年2月17日庄士敦发给洛夫迪的信件。

47 洛夫迪家族文卷，1910年12月6日庄士敦发给洛夫迪的信件。本书作者采访过的每一位了解庄士敦的女子都说，他的魅力征服了大多数女人。

48 苏格兰国家图书馆和威海市档案馆，1907年5月4日骆任廷发给女儿玛丽的信件。

第五章 圣地（1907—1909）

1 该案件散见于英国国家档案馆CO873/238卷宗中的1907年文档中。

2 苏格兰国家图书馆骆任廷文卷，第9卷，1907年11月20日庄士敦发

给骆任廷的信件。

3 同上。

4 苏格兰国家图书馆骆任廷文卷，第9卷，1908年5月27日庄士敦发给骆任廷的信件。

5 此类抱怨始于1907年，此后经常出现在英国国家档案馆CO873系列文卷中。

6 苏格兰国家图书馆骆任廷文卷，第9卷，1909年6月10日庄士敦发给骆任廷的信件。

7 同上。

8 英国国家档案馆CO873/243，1907年3月26日庄士敦发给骆任廷的备忘录。

9 英国国家档案馆CO873/243，1907年3月27日骆任廷发给庄士敦的备忘录。

10 英国国家档案馆CO873/252，1907年8月27日庄士敦发给骆任廷的备忘录。

11 苏格兰国家图书馆骆任廷文卷，第9卷，1907年11月20日庄士敦发给骆任廷的信件。

12 苏格兰国家图书馆骆任廷文卷，第9卷，1908年5月31日庄士敦发给骆任廷的信件。

13 苏格兰国家图书馆骆任廷文卷，第9卷，1908年6月19日庄士敦发给骆任廷的信件。

14 同上。

15 弗朗西斯·杨哈斯本爵士的《印度和中国西藏》（伦敦：约翰·默里，1910），第381页。

16 苏格兰国家图书馆骆任廷文卷，第9卷，1908年5月11日庄士敦发给骆任廷的信件。

17 同上。

18 苏格兰国家图书馆骆任廷文卷，第9卷，1908年5月19日庄士敦发给骆任廷的信件。

19 苏格兰国家图书馆骆任廷文卷，第9卷，1908年6月1日庄士敦发给骆任廷的信件。

20 同上。

21 苏格兰国家图书馆骆任廷文卷，第9卷，1908年6月10日庄士敦发给骆任廷的信件。

22 同上。

23 苏格兰国家图书馆骆任廷文卷，第9卷，1908年6月19日庄士敦发给骆任廷的信件。

24 庄士敦的《佛教中国》（伦敦：约翰·默里，1913），第142页。

25 苏格兰国家图书馆骆任廷文卷，第9卷，1908年7月9日庄士敦发给骆任廷的信件。

26 同上。

27 同上。

28 杨哈斯本的《印度和中国西藏》，第382页。

29 苏格兰国家图书馆和威海市档案馆，在1908年骆任廷发给女儿玛丽的信件中可以看到关于庄士敦此次旅行的信息与评论。

30 苏格兰国家图书馆骆任廷文卷，第9卷，1908年7月9日庄士敦发给骆任廷的信件。

31 同上。

32 同上。

33 苏格兰国家图书馆骆任廷文卷，第9卷，1908年8月3日庄士敦发给骆任廷的信件。

34 同上。

35 骆任廷收藏品中的拓片现存于爱丁堡的苏格兰皇家博物馆。

36 苏格兰国家图书馆骆任廷文卷，第9卷，1908年8月10日庄士敦发给骆任廷的信件。

37 苏格兰国家图书馆骆任廷文卷，第9卷，1908年，周五，庄士敦发给骆任廷的信件。

38 苏格兰国家图书馆骆任廷文卷，第9卷，1908年9月29日庄士敦发

给骆任廷的信件。

39 同上。

40 同上。

41 苏格兰国家图书馆骆任廷文卷，第9卷，1908年10月7日庄士敦发给骆任廷的信件。

42 同上。

43 苏格兰国家图书馆骆任廷文卷，第9卷，周五（1908年），庄士敦发给骆任廷的信件。

44 同上。

45 同上。

46 苏格兰国家图书馆骆任廷文卷，第9卷，1908年11月12日庄士敦发给骆任廷的信件。

47 同上。

48 苏格兰国家图书馆骆任廷文卷，第9卷，1909年1月1日庄士敦发给骆任廷的信件。

49 苏格兰国家图书馆骆任廷文卷，第9卷，1908年11月12日庄士敦发给骆任廷的信件。

50 英国国家档案馆FO228/2243，1908年11月14日，第181号电报，公使馆发给外交部；1908年11月15日，第183号电报，公使馆发给外交部。

51 苏格兰国家图书馆骆任廷文卷，第9卷，1909年1月1日庄士敦发给骆任廷的信件。

52 同上。

53 同上。

54 苏格兰国家图书馆骆任廷文卷，第9卷，1909年1月7日庄士敦发给骆任廷的信件。

55 同上。

56 洛夫迪家族文卷，1907年2月17日，庄士敦发给拉夫迪的信件。

57 英国国家档案馆CO521/11，1909年5月3日，CO19802号机密文件。

58 同上。

59 苏格兰国家图书馆骆任廷文卷，第9卷，1909年5月21日庄士敦发给骆任廷的信件。

60 苏格兰国家图书馆骆任廷文卷，第9卷，周一（1909年），庄士敦发给骆任廷的信件。

61 庄士敦的《华北地区的龙与狮》（伦敦：约翰·默里，1910年），第2页。

第六章　单调的日常工作（1910—1912）

1 英国国家档案馆CO873/288，1909年8月12日庄士敦发给沃尔特的函件。

2 苏格兰国家图书馆骆任廷文卷，第9卷，1910年9月19日庄士敦发给骆任廷的信件。

3 苏格兰国家图书馆骆任廷文卷，第9卷，无日期（1910年），庄士敦发给骆任廷的信件。

4 英国国家档案馆CO521/13，第14号，1912年4月25日，斯塔布斯（Stubbs）发给柯林斯（Collins）的备忘录。

5 苏格兰国家图书馆骆任廷文卷，第9卷，1910年8月12日庄士敦发给骆任廷的信件。

6 苏格兰国家图书馆骆任廷文卷，第9卷，1910年4月27日庄士敦发给骆任廷的信件。

7 1923年5月21日庄士敦发给沃伦（Warren）的信件，参阅1988年的《玛格德琳学刊》（Magdalen College Record）第49页。

8 苏格兰国家图书馆骆任廷文卷，第9卷，1911年5月6日比尔发给骆任廷的信件。

9 苏格兰国家图书馆骆任廷文卷，第9卷，周五（1910年），庄士敦发给骆任廷的信件。

10 苏格兰国家图书馆骆任廷文卷，第9卷，1910年12月16日庄士敦发给骆任廷的信件。

11 同上。

12 同上。

13 同上。

14 苏格兰国家图书馆骆任廷文卷，第9卷，1911年4月5日庄士敦发给骆任廷的信件。

15 英国国家档案馆CO521/13，1912年4月4日，第18号函件中，1911年6月9日斯塔布斯发给柯林斯的备忘录。

16 英国国家档案馆CO521/13，1912年4月4日，第18号函件中，1911年6月24日骆任廷发给卢格德（Lugard）的信件。

17 苏格兰国家图书馆骆任廷文卷，第9卷，1911年4月23日庄士敦发给骆任廷的信件。

18 苏格兰国家图书馆骆任廷文卷，第9卷，1911年11月10日庄士敦发给骆任廷的信件。

19 同上。

20 英国国家档案馆CO521/12，1911年11月11日，第23号函件中，骆任廷宣布山东决议。

21 庄士敦的《佛教中国》第8页。

22 同上，第9页。

23 苏格兰国家图书馆骆任廷文卷，第43卷，1911年12月1日怀特赖特（Whitewright）发给骆任廷的信件中，汇报了1911年11月13日孙宝琦在济南省议会上发表的一项声明。

24 英国国家档案馆CO521/13，1912年2月1日，第2号函件。

25 苏格兰国家图书馆骆任廷文卷，第9卷，1912年4月2日庄士敦发给骆任廷的信件。

26 英国国家档案馆CO521/13，1912年1月13日，第1号函件。

27 英国国家档案馆CO521/13，1912年3月5日，第11号函件。

28 英国国家档案馆FO228/2397，1915年8月25日，第1号。

29 这些尚未出版的日记和庄士敦的诗作，保存在爱丽丝的女儿伊芙林·巴蒂夫人的收藏品中（此后称之为"伊芙林·巴蒂文卷"）。

30 伊芙林·巴蒂文卷，爱丽丝的《春思》，未出版的手稿。

第七章　动荡年代（1912—1914）

1 苏格兰国家图书馆骆任廷文卷，第13卷，1912年9月15日骆任廷发给希特利（Heatley）的信件。

2 苏格兰国家图书馆骆任廷文卷，第9卷，1912年9月6日庄士敦发给骆任廷的信件。

3 苏格兰国家图书馆骆任廷文卷，第9卷，1912年9月28日庄士敦发给骆任廷的信件。

4 同上。

5 苏格兰国家图书馆骆任廷文卷，第9卷，1912年9月29日骆任廷发给庄士敦的信件。

6 苏格兰国家图书馆骆任廷文卷，第9卷，1912年9月30日庄士敦发给骆任廷的信件。

7 罗伯逊律师事务所文卷，第16盒，第2件，1912年5月1日庄士敦发给罗伯逊的信件。

8 同上。

9 罗伯逊律师事务所文卷，第16盒，第1件，1915年11月4日康斯坦·弗莱明发给罗伯逊的信件。

10 罗伯逊律师事务所文卷，第16盒，第2件，1912年7月23日罗伯逊发给庄士敦的信件。

11 罗伯逊律师事务所文卷，第16盒，第2件，1912年9月25日庄士敦发给罗伯逊的信件。

12 英国国家档案馆CO521/13，1912年4月4日，第14号函件中，1912年4月24日罗伯逊发给柯林斯的信件。

13 苏格兰国家图书馆骆任廷文卷，第9卷，1913年3月11日庄士敦发给骆任廷的信件。

14 苏格兰国家图书馆骆任廷文卷，第9卷，1913年4月5日庄士敦发给

骆任廷的信件。

15 苏格兰国家图书馆骆任廷文卷，第9卷，1913年3月6日庄士敦发给骆任廷的信件。

16 同上。

17 苏格兰国家图书馆骆任廷文卷，第9卷，1912年3月13日庄士敦发给骆任廷的信件。

18 苏格兰国家图书馆骆任廷文卷，第9卷，1913年2月24日庄士敦发给骆任廷的信件。

19 庄士敦的"圣山社团"，发表在《十九世纪与未来》(*The Nineteenth Century and After*) 第432期（1913）(73)，第308页。

20 同上，第309页。

21 同上，第310页。

22 同上，第311页。

23 同上。

24 苏格兰国家图书馆骆任廷文卷，第9卷，1913年4月3日庄士敦发给骆任廷的信件。

25 苏格兰国家图书馆骆任廷文卷，第9卷，1913年4月9日庄士敦发给骆任廷的信件。

26 苏格兰国家图书馆骆任廷文卷，第9卷，1913年3月31日庄士敦发给骆任廷的信件。

27 苏格兰国家图书馆骆任廷文卷，第10卷，1920年4月12日庄士敦发给骆任廷的信件。

28 苏格兰国家图书馆骆任廷文卷，第9卷，1913年2月22日庄士敦发给骆任廷的信件。

29 苏格兰国家图书馆骆任廷文卷，第9卷，1913年5月9日庄士敦发给骆任廷的信件。

30 苏格兰国家图书馆骆任廷文卷，第9卷，1913年4月28日庄士敦发给骆任廷的信件。

31 苏格兰国家图书馆骆任廷文卷，第9卷，1913年6月2日庄士敦发给

骆任廷的信件。

32 苏格兰国家图书馆骆任廷文卷，第9卷，1913年6月21日庄士敦发给骆任廷的信件。

33 苏格兰国家图书馆骆任廷文卷，第9卷，1913年7月10日庄士敦发给骆任廷的信件。

34 苏格兰国家图书馆骆任廷文卷，第9卷，1913年8月7日庄士敦发给骆任廷的信件。

35 同上。

36 苏格兰国家图书馆骆任廷文卷，第9卷，1913年8月11日庄士敦发给骆任廷的信件。

37 苏格兰国家图书馆骆任廷文卷，第9卷，1913年9月4日庄士敦发给骆任廷的信件。

38 同上。

39 苏格兰国家图书馆骆任廷文卷，第9卷，1913年10月13日庄士敦发给骆任廷的信件。

40 苏格兰国家图书馆骆任廷文卷，第9卷，1913年10月10日庄士敦发给骆任廷的信件。

41 同上。

42 同上。

43 苏格兰国家图书馆骆任廷文卷，第9卷，1913年12月1日庄士敦发给骆任廷的信件。

44 苏格兰国家图书馆骆任廷文卷，第9卷，1913年12月5日庄士敦发给骆任廷的信件。

45 苏格兰国家图书馆骆任廷文卷，第9卷，1913年12月9日庄士敦发给骆任廷的信件。

46 同上。

47 苏格兰国家图书馆骆任廷文卷，第9卷，1913年12月26日庄士敦发给骆任廷的信件。

48 苏格兰国家图书馆骆任廷文卷，第9卷，1914年1月5日庄士敦发给

骆任廷的信件。

49 庄士敦的《佛教中国》第18页。

50 同上，第5页。

51 同上，第6页。

52 同上，第261页。

53 苏格兰国家图书馆骆任廷文卷，第9卷，1914年1月5日庄士敦发给骆任廷的信件。

54 苏格兰国家图书馆骆任廷文卷，第9卷，1914年3月3日庄士敦发给骆任廷的信件。

55 同上。

56 苏格兰国家图书馆骆任廷文卷，第9卷，1914年3月20日庄士敦发给骆任廷的信件。

57 同上。

58 同上。

59 苏格兰国家图书馆骆任廷文卷，第9卷，副件，1914年3月10日庄士敦发给朱尔典的信件。

60 同上。

61 参阅C. P.斯克莱茵（C. P. Skrine）和帕梅拉·南丁格尔（Pamela Nightingale）的《马继业在喀什噶尔：1890—1918年间英国、中国和俄国在中国新疆活动的真相》（*Macartney at Kashgar: New Light on British, Chinese, and Russian Activities in Sinkiang, 1890–1918*）（香港：牛津大学出版社，1987）。

62 苏格兰国家图书馆骆任廷文卷，第9卷，1914年3月20日庄士敦发给骆任廷的信件。

63 苏格兰国家图书馆骆任廷文卷，第9卷，1914年3月29日庄士敦发给骆任廷的信件。

64 洛夫迪家族文卷，1923年8月2日庄士敦发给洛夫迪的信件。

65 伊芙林·巴蒂文卷，1975年11月29日玛丽·斯图尔特·骆克哈特发给伊芙林·巴蒂的信件。

66 个人收藏品，1914年4月8日朱尔典发给玛丽·斯图尔特·骆克哈特的信件。

67 苏格兰国家图书馆骆任廷文卷，第9卷，1914年8月8日庄士敦发给骆任廷的信件。

68 同上。

69 同上。

70 个人收藏品，1914年12月4日庄士敦发给玛丽的信件。

71 D.拉塞尔（D. Russell）的《红柳树：我对自由与爱的追寻》（*The Tamarisk Tree: My Quest For Liberty and Love*）（伦敦：维拉戈，1977；1989年再版）第48页。

72 罗伯逊律师事务所文卷，第16盒，第2件，1914年12月22日庄士敦发给罗伯逊的信件。

73 同上。

74 罗伯逊律师事务所文卷，第16盒，第2件，1913年7月6日伊莎贝拉发给罗伯逊的信件。

75 罗伯逊律师事务所文卷，第16盒，第1件，1915年6月9日伊莎贝拉发给罗伯逊的信件。

第八章　低谷期（1915—1918）

1 苏格兰国家图书馆骆任廷文卷，第10卷，1915年2月24日庄士敦发给骆任廷的信件。

2 同上。

3 苏格兰国家图书馆骆任廷文卷，第10卷，1915年5月10日庄士敦发给骆任廷的信件。

4 苏格兰国家图书馆骆任廷文卷，第10卷，1915年6月8日庄士敦发给骆任廷的信件。

5 苏格兰国家图书馆骆任廷文卷，第10卷，1915年7月1日庄士敦发给骆任廷的信件。

6 同上。

7 同上。

8 同上。

9 同上。

10 苏格兰国家图书馆骆任廷文卷，第10卷，1915年9月8日庄士敦发给骆任廷的信件。

11 苏格兰国家图书馆骆任廷文卷，第10卷，1915年9月22日庄士敦发给骆任廷的信件。

12 苏格兰国家图书馆骆任廷文卷，第10卷，1915年7月1日庄士敦发给骆任廷的信件。

13 同上。

14 同上。

15 苏格兰国家图书馆骆任廷文卷，第10卷，1915年10月25日庄士敦发给骆任廷的信件。

16 苏格兰国家图书馆骆任廷文卷，第10卷，1915年11月16日庄士敦发给骆任廷的信件。

17 苏格兰国家图书馆骆任廷文卷，第10卷，1916年1月17日庄士敦发给骆任廷的信件。

18 英国国家档案馆CO521/17，1916年4月6日，第8号。

19 英国国家档案馆CO521/17，第8号函件中，1916年4月11日柯林斯发给麦克诺顿（Macnaughten）的信件。

20 苏格兰国家图书馆骆任廷文卷，第10卷，1916年3月7日庄士敦发给骆任廷的信件。

21 同上。

22 苏格兰国家图书馆骆任廷文卷，第10卷，1916年5月17日庄士敦发给骆任廷的信件。

23 苏格兰国家图书馆骆任廷文卷，第10卷，1916年3月16日庄士敦发给骆任廷的信件。

24 罗伯逊文卷，第16盒，第1件，1916年6月22日罗伯逊发给庄士敦的信件。

25 罗伯逊文卷，第16盒，第1件，1916年8月21日庄士敦发给罗伯逊的信件。

26 罗伯逊文卷，第16盒，第1件，1916年8月29日泰迪发给罗伯逊的信件。

27 罗伯逊文卷，第16盒，第1件，1916年9月24日庄士敦发给罗伯逊的信件。

28 罗伯逊文卷，第16盒，第1件，1916年11月4日娜尼发给罗伯逊的信件。

29 罗伯逊文卷，第16盒，第1件，1917年10月4日罗伯逊发给欧文（Irving）的信件。

30 苏格兰国家图书馆骆任廷文卷，第10卷，1916年2月24日庄士敦发给骆任廷的信件。

31 英国国家档案馆CO521/6，英国国家档案馆FO11822/15，1915年12月6日，14355号机密电报，朱尔典发给兰伯特（Lambert）。

32 罗伯逊文卷，第16盒，第1件，1915年4月1日庄士敦发给罗伯逊的信件。

33 苏格兰国家图书馆骆任廷文卷，第10卷，1916年5月22日庄士敦发给骆任廷的信件。

34 苏格兰国家图书馆骆任廷文卷，第10卷，1916年3月28日庄士敦发给骆任廷的信件。

35 苏格兰国家图书馆骆任廷文卷，第10卷，1919年6月7日庄士敦发给骆任廷的信件。

36 苏格兰国家图书馆骆任廷文卷，第10卷，1916年3月28日庄士敦发给骆任廷的信件。中国革命本身成为许许多多书籍的主题。部分可在本书书目中找到，其中最值得一读的佳作之一是史景迁（Jonathan Spencer）所著的《天堂之门：1895—1980年的中国人和他们的革命》（ *The Gate of Heavenly Peace: The Chinese and their Revolution 1895–1980* ）（哈默兹沃斯：企鹅出版社，1982）

37 苏格兰国家图书馆骆任廷文卷，第10卷，1916年6月7日庄士敦发给骆任廷的信件。

38 苏格兰国家图书馆骆任廷文卷，第10卷，1916年8月8日庄士敦发给骆任廷的信件。

39 苏格兰国家图书馆骆任廷文卷，第10卷，1916年9月13日庄士敦发给骆任廷的信件。

40 苏格兰国家图书馆骆任廷文卷，第10卷，1916年9月9日庄士敦发给骆任廷的信件。

41 苏格兰国家图书馆骆任廷文卷，第10卷，1916年7月12日庄士敦发给骆任廷的信件。

42 苏格兰国家图书馆骆任廷文卷，第10卷，1916年庄士敦在发给骆任廷的信件中记录了这些案件。

43 苏格兰国家图书馆骆任廷文卷，第10卷，1916年7月6日庄士敦发给骆任廷的信件。

44 苏格兰国家图书馆骆任廷文卷，第10卷，1916年11月29日庄士敦发给骆任廷的信件。

45 苏格兰国家图书馆骆任廷文卷，第10卷，1916年8月17日庄士敦发给骆任廷的信件。

46 英国国家档案馆CO521/17，1916年12月20日，第44号。

47 英国国家档案馆CO521/17，第44号，1917年3月17日柯林斯发给斐德斯的函件。

48 苏格兰国家图书馆骆任廷文卷，第10卷，1917年8月2日庄士敦发给骆任廷的信件。

49 关于华工队的故事，参见《万里赴戎机——第一次世界大战参战华工纪实》，张建国、张军勇编著（济南：山东画报出版社，2009年）。

50 关于更多华工队信息，请参阅《蓟与竹》（作者：Shiona Airlie）第175—177页；张建国和张军勇编著的《米字旗下的威海卫》（济南，山东画报出版社，2006年）。

51 英国国家档案馆CO521/17，1917年11月12日，第44号。

52 英国国家档案馆CO521/18，第44号，1918年2月21日柯林斯发给格林德尔（Grindle）的信件。

53 英国国家档案馆CO521/19，1918年5月26日，英国国家档案馆CO35728密件。

54 苏格兰国家图书馆骆任廷文卷，第10卷，1917年11月17日骆任廷发给比奇洛（Bigelow）的信件。

55 苏格兰国家图书馆骆任廷文卷，第10卷，1917年11月19日庄士敦发给骆任廷的信件。

56 苏格兰国家图书馆骆任廷文卷，第10卷，1917年12月27日庄士敦发给骆任廷的信件。

57 苏格兰国家图书馆骆任廷文卷，第9卷，1914年3月31日庄士敦发给骆任廷的信件。

58 英国国家档案馆CO521/19，21331号密件，1918年5月30日考维尔（COwell）发给斐德斯的信件。

59 英国国家档案馆CO521/19，1918年3月22日"J"发给柯林斯的信件。

60 英国国家档案馆CO521/19、CO35727，1918年9月10日"HB"发给斐德斯的信件。

61 英国国家档案馆CO521/19，1918年5月21日，庄士敦发给国务卿的信件。

62 苏格兰国家图书馆骆任廷文卷，第10卷，1919年4月14日庄士敦发给骆任廷的信件。

63 苏格兰国家图书馆骆任廷文卷，第13卷，1917年2月23日庄士敦发给骆任廷的信件。

64 苏格兰国家图书馆骆任廷文卷，第10卷，1918年8月16日庄士敦发给骆任廷的信件。

65 庄士敦的《致一位传教士的信件》（*Letters to a Missionary*）（伦敦：Watts and Company，1918），第7页。

66 苏格兰国家图书馆骆任廷文卷，第10卷，1917年庄士敦发给骆任廷的信件。

67 庄士敦的《致一位传教士的信件》，第23—24页。

68 苏格兰国家图书馆骆任廷文卷，第10卷，1918年8月17日庄士敦发给骆任廷的信件。

69 苏格兰国家图书馆骆任廷文卷，第10卷，1918年9月24日庄士敦发给骆任廷的信件。

70 苏格兰国家图书馆骆任廷文卷，第10卷，1918年10月13日庄士敦发给骆任廷的信件。

71 苏格兰国家图书馆骆任廷文卷，第10卷，1918年10月7日庄士敦发给骆任廷的信件。

72 苏格兰国家图书馆骆任廷文卷，第10卷，1918年10月13日庄士敦发给骆任廷的信件。

73 苏格兰国家图书馆骆任廷文卷，第10卷，1918年10月16日庄士敦发给骆任廷的信件。

74 苏格兰国家图书馆骆任廷文卷，第10卷，1918年11月3日庄士敦发给骆任廷的信件。

75 苏格兰国家图书馆骆任廷文卷，第10卷，1918年11月22日庄士敦发给骆任廷的信件。

76 由庄士敦手写，保存在苏格兰国家图书馆骆任廷文卷1918年文件中。

77 苏格兰国家图书馆骆任廷文卷，第10卷，1918年12月27日庄士敦发给骆任廷的信件。

第九章　紫禁城（1919—1920）

1 英国国家档案馆CO521/28，1922年12月22日格林德尔的备忘录。

2 英国国家档案馆CO521/19中的FO35418/19，1918年12月31日，外交部和殖民部发给骆任廷的函件。

3 英国国家档案馆CO521/20，1919年1月25日，庄士敦发给骆任廷的密件。

4 庄士敦著，《紫禁城的黄昏》（伦敦：维克多·戈兰茨，1934），第
　164页。

5 私人收藏品，1990年12月16日伊芙林·巴蒂发给史奥娜·艾尔利的
　信件。

6 英国国家档案馆CO521/20，1919年1月25日，庄士敦发给骆任廷的
　密件。

7 同上。

8 同上。

9 同上。

10 萨拉·玛卡姆，《玛格德琳学刊》，1988年，第55页。

11 英国国家档案馆FO371/3690，1/20.919，3月14日，第101号。

12 苏格兰国家图书馆骆任廷文卷，第10卷，1918年12月27日庄士敦
　 发给骆任廷的信件。

13 同上。

14 苏格兰国家图书馆骆任廷文卷，第10卷，1919年1月2日庄士敦发
　 给骆任廷的信件。

15 苏格兰国家图书馆骆任廷文卷，第10卷，1919年1月4日庄士敦发
　 给骆任廷的信件。

16 苏格兰国家图书馆骆任廷文卷，第10卷，1919年1月21日庄士敦发
　 给骆任廷的信件。

17 同上。

18 苏格兰国家图书馆骆任廷文卷，第10卷，1919年2月23日庄士敦发
　 给骆任廷的信件。

19 同上。

20 苏格兰国家图书馆骆任廷文卷，第10卷，1919年1月26日庄士敦发
　 给骆任廷的信件。

21 苏格兰国家图书馆骆任廷文卷，第10卷，1919年2月19日庄士敦发
　 给骆任廷的信件。

22 同上。

23 同上。

24 同上。

25 溥仪的《从皇帝到公民：爱新觉罗·溥仪自传》，W. J. F. 詹纳（W. J. F. Jenner）作序（牛津：牛津大学出版社，1987），第109页。

26 苏格兰国家图书馆骆任廷文卷，第10卷，1919年3月18日庄士敦发给骆任廷的信件。

27 苏格兰国家图书馆骆任廷文卷，第10卷，1919年3月12日庄士敦发给骆任廷的信件。

28 同上。

29 苏格兰国家图书馆骆任廷文卷，第10卷，1919年3月18日庄士敦发给骆任廷的信件。

30 苏格兰国家图书馆骆任廷文卷，第10卷，1919年4月14日庄士敦发给骆任廷的信件。

31 庄士敦著，《紫禁城的黄昏》，第167—168页。

32 同上，第196页。

33 同上，第196—197页。

34 同上，第227页。

35 苏格兰国家图书馆骆任廷文卷，第10卷，1919年3月7日庄士敦发给朱尔典的信件副件。

36 同上。如果庄士敦当时的记述是正确的，那么溥仪在自传《从皇帝到公民》中关于他们第一次相见的日期就是错误的，参见该书第108页及以后各页。

37 溥仪著，《从皇帝到公民》，第109页。

38 同上，第110页。

39 苏格兰国家图书馆骆任廷文卷，第10卷，1919年3月7日庄士敦发给朱尔典的信件副件。

40 苏格兰国家图书馆骆任廷文卷，第10卷，1919年3月18日庄士敦发给骆任廷的信件。

41 苏格兰国家图书馆骆任廷文卷，第10卷，1919年3月7日庄士敦发给朱尔典的信件副件。

42 苏格兰国家图书馆骆任廷文卷，第10卷，1919年3月18日庄士敦发给骆任廷的信件。

43 苏格兰国家图书馆骆任廷文卷，第10卷，1919年3月7日庄士敦发给朱尔典的信件副件。

44 苏格兰国家图书馆骆任廷文卷，第10卷，1919年3月18日庄士敦发给骆任廷的信件。

45 同上。

46 溥仪著，《从皇帝到公民》，第110页。

47 同上，第113页。

48 苏格兰国家图书馆骆任廷文卷，第10卷，1919年4月14日庄士敦发给骆任廷的信件。

49 庄士敦著，《紫禁城的黄昏》，第234页。

50 苏格兰国家图书馆骆任廷文卷，第10卷，1919年5月1日庄士敦发给李经迈的信件副件。

51 苏格兰国家图书馆骆任廷文卷，第10卷，1919年5月18日庄士敦发给李经迈的信件副件。

52 庄士敦著，《紫禁城的黄昏》，第235页。

53 苏格兰国家图书馆骆任廷文卷，第10卷，1919年5月18日庄士敦发给李经迈的信件副件。

54 同上。

55 溥仪著，《从皇帝到公民》，第113页。

56 庄士敦著，《紫禁城的黄昏》，第232页。

57 苏格兰国家图书馆骆任廷文卷，第10卷，1919年5月18日庄士敦发给李经迈的信件副件。

58 苏格兰国家图书馆骆任廷文卷，第10卷，1919年5月7日庄士敦发给骆任廷的信件。

59 同上。

60 苏格兰国家图书馆骆任廷文卷，第10卷，1919年5月13日庄士敦发给骆任廷的信件。

61 苏格兰国家图书馆骆任廷文卷，第10卷，1919年3月7日庄士敦发给朱尔典的信件副件。

62 苏格兰国家图书馆骆任廷文卷，第10卷，1919年9月2日庄士敦发给骆任廷的信件。

63 苏格兰国家图书馆骆任廷文卷，第10卷，1919年4月12日庄士敦发给骆任廷的信件。

64 苏格兰国家图书馆骆任廷文卷，第10卷，1919年4月14日庄士敦发给骆任廷的信件；庄士敦著，《紫禁城的黄昏》，第190页。

65 苏格兰国家图书馆骆任廷文卷，第10卷，1919年11月2日庄士敦发给骆任廷的信件。

66 爱德华·贝尔（Edward Behr）的《末代皇帝》（伦敦：未来出版社，1987），第96页。

67 苏格兰国家图书馆骆任廷文卷，第10卷，1919年3月18日庄士敦发给骆任廷的信件。

68 苏格兰国家图书馆骆任廷文卷，第10卷，1919年7月17日庄士敦发给李经迈的信件副件。

69 苏格兰国家图书馆骆任廷文卷，第10卷，1919年4月14日庄士敦发给骆任廷的信件。

70 苏格兰国家图书馆骆任廷文卷，第10卷，1919年11月2日庄士敦发给骆任廷的信件。

71 苏格兰国家图书馆骆任廷文卷，第10卷，1919年4月14日庄士敦发给骆任廷的信件。

72 苏格兰国家图书馆骆任廷文卷，第10卷，1919年5月7日庄士敦发给骆任廷的信件。

73 苏格兰国家图书馆骆任廷文卷，第10卷，1919年4月19日庄士敦发给骆任廷的信件。

74 同上。

75 庄士敦著,《紫禁城的黄昏》, 第216—217页。

76 同上, 第210页。

77 同上。

78 同上, 第219页。

79 同上, 第228页。

80 同上, 第270—271页。

81 溥仪著,《从皇帝到公民》, 第44页。

82 苏格兰国家图书馆骆任廷文卷, 第10卷, 1919年7月17日庄士敦发给李经迈的信件。

83 英国国家档案馆FO371/7973, 1921年11月3日, 庄士敦发给李经迈的信件。

84 同上。

85 苏格兰国家图书馆骆任廷文卷, 第10卷, 1920年4月12日庄士敦发给骆任廷的信件。

86 同上。

87 苏格兰国家图书馆骆任廷文卷, 第10卷, 1919年7月17日庄士敦发给李经迈的信件副件。

88 H. G. W.伍德海德 (H. G. W. Woodhead) 的《中国政府内幕》(*The Truth about the Chinese Republic*)(伦敦: 赫斯特与布莱克特, 1925), 第7页。

89 同上, 第7页。

90 苏格兰国家图书馆骆任廷文卷, 第10卷, 1919年5月7日庄士敦发给骆任廷的信件。

91 苏格兰国家图书馆骆任廷文卷, 第10卷, 1919年4月19日庄士敦发给骆任廷的信件。

92 英国国家档案馆FO371/5344中的F2014/2014/10, 1920年7月23日公使馆发给外交部的机密件。

93 庄士敦著,《紫禁城的黄昏》, 第62页。

94 溥仪的《最后的满洲: 中国末代皇帝溥仪自传》, 由保罗·克莱默 (Paul Kramer) 修订并作序后出版 (伦敦: 阿瑟·巴克, 1967), 第

68页。

95 英国国家档案馆FO371/5344中的F2014/2014/10，1920年7月23日公使馆发给外交部的机密件。

96 苏格兰国家图书馆骆任廷文卷，第10卷，1920年7月14日庄士敦发给骆任廷的信件。

97 同上。

98 苏格兰国家图书馆骆任廷文卷，第10卷，1923年8月1日庄士敦发给骆任廷的信件；庄士敦的《中国戏剧》（香港：Kelly and Walsh，1921）。

99 苏格兰国家图书馆骆任廷文卷，第10卷，1920年12月24日庄士敦发给骆任廷的信件。

100 罗素的《桱柳树》，第118页。

101 苏格兰国家图书馆骆任廷文卷，第10卷，1920年7月14日庄士敦发给骆任廷的信件。

102 同上。

103 罗伯逊律师事务所文卷，第38盒，1928年12月30日庄士敦发给斯科特的信件。

104 苏格兰国家图书馆骆任廷文卷，第10卷，1923年1月17日庄士敦发给骆任廷的信件。

105 苏格兰国家图书馆骆任廷文卷，第10卷，1920年11月5日庄士敦发给骆任廷的信件。

第十章　一品顶戴（1920—1923）

1 苏格兰国家图书馆骆任廷文卷，第10卷，1920年9月8日庄士敦发给骆任廷的信件。

2 同上。

3 英国国家档案馆CO521/21，47819号密件，1920年10月6日贝克特（Beckett）发给斐德斯的函件。

4 英国国家档案馆FO371/5344，F3212/2014/10，1920年12月20日，

兰普森（Lampson）发给坎贝尔（Campbell）的函件。

5 苏格兰国家图书馆骆任廷文卷，第10卷，1920年11月5日庄士敦发给骆任廷的信件。

6 英国国家档案馆CO521/21，1920年10月8日柯林斯发给格林德尔的信件。

7 苏格兰国家图书馆骆任廷文卷，第10卷，1920年4月12日庄士敦发给骆任廷的信件。

8 苏格兰国家图书馆骆任廷文卷，第10卷，1920年12月21日庄士敦发给骆任廷的信件。

9 苏格兰国家图书馆骆任廷文卷，第10卷，1920年4月12日庄士敦发给骆任廷的信件。

10 玛克辛·伯格（Maxine Berg）的《历史上的女人：艾琳·鲍尔（1889—1940）》（*A Woman in History: Eileen Power, 1889–1940*）（剑桥：剑桥大学出版社，1996），第101—102页。

11 同上，第102页。

12 溥仪著，《从皇帝到公民》，第113页。

13 苏格兰国家图书馆骆任廷文卷，第10卷，1921年3月4日庄士敦发给骆任廷的信件。

14 同上。

15 溥仪著，《从皇帝到公民》，第124页。

16 苏格兰国家图书馆骆任廷文卷，第10卷，1921年11月5日庄士敦发给骆任廷的信件。

17 溥仪著，《从皇帝到公民》，第125页。

18 庄士敦著，《紫禁城的黄昏》，第195页。

19 英国国家档案馆FO371/7973，F/14/14/10，1921年11月3日庄士敦发给李经迈的信件。

20 苏格兰国家图书馆骆任廷文卷，第10卷，1922年1月15日庄士敦发给骆任廷的信件。

21 英国国家档案馆FO371/7973，F/14/14/10，1921年11月9日庄士敦

发给李经迈的信件。

22 苏格兰国家图书馆骆任廷文卷，第10卷，1922年1月15日庄士敦发给骆任廷的信件。

23 同上。

24 同上。

25 1923年5月21日庄士敦发给沃伦的信件，参阅1988年的《玛格德琳学刊》第50页。

26 同上，第51页。

27 溥仪著，《从皇帝到公民》，第102页。

28 英国国家档案馆CO521/25，1922年6月14日，中国机密纪要第33号，奥尔斯顿（Alston）发给巴尔弗（Balfour）。

29 溥仪著，《从皇帝到公民》，第107页。

30 英国国家档案馆CO521/25，内附1922年6月8日庄士敦发给李经迈的信件。

31 1923年5月21日庄士敦发给沃伦的信件，参阅1988年的《玛格德琳学刊》第52页。

32 苏格兰国家图书馆骆任廷文卷，第10卷，1923年1月17日庄士敦发给骆任廷的信件。

33 庄士敦著，《紫禁城的黄昏》，第285页。

34 同上。

35 苏格兰国家图书馆骆任廷文卷，第10卷，1923年8月1日庄士敦发给骆任廷的信件。

36 苏格兰国家图书馆骆任廷文卷，第10卷，1923年1月17日庄士敦发给骆任廷的信件。

37 溥仪著，《从皇帝到公民》，第116页。

38 苏格兰国家图书馆骆任廷文卷，第10卷，1923年1月17日庄士敦发给骆任廷的信件。

39 苏格兰国家图书馆骆任廷文卷，第10卷，1923年8月1日庄士敦发给骆任廷的信件。

40 同上。

41 同上。

42 溥仪著，《从皇帝到公民》，第115页。

43 苏格兰国家图书馆骆任廷文卷，第10卷，1923年1月17日庄士敦发给骆任廷的信件。

44 苏格兰国家图书馆骆任廷文卷，第10卷，1923年8月1日庄士敦发给骆任廷的信件。

45 溥仪著，《从皇帝到公民》，第114页。

46 苏格兰国家图书馆骆任廷文卷，第10A卷，1927年3月1日庄士敦发给骆任廷的信件。

47 1923年5月21日庄士敦发给沃伦的信件，参阅1988年的《玛格德琳学刊》第50页。

48 苏格兰国家图书馆骆任廷文卷，第10卷，1923年8月1日庄士敦发给骆任廷的信件。

49 溥仪著，《从皇帝到公民》，第103页。

50 苏格兰国家图书馆骆任廷文卷，第10卷，1923年8月1日庄士敦发给骆任廷的信件。

51 溥仪著，《从皇帝到公民》，第128页。

52 同上，第129页。

53 同上。

54 苏格兰国家图书馆骆任廷文卷，第10卷，1922年2月15日庄士敦发给骆任廷的信件。

55 英国国家档案馆CO521/25，第62号，1923年4月18日麦克利（Macleay）发给外交部的函件。

56 溥仪著，《从皇帝到公民》，第131页。

57 庄士敦著，《紫禁城的黄昏》，第330页。

58 同上，第330—331页。

59 同上，第332页。

60 溥仪著，《从皇帝到公民》，第132页。

61 苏格兰国家图书馆骆任廷文卷，第10卷，1923年8月1日庄士敦发给骆任廷的信件。

62 同上。

63 庄士敦著，《紫禁城的黄昏》，第336页。在一个雄心勃勃的项目中，该座宫殿已被修复。参见梅·霍尔兹沃斯（May Holdsworth）的《建福宫：紫禁城花园修复》（北京：紫禁城出版社，2008）。

64 苏格兰国家图书馆骆任廷文卷，第10卷，1923年8月1日庄士敦发给骆任廷的信件。

65 溥仪著，《从皇帝到公民》，第133页。

66 苏格兰国家图书馆骆任廷文卷，第10卷，1923年8月1日庄士敦发给骆任廷的信件。

67 庄士敦著，《紫禁城的黄昏》，第338页。

68 苏格兰国家图书馆骆任廷文卷，第10卷，1923年8月4日庄士敦发给骆任廷的信件。

69 庄士敦著，《紫禁城的黄昏》，第339页。

70 同上，第341页。

71 苏格兰国家图书馆骆任廷文卷，第10卷，1924年1月31日庄士敦发给骆任廷的信件。

72 同上。

73 苏格兰国家图书馆骆任廷文卷，第10卷，1923年8月4日庄士敦发给骆任廷的信件。

74 苏格兰国家图书馆骆任廷文卷，第10卷，1924年1月31日庄士敦发给骆任廷的信件。

75 同上。

76 同上。

第十一章　梦之终结（1924—1926）

1 溥仪著，《从皇帝到公民》，第137页。

2 同上，第138页。

3 同上，第141页。

4 庄士敦著，《紫禁城的黄昏》，第344页。

5 同上，第357页。

6 同上，第356页。

7 同上，第358页。

8 同上，第360页。

9 同上。

10 苏格兰国家图书馆骆任廷文卷，第10卷，1924年8月8日庄士敦发给骆任廷的信件。

11 庄士敦著，《紫禁城的黄昏》第363页。

12 苏格兰国家图书馆骆任廷文卷，第10卷，1924年8月8日庄士敦发给骆任廷的信件。

13 庄士敦著，《紫禁城的黄昏》第362页。

14 同上，第366页。

15 《北京日报》，1924年8月4日。

16 庄士敦著，《紫禁城的黄昏》第367页。

17 苏格兰国家图书馆骆任廷文卷，第10卷，1924年8月8日庄士敦发给骆任廷的信件。

18 庄士敦著，《紫禁城的黄昏》第361页。

19 同上，第344页。

20 同上，第278页。

21 同上，第377页。

22 英国国家档案馆CO521/27，1925年3月10日，第9号。

23 庄士敦著，《紫禁城的黄昏》，第383页。

24 同上，第384页。

25 英国国家档案馆CO521/26，1924年11月5日麦克利发给外交部的函件。

26 英国国家档案馆FO371/7973，F14/14/10中，庄士敦发给李经迈的信件副件。

27 庄士敦著，《紫禁城的黄昏》，第388页。

28 同上，第393页。

29 同上，第408页。

30 苏格兰国家图书馆骆任廷文卷，第10卷，1925年2月28日庄士敦发给骆任廷的信件。

31 英国国家档案馆FO405/247，F357/2/10，1924年11月27日第4号，麦克利发给张伯伦（Chamberlain）的函件。

32 同上。

33 英国国家档案馆FO405/427，F349/2/10，1924年11月27日第4号，麦克利发给张伯伦的函件。

34 庄士敦著，《紫禁城的黄昏》，第423页，

35 英国国家档案馆FO405/247，F357/2/10，1924年第14号，麦克利发给张伯伦的函件。

36 苏格兰国家图书馆骆任廷文卷，第10卷，1925年2月28日庄士敦发给骆任廷的信件。

37 英国国家档案馆FO371/10918，F1265/2/10，1925年2月25日庄士敦发给麦克利的信件。

38 同上。

39 英国国家档案馆CO521/27，CO18399，1925年3月27日庄士敦发给部长的函件。

40 同上。

41 同上。

42 苏格兰国家图书馆骆任廷文卷，第10卷，1925年2月28日庄士敦发给骆任廷的信件。

43 英国国家档案馆FO371/10918，F1265/2/10，1925年2月25日庄士敦发给麦克利的函件。

44 同上。

45 苏格兰国家图书馆骆任廷文卷，第10卷，1925年2月28日庄士敦发给骆任廷的信件。

46 英国国家档案馆CO521/27，CO18399，1925年3月21日庄士敦发给李经迈的函件。

47 同上。

48 同上。

49 溥仪著，《从皇帝到公民》，第173页。

50 英国国家档案馆CO521/27，CO18399，1925年3月27日庄士敦发给大臣的函件。

51 同上。

52 英国国家档案馆CO521/27，CO18399，庄士敦发给李经迈的函件。

53 英国国家档案馆CO521/27，CO18399，1925年3月21日庄士敦发给李经迈的函件。

54 同上。

55 英国国家档案馆CO521/27，CO18399，1925年3月27日庄士敦发给大臣的函件。

56 溥仪著，《从皇帝到公民》，第173页。

57 英国国家档案馆CO521/27，CO18399，1925年3月27日庄士敦发给大臣的函件。

58 苏格兰国家图书馆骆任廷文卷，第10卷，1925年2月28日庄士敦发给骆任廷的信件。

59 同上。

60 英国国家档案馆CO521/27，CO42822，1925年10月1日埃蒙斯（Emmens）发给柯林斯的函件。

61 同上。

62 英国国家档案馆CO521/28，1926年9月27日庄士敦发给麦克利的信件。

63 同上。

64 同上。

65 同上。

66 同上。

67 同上。

68 英国国家档案馆CO521/27，CO53510，1925年11月25日麦克利发给外交部的函件。

69 英国国家档案馆CO521/27，CO53510，1925年12月9日埃蒙斯发给贝克特的函件。

70 英国国家档案馆CO521/28，1926年9月27日庄士敦发给麦克利的函件。

71 同上。

72 英国国家档案馆CO521/28，C4200，1926年1月19日庄士敦发给柯林斯的函件。

73 同上。

74 英国国家档案馆CO521/28，1926年9月27日庄士敦发给麦克利的函件。

75 溥仪著，《从皇帝到公民》，第211页。

76 英国国家档案馆FO371/11637，1926年1月6日，外交部备忘录。

77 英国国家档案馆FO371/11637，1925年12月29日巴克斯顿发给委员会的函件。

78 英国国家档案馆FO371/10928，F2348/13/10，外交部备忘录（未注明日期）。

79 英国国家档案馆FO371/10929，1925年11月23日，外交部备忘录。

80 英国国家档案馆CO521/28，1926年9月27日庄士敦发给麦克利的信件。

81 苏格兰国家图书馆骆任廷文卷，第10A卷，1926年7月24日庄士敦发给骆任廷的信件。

82 同上。

83 同上。

84 苏格兰国家图书馆骆任廷文卷，第10A卷，1926年8月30日庄士敦发给骆任廷的信件。

85 苏格兰国家图书馆骆任廷文卷，第10A卷，1926年10月4日庄士敦发给骆任廷的信件。

86 苏格兰国家图书馆骆任廷文卷，第10A卷，1926年11月7日庄士敦
发给骆任廷的信件。

87 苏格兰国家图书馆骆任廷文卷，第10A卷，1926年11月26日庄士敦
发给骆任廷的信件。

88 同上。

第十二章　威海卫行政长官（1927—1930）

1 苏格兰国家图书馆骆任廷文卷，第10A卷，1927年3月3日庄士敦发
给骆任廷的信件。

2 同上。

3 同上。

4 同上。

5 同上。

6 同上。

7 苏格兰国家图书馆骆任廷文卷，第10A卷，1927年5月13日庄士敦
发给骆任廷的信件。

8 英国国家档案馆CO521/24，1921年11月27日巴尔弗发给寇松
（Curzon）的函件。

9 英国国家档案馆CO521/28，1926年1月19日埃蒙斯（Emmens）发
给格林德尔的函件。

10 英国国家档案馆CO521/28，1926年10月22日贝克特发给蒙西
（Mounsey）的函件。

11 英国国家档案馆CO521/28，1926年9月27日庄士敦发给麦克利的函件。

12 英国国家档案馆CO521/28，1926年12月22日格林德尔发给吉尔伯
特（Gilbert）的函件。

13 英国国家档案馆CO521/28，1926年9月27日庄士敦发给麦克利的函件。

14 苏格兰国家图书馆骆任廷文卷，第6卷，1926年1月5日威泰克
（Whittaker）发给骆任廷的信件。

15 同上。

16 苏格兰国家图书馆骆任廷文卷，第10A卷，1927年3月3日庄士敦发给骆任廷的信件。

17 苏格兰国家图书馆骆任廷文卷，第10A卷，1927年4月3日庄士敦发给骆任廷的信件。

18 同上。

19 苏格兰国家图书馆，NRR中转文档120，Acc.12604，约翰·默里档案，1927年4月8日庄士敦发给约翰·默里爵士的信件。

20 苏格兰国家图书馆骆任廷文卷，第10A卷，1927年4月3日庄士敦发给骆任廷的信件。

21 同上。

22 苏格兰国家图书馆骆任廷文卷，第6卷，1927年12月11日威泰克发给骆任廷的信件。

23 苏格兰国家图书馆骆任廷文卷，第10A卷，1927年4月3日庄士敦发给骆任廷的信件。

24 苏格兰国家图书馆骆任廷文卷，第6卷，1927年12月11日威泰克发给骆任廷的信件。

25 苏格兰国家图书馆骆任廷文卷，第10A卷，1927年5月13日庄士敦发给骆任廷的信件。

26 苏格兰国家图书馆约翰·默里档案，1927年4月8日庄士敦发给约翰·默里爵士的信件。

27 苏格兰国家图书馆骆任廷文卷，第10A卷，1927年5月13日庄士敦发给骆任廷的信件。

28 英国国家档案馆CO521/33，1927年11月1日，殖民部的一次会议纪要。

29 苏格兰国家图书馆骆任廷文卷，第10A卷，1927年5月13日庄士敦发给骆任廷的信件。

30 英国国家档案馆CO521/33，1927年11月1日，殖民部的一次会议纪要。

31 同上。

32 苏格兰国家图书馆骆任廷文卷，第10A卷，1928年1月2日庄士敦发给骆任廷的信件。

33 英国国家档案馆CO521/42，1928年6月5日，埃利斯（Ellis）发给格林德尔的信件。

34 苏格兰国家图书馆骆任廷文卷，第10A卷，1927年7月22日庄士敦发给骆任廷的信件。

35 同上。

36 苏格兰国家图书馆骆任廷文卷，第6卷，1927年12月11日威泰克发给骆任廷的信件。

37 苏格兰国家图书馆骆任廷文卷，第10A卷，1927年7月22日庄士敦发给骆任廷的信件。

38 同上。

39 苏格兰国家图书馆骆任廷文卷，第10A卷，1927年8月21日庄士敦发给骆任廷的信件。

40 苏格兰国家图书馆约翰·默里档案，1927年4月8日庄士敦发给约翰·默里爵士的信件。

41 苏格兰国家图书馆骆任廷文卷，第10A卷，1927年8月21日庄士敦发给骆任廷的信件。

42 同上。

43 英国国家档案馆CO521/42，1928年7月2日，庄士敦发给殖民部的信件。

44 英国国家档案馆CO521/42，1928年3月16日，庄士敦发给殖民部的信件。

45 同上。

46 苏格兰国家图书馆骆任廷文卷，第10A卷，1928年1月2日庄士敦发给骆任廷的信件。

47 同上。

48 英国国家档案馆CO521/43，1928年11月9日，贝克特发给埃利斯的信件。

49 苏格兰国家图书馆骆任廷文卷，第10A卷，1927年11月12日庄士敦发给骆任廷的信件。

50 苏格兰国家图书馆骆任廷文卷，第10A卷，1927年12月18日庄士敦
发给骆任廷的信件。

51 英国国家档案馆CO521/55，1929年3月16日，凯恩（Caine）发给
贝克特的信件。

52 苏格兰国家图书馆骆任廷文卷，第10A卷，1928年1月2日庄士敦发
给骆任廷的信件。

53 同上。

54 同上。

55 苏格兰国家图书馆骆任廷文卷，第10A卷，1927年3月3日庄士敦发
给骆任廷的信件。

56 阿丁顿（Aldington），《玛格德琳学刊》1989年，第57页。

57 罗伯逊文卷，1928年12月30日，庄士敦发给斯科特（Scott）的信件。

58 苏格兰国家图书馆骆任廷文卷，第10A卷，1929年1月2日庄士敦发
给骆任廷的信件。

59 同上。

60 同上。

61 苏格兰国家图书馆骆任廷文卷，第10A卷，1929年10月14日庄士敦
发给骆任廷的信件。

62 苏格兰国家图书馆骆任廷文卷，第10A卷，1929年2月27日庄士敦
发给骆任廷的信件。

63 英国国家档案馆CO521/64，1929年10月31日，庄士敦发给殖民部
的信件。

64 苏格兰国家图书馆骆任廷文卷，第10A卷，1929年10月14日庄士敦
发给骆任廷的信件。

65 同上。

66 同上。

67 苏格兰国家图书馆骆任廷文卷，第10A卷，1930年1月7日庄士敦发
给骆任廷的信件。

68 同上。

69 苏格兰国家图书馆骆任廷文卷，第10A卷，1930年2月2日庄士敦发给骆任廷的信件。

70 伯格（Berg）著，《历史上的女人》，第175页。

71 1931年4月5日鲍尔发给韦伯斯特（Webster）的信件，参见伯格的《历史上的女人》，第179页。

72 苏格兰国家图书馆骆任廷文卷，第10A卷，1930年2月2日庄士敦发给骆任廷的信件。

73 苏格兰国家图书馆骆任廷文卷，第10A卷，1930年6月4日庄士敦发给骆任廷的信件。

74 苏格兰国家图书馆骆任廷文卷，第10A卷，1930年6月21日庄士敦发给骆任廷的信件。

75 苏格兰国家图书馆骆任廷文卷，第10A卷，1930年2月2日庄士敦发给骆任廷的信件。

76 苏格兰国家图书馆骆任廷文卷，第10A卷，1930年2月5日庄士敦发给骆任廷的信件。

77 苏格兰国家图书馆骆任廷文卷，第10A卷，1929年1月2日庄士敦发给骆任廷的信件。

78 苏格兰国家图书馆骆任廷文卷，第10A卷，1930年6月4日庄士敦发给骆任廷的信件。

79 同上。

80 同上。

81 乔伊·格兰特（Joy Grant）的《斯特拉·本森传记》（*Stella Benson: A Biography*）（伦敦：麦克米伦出版公司，1987年），第151页。

82 1930年7月22日本森的日记，参见伯格的《历史上的女人》，第175页。

83 英国国家档案馆CO521/69，1930年9月10日，格林德尔备忘录。

84 苏格兰国家图书馆骆任廷文卷，第6卷，1930年10月8日威泰克发给骆任廷的信件。

85 同上。

86 《泰晤士报》，1938年3月8日，讣告，庄士敦爵士。

87 苏格兰国家图书馆骆任廷文卷，第6卷，1930年10月8日威泰克发给骆任廷的信件。

88 同上。

第十三章　庄士敦教授（1930—1935）

1 苏格兰国家图书馆骆任廷文卷，第10A卷，1930年6月21日庄士敦发给骆任廷的信件。

2 同上。

3 苏格兰国家图书馆骆任廷文卷，第10A卷，1930年6月27日，伦敦大学中文教授招聘广告。

4 苏格兰国家图书馆骆任廷文卷，第10A卷，1930年11月26日庄士敦发给骆任廷的信件。

5 伯格著，《历史上的女人》，第178页。

6 苏格兰国家图书馆骆任廷文卷，第13卷，1930年1月庄士敦发给伦敦大学的信件。

7 苏格兰国家图书馆骆任廷文卷，第10A卷，1931年1月18日庄士敦发给骆任廷的信件。

8 罗伯逊文卷，第39盒，第3卷，1938年3月22日，罗斯玛丽·麦古金（Rosemary Mcguckin）发给尤安·罗伯逊（Euan Robertson）的信件。

9 R. 比克斯（R. Bickers），《"苦差"：庄士敦爵士在东方学院，1931—1937》，《皇家亚洲文会会刊》，系列3、5，第3期（1995年11月），第385—401页。

10 苏格兰国家图书馆骆任廷文卷，第10A卷，1931年3月4日庄士敦发给骆任廷的信件。

11 同上。

12 苏格兰国家图书馆骆任廷文卷，第10A卷，1931年11月19日庄士敦发给骆任廷的信件。

13 同上。

14 1934年4月11日庄士敦发给罗塞蒂（Rossetti）的信件，参见比克斯的《苦差》第394页。

15 苏格兰国家图书馆骆任廷文卷，第10A卷，1932年12月2日庄士敦发给骆任廷的信件。

16 苏格兰国家图书馆骆任廷文卷，第10A卷，1935年1月30日庄士敦发给骆任廷夫人的信件。

17 苏格兰国家图书馆骆任廷文卷，第12卷，1935年1月29日贝利（Bailey）发给骆任廷的信件。

18 苏格兰国家图书馆骆任廷文卷，第10A卷，1932年12月2日庄士敦发给骆任廷的信件。

19 苏格兰国家图书馆骆任廷文卷，第10A卷，1932年3月22日庄士敦发给骆任廷的信件。

20 苏格兰国家图书馆骆任廷文卷，第10A卷，1932年8月23日庄士敦发给骆任廷的信件。

21 苏格兰国家图书馆骆任廷文卷，第10A卷，1932年8月31日庄士敦发给骆任廷的信件。

22 庄士敦著，《紫禁城的黄昏》，第445页。

23 苏格兰国家图书馆骆任廷文卷，第10A卷，1932年8月31日庄士敦发给骆任廷的信件。

24 苏格兰国家图书馆骆任廷文卷，第10A卷，1932年10月17日庄士敦发给骆任廷的信件。

25 苏格兰国家图书馆骆任廷文卷，第10A卷，1932年12月10日庄士敦发给骆任廷的信件。她是溥仪的二妹韫龢，嫁给了郑广元。

26 苏格兰国家图书馆骆任廷文卷，第10A卷，1933年10月25日庄士敦发给骆任廷的信件。

27 苏格兰国家图书馆骆任廷文卷，第10A卷，1933年11月27日庄士敦发给骆任廷的信件。

28 同上。

29 苏格兰国家图书馆骆任廷文卷，第10A卷，1934年3月7日庄士敦发给骆任廷的信件。

30 同上。

31 伍德海德著，《"满洲国"之行》（*A Visit to Manchukuo*）（上海：Mercury出版社，日期不详），第8页。

32 弗莱明（Fleming）著，《"鞑靼"之旅》（*Travels in Tartary*），第38页。

33 庄士敦著，《中国近代儒学：刘易斯·弗莱纪念馆讲座，1933—1934》（伦敦：Victor Gollancz, 1934），第10页。

34 同上，第51页。

35 苏格兰国家图书馆骆任廷文卷，第10A卷，1934年7月6日庄士敦发给骆任廷的信件。

36 同上。

37 同上。

38 罗伯逊文卷，第39盒，第1卷，庄士敦发给罗伯逊的信件。

39 同上。

40 苏格兰国家图书馆骆任廷文卷，第10A卷，1934年7月21日庄士敦发给骆任廷的信件。

41 同上。

42 同上。

43 苏格兰国家图书馆骆任廷文卷，第10A卷，1934年9月11日庄士敦发给骆任廷的信件。

44 苏格兰国家图书馆骆任廷文卷，第10A卷，1934年10月15日庄士敦发给骆任廷的信件。

45 苏格兰国家图书馆骆任廷文卷，第10A卷，1934年10月1日庄士敦发给骆任廷的信件。

46 同上。

47 苏格兰国家图书馆骆任廷文卷，第10A卷，1934年10月4日庄士敦发给骆任廷的信件。

48　同上。

49　苏格兰国家图书馆骆任廷文卷，第10A卷，1934年10月15日庄士敦
　　发给骆任廷的信件。

50　同上。

51　同上。

52　同上。

53　苏格兰国家图书馆骆任廷文卷，第10A卷，1934年12月14日罗塞蒂
　　发给骆任廷的信件。

54　苏格兰国家图书馆骆任廷文卷，第10A卷，1934年11月11日庄士敦
　　发给骆任廷的信件。

55　同上。

56　苏格兰国家图书馆骆任廷文卷，第10A卷，1934年12月19日庄士敦
　　发给骆任廷的信件。

57　罗伯逊文卷，第39盒，财产清单。

58　苏格兰国家图书馆骆任廷文卷，第10A卷，1935年1月28日庄士敦
　　发给骆夫人的信件。

59　比克斯的《苦差》，第395页。

60　斯图尔特协会文卷，1938年3月10日艾琳·鲍尔发给玛丽·斯图尔
　　特·骆克哈特的信件。

第十四章　最后时光（1935—1938）

1　罗伯逊文卷，第39盒，第3卷，1938年3月8日道格拉斯·约翰斯顿
　　（Douglas Johnston）发给尤安·罗伯逊的信件。

2　罗伯逊文卷，第39盒，第3卷，1938年3月23日索斯科特（Southcott）
　　发给尤安·罗伯逊的信件。

3　苏格兰国家图书馆骆任廷文卷，第10A卷，1935年4月24日庄士敦
　　发给骆任廷的信件。

4　罗伯逊文卷，第39盒，第6卷，1938年6月15日斯帕肖特发给尤

安·罗伯逊的信件。

5 罗伯逊文卷，第39盒，1938年3月12日，艾琳·罗恩岛的清单与估价。

6 罗伯逊文卷，第39盒，财产清单。

7 苏格兰国家图书馆骆任廷文卷，第10A卷，1935年7月8日庄士敦发给骆任廷的信件。

8 洛夫迪家族文卷，1938年6月22日斯帕肖特发给洛夫迪的信件。

9 罗伯逊文卷，第39盒，第2卷，1935年10月11日庄士敦发给尤安·罗伯逊的信件。

10 贝尔的《末代皇帝》，第246页。

11 苏格兰国家图书馆骆任廷文卷，第10A卷，1936年4月15日庄士敦发给骆任廷的信件。

12 同上。

13 比克斯的《苦差》，第399页。

14 苏格兰国家图书馆骆任廷文卷，第10A卷，1936年9月11日庄士敦发给骆任廷的信件。

15 罗伯逊文卷，第39盒，第6卷，1938年6月15日斯帕肖特发给尤安·罗伯逊的信件。

16 罗伯逊文卷，第39盒，第7卷，1938年7月5日斯帕肖特发给尤安·罗伯逊的信件。

17 苏格兰国家图书馆骆任廷文卷，第10A卷，1936年9月11日庄士敦发给骆任廷的信件。

18 同上。

19 罗伯逊文卷，第39盒，第7卷，1938年7月5日斯帕肖特发给尤安·罗伯逊的信件。

20 罗伯逊文卷，第39盒，第3卷，1938年3月8日道格拉斯·约翰斯顿发给尤安·罗伯逊的信件。

21 斯图尔特协会文卷，1938年5月25日鲍尔发给玛丽·斯图尔特·骆克哈特的信件。

22 玛丽·斯图尔特·骆克哈特同作者的几次谈话中讲过，1990年的一次访谈中伊芙林·巴蒂也同作者讲过。

23 罗伯逊文卷，第39盒，第3卷，1938年3月23日索斯科特发给尤安·罗伯逊的信件。

24 同上。

25 斯图尔特协会文卷，1938年8月10日斯帕肖特发给玛丽·斯图尔特·骆克哈特的信件。

26 罗伯逊文卷，第39盒，第3卷，1938年3月8日道格拉斯·约翰斯顿发给尤安·罗伯逊的信件。

27 罗伯逊文卷，第39盒，1938年2月14日庄士敦发给尤安·罗伯逊的信件。

28 罗伯逊文卷，第39盒，第3卷，1938年3月23日索斯科特发给尤安·罗伯逊的信件。

29 私人收藏，1988年4月5日希娜·卡迈克尔（Sheena Carmichael）发给艾琳·贝尔（Irene Bell）的信件。

30 罗伯逊文卷，第39盒，第3卷，1938年3月8日道格拉斯·约翰斯顿发给尤安·罗伯逊的信件。

31 斯图尔特协会文卷，1938年3月18日鲍尔发给玛丽·斯图尔特·骆克哈特的信件。

32 罗伯逊文卷，第39盒，1938年2月14日庄士敦发给尤安·罗伯逊的信件。

33 罗伯逊文卷，第39盒，第4卷，1938年4月28日斯帕肖特发给尤安·罗伯逊的信件。

34 私人收藏品，1988年4月5日卡迈克尔（Carmichael）发给贝尔的信件。

35 斯图尔特协会文卷，1938年3月10日鲍尔发给玛丽·斯图尔特·骆克哈特的信件。

36 罗伯逊文卷，第39盒，第3卷，1938年3月9日洛夫迪发给尤安·罗伯逊的信件。

37 罗伯逊文卷，第39盒，第3卷，1938年3月21日皇家亚洲文会发给尤安·罗伯逊的信件。

38 罗伯逊文卷，第39盒，第3卷，1938年3月21日不列颠海上钓鱼协会发给尤安·罗伯逊的信件。

39 罗伯逊文卷，第39盒，第3卷，1938年3月22日麦古金（Mcguckin）发给尤安·罗伯逊的信件。

40 罗伯逊文卷，第39盒，第3卷，1938年3月9日康斯坦·约翰斯顿发给尤安·罗伯逊的信件。

41 罗伯逊文卷，第39盒，1938年2月14日庄士敦发给尤安·罗伯逊的信件。

42 同上。

43 罗伯逊文卷，第39盒，第3卷，1938年3月9日康斯坦·约翰斯顿发给尤安·罗伯逊的信件。

44 同上。

45 罗伯逊文卷，第39盒，第4卷，1938年4月14日康斯坦·约翰斯顿发给尤安·罗伯逊的信件。

46 同上。

47 罗伯逊文卷，第39盒，第3卷，1938年3月22日斯帕肖特发给尤安·罗伯逊的信件。

48 罗伯逊文卷，第39盒，第3卷，1938年3月6日斯帕肖特发给尤安·罗伯逊的信件。

49 罗伯逊文卷，第39盒，第3卷，1938年3月7日尤安·罗伯逊发给斯帕肖特的信件。

50 罗伯逊文卷，第39盒，第3卷，1938年4月14日康斯坦·约翰斯顿发给尤安·罗伯逊的信件。

51 罗伯逊文卷，第39盒，1938年3月27日哈奇森（Huchison）发给尤安·罗伯逊的信件。

52 斯图尔特协会文卷，1938年8月10日，斯帕肖特发给玛丽·斯图尔特·骆克哈特的信件。

53 同上。

54 罗伯逊文卷，第39盒，第4卷，1938年4月25日斯帕肖特发给尤安·罗伯逊的信件。

55 斯图尔特协会文卷，1938年8月10日，斯帕肖特发给玛丽·斯图尔特·骆克哈特的信件。

56 罗伯逊文卷，第39盒，第6卷，1938年6月4日斯帕肖特发给尤安·罗伯逊的信件。

参考文献

期刊与报纸

The Daily Telegraph

Edinburgh Evening News

The Edinburgh University Calendar, 1893–1894

The Edinburgh University Calendar, 1894–1895

The Edinburgh University Calendar, 1895–1896

The Evening Dispatch

The Evening Standard

The Glasgow Herald

The Independent

Magdalen College Record

The Morning Post

The Nineteenth Century And After

The North China Standard

Oban Times

The Peking Daily News

The Scots Law Times

The Scotsman

The Scottish Law Review

The Scottish Standard Bearer

The Student, New Series Vol. 17, 1902–1903, Edinburgh, Students' Representative Council, 1903

The Student, New Series Vol. 1, 1903–1904, Edinburgh, Students'
Representative Council, 1904

The Sunday Express

The Sunday Telegraph

The Times

University of Edinburgh Journal

私人收藏品与手稿

Christchurch, Morningside, Minute Books and Registers

Clark family collection

John Murray Archive, National Library of Scotland

Johnston Papers in the J. and R. A. Robertson Papers

Loveday Family Papers

Magdalen College, Matriculations and Admissions, 1891–1900, Magdalen College, Oxford

Magdalen College, Matriculations Examination Register, 1870–1889 and 1889–1925, Magdalen College, Oxford

Mitchell, John Fowler. *Some Edinburgh Monumental Inscriptions.* Unpublished manuscript. Edinburgh, 1961.

Mrs Evelyn Battye Collection

Rod Lancashire collection

St Baldred's Report by the Vestry and Abstract Accounts for the Year 1900, St Baldred's Church

St Baldred's Report by the Vestry and Abstract Accounts for the Year 1903, St Baldred's Church

Stewart Lockhart Papers, National Library of Scotland

Stewart Society Papers

University of Edinburgh, Matriculation Register, 1892–1893, University of Edinburgh

公共档案

Books of Council and Session, Scottish Record Office

CO129 Series, Hong Kong Original Correspondence, Public Record Office

CO133 Series, Hong Kong Miscellanea, Public Record Office

CO323 Series, General: Original Correspondence, Public Record Office

CO349 Series, Hong Kong Register of Correspondence, Public Record Office

CO380 Series, General Draft Letters Patent, etc., Public Record Office

CO429 Series, Patronage Original Correspondence, Public Record Office

CO447 Series, Order of St Michael and St George: Original Correspondence, Public Record Office

CO448 Series, Honours: Original Correspondence, Public Record Office

CO521 Series, Weihaiwei Original Correspondence, Public Record Office

CO537 Series, General Supplementary Original Correspondence, Public Record Office

CO652 Series, General Register of 'Unregistered' Correspondence, Public Record Office

CO873 Series, Weihaiwei Commissioner's Files, Public Record Office

CO877 Series, Appointments: Original Correspondence, Public Record Office

CO878 Series, Establishment Miscellanea, Public Record Office

CO882 Series, Confidential Print Eastern, Public Record Office

Comely Bank Cemetery Mortality Records, Scottish Record Office

Concluded Sequestration Processes, Vol. 1, CS318/50/175, Scottish Record Office

CSC3, Civil Service Commission: General Correspondence, Public Record Office

CSC4, Civil Service Commission: Annual Reports, Public Record Office

CSC6, Civil Service Commission, Open and Limited Competitions, Regulations, Rules, and Memoranda, 1898–1899, Public Record Office

CSC7, Civil Service Commission: Abstracts, Public Record Office

CSC8, Civil Service Commission: Commissioner's Minute Books, Public Record Office

CSC10, Civil Service Commission, Examination, Table of Marks and Results, Public Record Office

English Divorces Index, Public Record Office

FO228 Series, Embassy and Consular Archives China Correspondence Series 1, Public Record Office

FO231 Series, Correspondence Indexes, Public Record Office

FO233 Series, Embassy and Consular Archive, China: Miscellanea, Public Record Office

FO350 Series, Jordan Papers, Public Record Office

FO371 Series, Foreign Office: General Correspondence: Political, Public Record Office

FO405 Series, Confidential Print China, Public Record Office

FO562 Series, Embassy and Consular Archives China: Peking: Correspondence, Public Record Office

FO676 Series, Boxer Indemnity, Public Record Office

FO692 Series, Embassy and Consular Archives China, Peking Registers of Correspondence, Public Record Office

Index of Confirmations and Inventories, 1919, Scottish Record Office

Index of Deeds and Sasine Writs, 1916–1926, Scottish Record Office

Marriages in the Colony of Victoria, 1897, Record Office of Victoria

Newington Cemetery Mortality Records, Scottish Record Office

North Merchiston Cemetery Mortality Records, Scottish Record Office

Register of Births, District of Newington, City of Edinburgh, 1873, 1874 and 1876, Scottish Record Office

Register of Deaths, District of St George, City of Edinburgh, Scottish Record Office

Register of Sasines, Registers of Scotland, Scottish Record Office

Scottish Census Reports for 1861, 1881, 1891 and 1901, Scottish Record Office

United States, World War I Draft Registration Cards, 1917–1918, Manhattan City, New York. Accessed online.

Warriston Cemetery Mortality Records, Scottish Record Office

Weihai Municipal Archives

Wills, Principal Registry, Family Division, Somerset House

出版物

Airlie, Shiona M. *Thistle and Bamboo: The Life and Times of Sir James Stewart Lockhart.* Hong Kong: Oxford University Press, 1989; reprinted Hong Kong: Hong Kong University Press, 2010.

Almond, Philip C. *The British Discovery Of Buddhism.* Cambridge: Cambridge University Press, 1988.

Anderson, William Pitcairn. *Silences That Speak.* Edinburgh: Alexander Brunton, 1931.

Atwell, Pamela. *British Mandarins and Chinese Reformers: The British Administration of Weihaiwei (1898–1930) and the Territory's Return to Chinese Rule.* Hong Kong: Oxford University Press, 1985.

Ayscough, Florence, and Lowell, Amy. *Correspondence of a Friendship.*

Edited with a preface by Harley Farnsworth MacNair. Chicago: University of Chicago Press, 1945.

Baber, E. Colborne. *Travels and Researches in Western China.* Royal Geographical Society, Supplementary Papers, Vol. 1, Part 1. London: John Murray, 1882.

Baines, Thomas, and Fairbairn, William. *Lancashire and Cheshire, Past and Present.* 2 Vols. London: William MacKenzie, 1867.

Balsdon, Dacre. *Oxford Life.* London: Eyre and Spottiswoode, 1957.

Battye, Evelyn. Picnic Summer in Wei-hai-wei. In *Country Life,* 22 May 1986, pp. 1464–1466.

Beal, Samuel. *A Catena of Buddhist Scriptures from the Chinese.* London: Trübner and Company, 1871.

Behr, Edward. *The Last Emperor.* London, Futura, 1987.

Berg, Maxine. *A Woman in History: Eileen Power 1889–1940.* Cambridge: Cambridge University Press, 1996.

Berliner, Nancy. *Yin Yu Tang: The Architecture and Daily Life of a Chinese House.* Boston: Tuttle Publishing, 2003.

Bickers, Robert A. "Coolie Work" : Sir Reginald Johnston at the School of Oriental Studies, 1931–1937. *Journal of the Royal Asiatic Society,* 3rd Series, Vol. 5, Part 3, November 1995.

Bird, Isabella. *The Yangtze Valley and Beyond: An Account of Journeys in China, Chiefly in the Province of Sze Chuan and among the Man-tze of the Somo Territory.* London: John Murray, 1899; reprinted London: Virago Press, 1985.

Buxton, L. H. Dudley, and Gibson, Strickland. *Oxford University Ceremonies.* Oxford: Clarendon Press, 1935.

Ch'en, Kenneth K. S. *Buddhism in China: A Historical Survey.* Princeton, NJ: Princeton University Press, 1964.

Cheng Jianzheng et al. *Xi'an Forest of Stone Tablets Museum.* Xi'an:

Xi'an Forest of Stone Tablets Museum, n.d.

Chesneaux, Jean, Le Barbier, Francoise, and Bergere, Marie-Claire. *China from the 1911 Revolution to Liberation*. Translated by Paul Auster, Lydia Davis and Anne Destenay. Hassocks, Sussex: Harvester Press, 1977.

Chinese Buddhist Association, ed. *Buddhists in New China*. Beijing: Nationalities Publishing House, 1956.

Clementi, Cecil. *Transliteration of Chinese Characters*. Hong Kong: Norohana and Company, 1909.

Danby, Hope. *The Garden Of Perfect Brightness: The History of the Yuan Ming Yuan and of the Emperors who lived there*. London: Williams and Norgate, 1950.

Fairbank, John King. *The Great Chinese Revolution: 1800–1985*. New York: Harper and Row, 1986.

Feuerwerker, Albert. *The Foreign Establishment in China in the Early Twentieth Century*. Ann Arbor, MI: University of Michigan Press, 1976.

Fleming, Peter. *Travels in Tartary*. London: The Reprint Society, 1941.

France, R. Sharpe. *Guide to the Lancashire Record Office*. Preston: Lancashire County Council, 1985.

Fry, Michael. *The Scottish Empire*. Edinburgh: Birlinn, 2001.

Graham, Harry. *More Ruthless Rhymes for Heartless Homes*. London: Edward Arnold, 1930.

Grant, Joy. *Stella Benson: A Biography*. London: Macmillan, 1987.

Harrison, Brian, ed. *University of Hong Kong: The First 50 Years 1911–1961*. Hong Kong: Hong Kong University Press, 1962.

Hase, Patrick H. *The Six-Day War of 1899: Hong Kong in the Age of Imperialism*. Hong Kong: Hong Kong University Press, 2008.

Holdsworth, May. *The Palace of Established Happiness: Restoring a Garden in the Forbidden City*. Beijing: Forbidden City Publishing House, 2008.

Holdsworth, May, and Munn, Christopher, eds. *Dictionary of Hong Kong Biography*. Hong Kong: Hong Kong University Press, 2011.

Humphreys, Christmas. *Buddhism*. Harmondsworth: Penguin, 1951.

Hyamson, Albert M. *A Dictionary of Universal Biography: Of All Ages and of All Peoples*. London: Routledge and Kegan Paul, 1951.

Isaacs, Harold R. *The Tragedy of the Chinese Revolution*. 2nd rev. ed. Stanford, CA: Stanford University Press, 1961.

Johnston, Reginald F. (as Lin Shaoyang) . *A Chinese Appeal Concerning Christian Missions*. London: Watts and Company, 1911.

——. *Account of a Journey in Shantung from Weihaiwei to the Tomb of Confucius*. Weihaiwei, 1904.

——. *Buddhist China*. London: John Murray, 1913.

——. *Chinese Drama*. HongKong: Kelly and Walsh, 1921.

——. *Confucianism and Modern China: The Lewis Fry Memorial Lectures 1933–1934*. London: Victor Gollancz, 1934.

——. *From Peking to Mandalay: A Journey from North China to Burma through Tibetan Ssuch'uan and Yunnan*. London: John Murray, 1908.

——. *Letters to a Missionary*. London: Watts and Company, 1918.

——. *Lion And Dragon in Northern China*. London: John Murray, 1910.

——. *Remarks on the Province of Shantung*. Hong Kong: Noronha and Company, 1904.

——. (as Theodoric) . *The Last Days of Theodoric the Ostrogoth and Other Verses*. London: Simpkin, Marshall and Co., 1904.

——. *Twilight in the Forbidden City*. London: Victor Gollancz, 1934.

Johnston, Reginald F., and Johnston, C. E. Fleming. *Queen of the Fairies; A children's opera in three acts*. Edinburgh: L. Gray & Co., 1892.

Keay, John. *Last Post: The End of Empire in the Far East*. London: John Murray, 1997.

Kong Demao, and Ke Lan. *The House of Confucius*. Trans. by Rosemary

Roberts, ed. and with an introduction by Frances Wood. London: Corgi Books, 1989.

Kwei, Chung-Gi. *The Kuomintang–Communist Struggle in China 1922–1949.* The Hague: Martinus Nijhoff, 1970.

Lethbridge, H. J. *Hong Kong: Stability and Change.* Hong Kong: Oxford University Press, 1978.

Leung, Esa K, et al., *Road to China's 1911 Revolution,* Hong Kong: Hong Kong Museum of History, 1911.

Little, A. J. *The Far East.* Oxford: Clarendon Press, 1905.

——. *Through the Yangtse Gorges, Or Trade and Travel in Western China.* London: Sampson, Low, Marston, Searle and Rivington Ltd., 1888.

Littleton, C. Scott, ed. *Eastern Wisdom.* London: Duncan Baird, 1996.

Loveday, Thomas. *Memories of Oxford in 1894. Reminiscences of Thomas Loveday,* transcribed by Mrs Sarah Markham. Magdalen College Record, Oxford, 1983.

——. *Memories of Magdalen and Oxford. Reminiscences of Thomas Loveday,* transcribed by Mrs Sarah Markham. Magdalen College Record, Oxford, 1984.

Macartney, Lady. *An English Lady in Chinese Turkestan.* Hong Kong: Oxford University Press, 1985.

Maclure, J. S. et al. *Educational Documents 1816 to the Present Day.* London: Methuen, 1965.

MacRay, William Dunn. *A Register of the Members of St Mary Magdalen College, Oxford: From the Foundations of the College.* New Series, Vol. 7. London: Henry Frowde, 1911.

Miners, Norman. *Hong Kong under Imperial Rule, 1912–1941.* Hong Kong: Oxford University Press, 1987.

Morningside Association and others, comp., *Monumental Inscriptions in Morningside Cemetery as They Were in 1981.* 2 Vols. Edinburgh:

Morningside Association, 1982–1984.

Morrison, G. E. *An Australian in China*. With an introduction by David Bonavia. HongKong: Oxford University Press, 1985.

Morse, H. B. *International Relations of the Chinese Empire*. London: Longmans and Co., 1918.

Murakami, Hyoe. *Japan, The Years of Trial, 1919–1952*. Tokyo: Kodanasha International, 1983.

Nathan, Andrew J. *Peking Politics, 1918–1923: Factionalism and the Failure of Constitutionalism*. Los Angeles: University of California Press, 1976.

Nield, Robert. *The China Coast: Trade and the First Treaty Ports*. Hong Kong: Joint Publishing (H.K.), 2010.

Northern Independent Schools. *Independent Schools Information Service North 1978–1979*. York: ISIS, 1978.

Pantin, W. A. *Oxford Life in Oxford Archives*. Oxford: Clarendon Press, 1971.

Pu Yi. *From Emperor to Citizen: The Autobiography of Aisin-Gioro Pu Yi*. With an introduction by W. J. F. Jenner. Oxford: Oxford University Press, 1987.

——. *The Last Manchu: The Autobiography of Henry Pu Yi Last Emperor of China*. Edited and introduction by Paul Kramer. London: Arthur Barker, 1967.

Record Society. *Miscellanies relating to Lancashire and Cheshire*. 5 Vols., 1885–1906. London: The Record Society, 1906.

Register of the Society of Writers to Her Majesty's Signet. Edinburgh: Clark Constable, 1983.

Rhoads, Edward J. M. *China's Republican Revolution: The Case of Kwangtung, 1895–1913*. Cambridge, MA: Harvard University Press, 1975.

Rockhill,W. W. *The Land of the Lamas*. London: Longmans, Green and

Co., 1891.

Russell, Dora. *The Tamarisk Tree: My Quest for Liberty and Love.* London: Virago Press, 1977; repr. 1989.

Skrine, C. P., and Nightingale, Pamela. *Macartney at Kashgar: New Light on British, Chinese, and Russian Activities in Sinkiang, 1890–1918.* Hong Kong: Oxford University Press, 1987.

Smith, Charles J. *Historic South Edinburgh.* Vol. 1. Edinburgh and London: Charles Skilton, 1978.

Spence, Jonathan D. *The Gate Of Heavenly Peace: The Chinese and Their Revolution 1895–1980.* Harmondsworth: Penguin, 1982.

Tan, Carol G. S. *British Rule in China: Law and Justice in Weihaiwei 1898–1930.* London: Wildy, Simmonds & Hill Publishing, 2008.

Thomas, Edward J. *The Life of Buddha as Legend and History.* London: Routledge and Kegan Paul, 1927.

Wan-go Weng and Yang Boda. *The Palace Museum: Peking, Treasures of the Forbidden City.* London: Orbis Publishing, 1982.

Wood, Francis. *No Dogs and Not Many Chinese: Treaty Port Life in China 1843–1943.* London: John Murray, 1998.

Yu Chen. *The Summer Palace.* Translated by Z. R. Xiong. Beijing: Morning Glory Publishers, 2001.

Zhang Jianguo, and Zhang Junyong. *Over There: The Pictorial Chronicle of Chinese Laborer Corps in the Great War.* Translated by Ma Xianghong. Jinan: Shandong Pictorial Publishing House, 2009.

——. *Weihaiwei under British Rule.* Translated by Ma Xianghong and Alec Hill. Jinan: Shandong Pictorial Publishing House, 2006.

Zhang Jianguo et al. *Old Pictures of Weihaiwei.* Jinan: Shandong Pictorial Publishing House, 2007.